जन गोपाल

संत दादू के जीवनीकार

'भक्ति-मीमांसा' शृंखला की पाँचवीं पुस्तक

शृंखला सम्पादक

पुरुषोत्तम अग्रवाल

जन गोपाल

संत दादू के जीवनीकार

पुरुषोत्तम अग्रवाल
डेविड एन. लॉरेंजन

अनुवाद
अशोक कुमार

राजकमल प्रकाशन

मूल कृति *So Says Jan Gopal : The Life and Work of a Bhakti Poet of Early Modern India* का अनुवाद

ISBN : 978-93-6086-379-1

मूल्य : ₹795

पहला संस्करण : 2024

प्रकाशक : राजकमल प्रकाशन प्रा. लि.
1-बी, नेताजी सुभाष मार्ग, दरियागंज
नई दिल्ली-110 002

शाखाएँ : अशोक राजपथ, साइंस कॉलेज के सामने, पटना-800 006
पहली मंजिल, दरबारी बिल्डिंग, महात्मा गांधी मार्ग, प्रयागराज-211 001
1, अनमोल सोराबजी सन्तुक लेन, धोबी तलाव, मरीन लाइंस, मुम्बई-400 002

वेबसाइट : www.rajkamalprakashan.com
ई-मेल : info@ rajkamalprakashan.com

मुद्रक : विकास कंप्यूटर एंड प्रिंटर्स
ट्रॉनिका सिटी-201 102

JAN GOPAL : SANT DADU KE JIVANIKAR
by Purushottam Agrawal, David N. Lorenzen
Translated by Ashok Kumar

जन गोपाल

संत दादू के जीवनीकार

क्रम

आमुख

जन गोपाल क्यों?

भारतीय आरम्भिक आधुनिकता के देशभाषा में रचने वाले बौद्धिक

इन दिनों जन गोपाल का नाम तक बहुत कम ही लोग जानते हैं, लेकिन वे भारत के आरम्भिक आधुनिक काल के उन महत्त्वपूर्ण बौद्धिकों में से हैं, जो देशभाषा में रचना और विमर्श कर रहे थे। वे व्यापारी परिवार के सुसंस्कृत व्यक्ति और सधे हुए कथाकार थे। उनकी सर्वाधिक महत्त्वपूर्ण रचना है उनके गुरु दादूदयाल (निधन 1603) की जीवनी, लेकिन आज यदि उनका नाम जानते हैं तो बस दादूपंथ से सम्बद्ध लोग या इस पंथ के अध्येतागण। वैसे, इसमें ताज्जुब की कोई बात है नहीं, क्योंकि निर्गुणपंथ और काव्य के अध्येताओं का ध्यान आम तौर से उन्हीं प्रख्यात व्यक्तित्वों पर केन्द्रित रहा है, जिनके आस-पास विभिन्न पंथों का उदय और विकास हुआ, जैसे कबीर, नानक, दादू और रैदास। श्रेष्ठ कवि-कर्म और ऐतिहासिक महत्त्व के बावजूद बहुत से निर्गुणपंथी कवियों का जीवन और कार्य उचित ध्यान पाने से वंचित रह गया है। जन गोपाल ऐसे ही एक व्यक्तित्व हैं।

हमने जन गोपाल के बारे में किताब लिखने का फैसला क्यों किया?

उनकी सर्वाधिक प्रसिद्ध रचना—'दादू दयाल की जीवनी'—का सम्पादन और अंग्रेजी अनुवाद के साथ प्रकाशन तो हो चुका है। तब फिर उनकी बाकी रचनाओं के अध्ययन से ऐसा क्या महत्त्वपूर्ण हासिल होने वाला है?

डेविड लॉरेंजन की रुचि जन गोपाल में सन् 1996 से ही रही है। इसी वर्ष उन्होंने जन गोपाल कृत *प्रह्लाद चरित्र* का अंग्रेजी अनुवाद प्रकाशित किया था। पुरुषोत्तम अग्रवाल का काम विशेष तौर से कबीर के काव्य और चिन्तन पर रहा है। हम दोनों के बीच अनेक संवादों के बाद आखिरकार तय हुआ कि जन गोपाल पर थोड़ा विस्तार से काम किया जाए। "उनकी रचनाओं के अध्ययन से क्या महत्त्वपूर्ण

प्राप्त हो सकता है"—इस जिज्ञासा के साथ हम दोनों ने काम शुरू किया। वर्तमान पुस्तक बरसों तक चले हमारे संयुक्त प्रयासों की ही परिणति है।

आधुनिक ऐतिहासिक और साहित्यिक अध्ययनों के फलस्वरूप निर्गुणपंथ के अनुयायी की जो छवि लोक-चित्त में स्थापित हो गई है, जन गोपाल उसके सर्वथा विपरीत हैं। वे समाज के हाशिए पर नहीं थे, उनका जन्म तथाकथित 'निम्न जाति' में नहीं हुआ था। उनका परिवार तो खाता-पीता वैश्य परिवार था। वे छंदशास्त्र और काव्य-परम्परा ही नहीं, हिन्दुस्तानी शास्त्रीय संगीत के भी अच्छे जानकार थे। वे केवल अपने गुरु के जीवनीकार और पौराणिक नायकों के चरितों के लेखक ही नहीं, उत्कृष्ट कवि भी थे। यह बात उन बीस गीतों से स्पष्ट हो जाती है, जिन्हें यहाँ हमने व्याख्या सहित संकलित किया है। यह काम पहली बार ही हुआ है।

जन गोपाल निर्गुणपंथ से अपनी पारिवारिक पृष्ठभूमि, सामाजिक हैसियत या सांस्कृतिक पहचान के कारण नहीं जुड़ गए थे। यह उनका सोचा-समझा फैसला, सचेत चुनाव था। अपने अधिक प्रख्यात गुरुभाई सुन्दरदास (जिनके बारे में दलपत राजपुरोहित की श्रेष्ठ पुस्तक इसी 'भक्ति मीमांसा' शृंखला में प्रकाशित हो चुकी है) की ही भाँति जन गोपाल भी भारतीय इतिहास के आरम्भिक आधुनिक काल के सुरुचि सम्पन्न, परिष्कृत बौद्धिकों में से थे।

आर्थिक प्रक्रियाओं में अपनी महत्ता और बौद्धिक क्षमता के बोध के साथ ही सामाजिक प्रक्रियाओं में प्रदत्त भूमिकाओं का हल्कापन—इस ऐतिहासिक अन्तर्विरोध के अनुभव ने ही बहुत से शिल्पकारों और व्यापारियों को भक्त-कवियों की जीवन-दृष्टि की ओर खींचा; खासकर निर्गुण भक्त-कवियों की ओर। अन्तर्विरोध का यह अहसास उस वक्त की युग-भावना (अबुल फ़ज़ल के शब्दों में कहें तो मिज़ाज-ए-ज़माना) का अनिवार्य अंग था। इस अर्थ में, देशज आधुनिकता के विकास में निर्गुणपंथी कवियों ने निर्णायक योगदान किया।

पुस्तक के पहले अध्याय में जन गोपाल की जीवनी, उनके अपने कथनों और अन्य स्रोतों में उनके इक्का-दुक्का उल्लेखों के आधार पर, जहाँ तक हो सका, रचने की कोशिश की गई है। इस अध्याय में उनकी विश्वदृष्टि और काव्य-क्षमता पर भी विचार किया गया है। हमने उनके देश-काल—सोलहवीं सदी के राजस्थान—पर भी विचार किया है।

दादू दयाल की जन गोपाल कृत जीवनी *दादू जनम लीला* का सम्पादन और अंग्रेजी अनुवाद विनांद कालेवार्त ने 1998 में किया था। लेकिन इस रचना का ऐतिहासिक सन्दर्भ और महत्त्व अविवेचित ही छूट गया है। दूसरे अध्याय में हमने इसी ग्रंथ पर विचार किया है।

चमत्कार, संशय और अनुभवपरक तार्किकता

हमने इस बात पर ध्यान दिया है कि किस तरह जन गोपाल ऐसी जीवनियों के परम्पराप्राप्त ढाँचे से आगे जाते हैं। भक्तमालों और परचइयों में उपलब्ध वृत्तान्तों में लेखक का लक्ष्य सम्बन्धित व्यक्ति (यों) का कालक्रमानुसार जीवन-वृत्त प्रस्तुत करना नहीं, बल्कि उनकी आध्यात्मिक साधना और चमत्कारिक सिद्धियों का रेखांकन करना होता है।

जन गोपाल भी एक हद तक इस ढाँचे में रहते हैं, लेकिन एक हद तक ही। वे इस चमत्काराधारित ढाँचे से चमत्कारिक ढंग से दूर भी जाते हैं। अपने पूज्य गुरु के जीवन से सम्बद्ध चमत्कारों का वर्णन करते समय भी वे अपने मन के तार्किक संशयों को व्यक्त कर ही देते हैं। वे किंवदंतियों का बेशक उल्लेख करते हैं, लेकिन ऐसी अन्य रचनाओं के सर्वथा विपरीत वे दादू दयाल के जीवन की महत्त्वपूर्ण घटनाओं का न केवल कालक्रमानुसार वर्णन करते हैं, बल्कि उनके घटने के विक्रम संवतीय वर्षों की सूचना भी देते हैं। इस तरह उनकी *दादू जनम लीला* अद्वितीय रचना बन जाती है। जन गोपाल इनमें से अनेक घटनाओं के साक्षी और भागीदार भी रहे—इस कारण उनकी *दादू जनम लीला* की विश्वसनीयता काफी बढ़ जाती है।

जन गोपाल ने इस ग्रंथ का बहुत बड़ा हिस्सा दादू-अकबर संवाद पर केन्द्रित किया है। उनके अनुसार यह संवाद 1642 वि. यानी 1585 ई. में हुआ था। यद्यपि मुगल अभिलेखों में इस संवाद का उल्लेख नहीं है, लेकिन सम्भावना इसके वास्तविक घटना होने की ही है। वर्णन आरम्भ होता है दादू से मिलने की अकबर की इच्छा के साथ। यह इच्छा व्यक्त करते समय अकबर दादू को अपने समय का कबीर ('मानूं लीयौ कबीर निवासू') कहते दिखाए गए हैं। चालीस दिनों तक चले इस संवाद के बाद अकबर दादू से बेहद प्रभावित हैं, और विवेकवान शासक के तौर पर प्रशंसित भी ('साहि अकबर बड़ौ बमेकी')।

प्रसिद्ध ऐतिहासिक व्यक्तित्व—अबुल फ़ज़ल, बीरबल, भगवंत दास, मान सिंह भी इस प्रसंग में महत्त्वपूर्ण भूमिकाएँ निभाते दीखते हैं।

दादू-अकबर संवाद के अलावा भी दादू के अनेक समकालीन प्रशंसक (निन्दक भी) जन गोपाल के विवरण में नाम, स्थान और पेशे के साथ उल्लिखित हैं।

जन गोपाल की *दादू जनम लीला* बनारसीदास जैन की प्रसिद्ध आत्मकथा *अर्द्ध कथानक* (1641) की याद दिलाती है, लेकिन जीवनी और आत्मकथा का अन्तर भी स्पष्ट है। जन गोपाल अपने बारे में कुछ नहीं बताते सिवा इसके कि उन पर गुरु-कृपा तब हुई थी जब दादू अकबर से मिलने फतेहपुर सीकरी जा रहे थे।

उन्होंने जन गोपाल को भी साथ ले लिया। इसके बाद जन गोपाल दादू के निधन (1603) तक उनके साथ ही रहे। इसके कोई सत्रह बरस बाद उन्होंने *दादू जनम लीला* की रचना की। किंवदंतियों पर तथ्यों को वरीयता देना, चीजों को ठीक-ठीक दर्ज करना—इन दोनों रचनाओं की इस विशेषता का कुछ सम्बन्ध दोनों रचनाकारों की व्यापारी पृष्ठभूमि से सहज ही प्राप्त प्रशिक्षण से अवश्य था।

दादू जनम लीला का बहुत ही रोचक और संकेतपूर्ण प्रसंग वह हैं जहाँ जन गोपाल के दादू दयाल बाल-विवाह कुप्रथा की कटु आलोचना करते हैं। किसी धर्मशास्त्र से प्रमाण जुटाने के बजाय या एक स्मृति के विरुद्ध दूसरी को प्रमाण स्वरूप प्रस्तुत करने के बजाय (जैसा कि उन्नीसवीं सदी के भारत में समाज-सुधारक कर रहे थे) जन गोपाल के दादू, दैनंदिन जीवनानुभावों के आधार पर सहज मानवीय विवेक को सम्बोधित करते दिखाई पड़ते हैं।

निर्गुणपंथी संतों द्वारा जाति-प्रथा की आलोचना सर्वविदित है, लेकिन जन गोपाल की *दादू जनम लीला* भक्ति-काव्य (निर्गुणपंथी या सगुणपंथी) में सम्भवत: अकेली रचना है, जो बाल-विवाह की इतनी कठोर आलोचना करती है। यह आलोचना करते समय दादू के स्वर का तीखापन संकेत करता है कि जन गोपाल स्वयं ही दादू के मुख से बोल रहे हैं। उनके द्वारा बाल-विवाह की आलोचना प्राचीन परम्परा या शास्त्रवचन को प्रमाण बनाकर नहीं, बल्कि अनुभवाधारित तार्किकता के प्रस्थान-बिन्दु से किया जाना स्वयं जन गोपाल के सोच का संकेत करता प्रतीत होता है।

यह संकेत निर्गुण भक्ति के स्वभाव के अनुकूल ही है। भक्ति की यह धारा सामाजिक और आध्यात्मिक मुद्दों पर अपनी राय किसी पवित्र पोथी के सहारे नहीं बनाती। भागवत-पुराण किसी हद तक इस कथन का अपवाद है। निर्गुण भक्ति की ज्ञान-मीमांसा और नैतिक आचरण की धारणा धर्मग्रंथों पर नहीं बल्कि दैनंदिन अनुभवों और मानवीय विवेक पर आधारित है। साथ ही, निर्गुण भक्ति की दृष्टि में जन्माधारित सामाजिक-सांस्कृतिक हैसियत और अस्मिता से कही अधिक महत्त्वपूर्ण है मनुष्य की व्यक्ति-सत्ता।

जन गोपाल के यहाँ ये विशेषताएँ बहुत प्रबल आग्रह के साथ मिलती हैं; साथ ही उनके पाँव हिन्दू परम्परा में भी मजबूती से जमे हुए हैं। यह बात अन्य निर्गुणी संतों, कवियों के बारे में भी सच है। अवतार धारणा को नकारने के बावजूद ये संत कवि अपनी भावनाएँ व्यक्त करने के लिए, अपनी बात कहने के लिए अवतारों से जुड़ी कथाओं का भरपूर उपयोग करते हैं।

आरम्भिक आधुनिक भारत में देशभाषाओं में वाणी पा रही भक्ति-संवेदना निर्गुणी, सगुणी दोनों रूपों में कोरे भावोच्छ्वास से बहुत आगे, सघन बौद्धिक उपक्रम थी।

यह भक्ति केवल संस्कृत रचनाओं के अनुवाद का प्रोजेक्ट नहीं थी। इसका प्रयत्न पारम्परिक पौराणिक कथाओं की पुनर्रचना करने का, किंवदंतियों में नया अर्थ भरने का था, ताकि अपनी बात कही जा सके। अपनी समझ को लोगों तक पहुँचाया जा सके। यह कोई निज तक सीमित अभिव्यक्ति नहीं, बल्कि लोकसम्बोधित कार्रवाई थी जो भक्ति के लोकवृत्त में परिणत हुई।

औपनिवेशिक ज्ञान-कांड ने मान लिया था कि भारतीय प्रतिभा (जीनियस) की अभिव्यक्ति या तो संस्कृत में हुई है या फारसी-अरबी में। देशभाषाओं में की गई रचनाएँ तो बस अनुवाद या अनुगमन हैं, दोयम दर्जे की हैं। भारतीय प्रतिभा का जो नैरन्तर्य देशभाषाओं में बना रहा, उसकी लगभग पूर्ण उपेक्षा इस मान्यता की स्वाभाविक परिणति थी। 'भारत को जानने' की औपनिवेशिक विधियों द्वारा किये गए नुकसानों की सूची में बौद्धिक नैरन्तर्य की इस उपेक्षा का स्थान बहुत ऊँचा ठहरेगा। दुर्भाग्य से यह नुकसान अभी तक जारी है क्योंकि यह निराधार मान्यता स्वयं बहुत से भारतीयों के बौद्धिक संस्कार में गहरे पैठ गई है।

इस लिहाज से भी जन गोपाल बहुत महत्त्वपूर्ण हैं। ध्रुव, प्रह्लाद और जड़भरत की पौराणिक कथाओं की पुनर्रचना को वे सूक्ष्म ढंग से समकालीन बना देते हैं। इन कथाओं की अभिप्रेत 'शिक्षा' को वे ऐसा मोड़ देते हैं कि दैवीय न्याय विधान का पारम्परिक सिद्धान्त ही नया रूप ले लेता है। इस नये रूप के अनुसार मुक्ति का मार्ग वर्णाश्रम धर्म का पालन करते हुए भक्ति करने (जैसा कि संस्कृत में अभिव्यक्त भक्ति सिद्धान्त आम तौर से प्रतिपादित करते थे) से नहीं बल्कि प्रबल रूप से समतामूलक भक्ति-भाव साधने से मिलता है।

आरम्भिक आधुनिक भारत के देशभाषा बौद्धिक जन गोपाल भक्तिपरक जीवन-दृष्टि के इस नये वैचारिक मोड़ के प्रमुख प्रवक्ताओं में से हैं।

दैवीय न्याय विधान सम्बन्धी विचार

न्यायप्रिय और करुणासम्पन्न ईश्वर में अटूट आस्था रखने के मार्ग में सबसे बड़ी बाधा तो हमारे रोजमर्रा के अनुभव ही हैं। ईश्वर में विश्वास का आग्रह करने वाले हर धर्म के सामने यह विकट समस्या आती है कि पुण्यात्माओं द्वारा उठाए जाने वाले कष्टों और दुष्टों द्वारा पाए जाने वाले सुखों की व्याख्या कैसे की जाए? इसके साथ ही, आन्तरिक रूप से सुगठित और बाहरी शत्रुओं, प्रतिद्वंद्वियों से सुरक्षित सामाजिक संगठन रचने की चुनौती भी हर धर्म के सामने होती ही है। इन दोनों समस्याओं से निपटने के क्रम में ही दैवीय न्याय विधान के विभिन्न विचारों का विकास हुआ है।

वैयक्तिक और सामूहिक कर्मों के फलों, और पाप-पुण्य के निर्धारण की समस्या हल करने के लिए ही न्याय की दैवीय व्यवस्था की अवधारणा विकसित की गई है। ऐसी अवधारणाओं को मैक्स बेवर ने *थियोडिसी* नाम दिया है।

कर्म आधारित दैवीय न्याय विधान की अवधारणा ने वर्णाश्रम परक सामाजिक पदानुक्रम को सैद्धान्तिक आधार प्रदान किया है। इस सैद्धान्तिक आधार में भक्ति विश्वदृष्टि ने अपने संस्कृत रूप में भी *भगवद्गीता* और *भागवत* के जरिये महत्त्वपूर्ण नवाचार किये। मोक्ष प्राप्ति के कई जन्मों से होकर गुजरने वाले लम्बे रास्ते को *भगवद्गीता* ने प्रपत्ति की धारणा के माध्यम से बहुत संक्षिप्त कर दिया। जो बात *भगवद्गीता* में अमूर्त दार्शनिक विमर्श की थी, उसी को भागवत ने ध्रुव, प्रह्लाद और जड़भरत की कथाओं के जरिये नाटकीय रूप से सर्वसुलभ बना दिया। इन तीनों कथाओं के नायक वर्णाश्रम के स्थापित आदर्शों और मूल्यों से बहुत हटकर जीवन बिताते हैं।

इन कथाओं की जन गोपाल द्वारा की गई पुनर्रचना में ब्राह्मणवादी जीवन-दृष्टि की कठोर आलोचना भी शामिल कर दी गई है। प्रह्लाद चरित्र में वे दैत्यवंशी प्रह्लाद का गुणगान कर, उनकी तथा संकेत रूप से किसी की भी जन्मजात 'अपवित्रता' को स्पष्ट रूप से नकारते हैं; प्रह्लाद के शिक्षकों के ब्राह्मण होने का बारम्बार उल्लेख करते हैं, और उनकी शिक्षा का प्रह्लाद की भक्ति के जरिये प्रत्याख्यान रचते हैं। यह प्रत्याख्यान मुसलमानों के भी (भक्ति के जरिये) मोक्ष की सम्भावना रेखांकित करने की सीमा तक समावेशी है।

अपने एक पद में जन गोपाल जातिपरक पूर्वग्रह और भक्ति के सह-अस्तित्व को उतना ही असम्भव बताते हैं जितना दो नावों में, या दो घोड़ों पर एक साथ सवार होकर गंतव्य तक पहुँचना :

जोलों जात भगत नहीं तोलों, भगति रु जाति विचारे॥
द्वै घोरां द्वै नाव बैठ करि, कौने पायो पारे॥

इस पुस्तक के तीसरे अध्याय में हमने जन गोपाल के दैवीय न्याय विधान सम्बन्धी विचारों की तुलना इस न्याय विधान के ईसाई संस्करण के उस रूप से की है जिसे ज्यूसेपे मारिया दा गार्गनानो नामक ईसाई मिशनरी ने अठारहवीं सदी में शब्दबद्ध किया था। गार्गनानो ने यह काम *जवाब सवाल एक क्रिस्तान और एक हिन्दू के बीच मो इमान के ऊपर* नामक पुस्तक में किया। यह पुस्तक गार्गनानो ने 1751 में बेतिया (बिहार) के राजा को भेंट की थी।

यह काल्पनिक संवाद हिन्दू धर्म पर ईसाइयत की उच्चता और विजय दिखाने के लिए रचा गया है। खड़ी बोली हिन्दी के ऐतिहासिक विकास और क्षेत्रीय

विस्तार को समझने की दृष्टि से भी यह पुस्तक बेहद महत्त्वपूर्ण है, लेकिन जाहिर है कि फिलहाल हमारा वास्ता इसमें प्रस्तुत किये गए दैवीय न्याय विधान सम्बन्धी विचारों से ही है।

गार्गनानो इसमें ईसाइयत का संक्षिप्ततम, सरलीकृत रूप ही पेश करते हैं। ईसाइयत के कई बुनियादी विश्वास इसमें से गायब हैं। इस संवाद का 'क्रिस्तान' ऐसी किसी बात को नहीं छूता जो ईसाइयत की श्रेष्ठता सिद्ध करने के एजेंडा में जरा सी भी दिक्कत पैदा करे। यहाँ *मूल पाप, ईसाई त्रिमूर्ति (परमपिता परमात्मा, पुत्र ईसा और पवित्र आत्मा)* और कुमारिका माता *मेरी* सिरे से गायब हैं, ताकि जिन्हें धर्मान्तरित किया जाना है वे बिगूचन में न पड़ें; साथ ही, शुद्ध रूप से एकेश्वरवादी होने के ईसाई दावे को कोई चुनौती न दी जा सके।

सबसे रोचक है, हिन्दू जातिविचार की निंदा, लेकिन साथ ही जन्मजात पदानुक्रम का ईसाई सिद्धान्तों के आधार पर औचित्य निरूपण। गार्गनानो की आदर्श समाज-परिकल्पना में इस जीवन के बाद, दूसरी दुनिया में, परमात्मा के राज में तो समानता होगी; लेकिन जहाँ तक इस दुनिया का सवाल है, इसके हित को ध्यान में रखते हुए सामाजिक विषमता की रचना स्वयं परमात्मा ने ही की है। गार्गनानो के अपने शब्दों में :

> संसार का भलाइ के षातिर चाहीऐ—की संसार का अंस सभ बराबर न होऐ—लेकन ऐक दुसरा सो बड़ा हुआ चाहीऐ—और एक आदमी दुसरा आदमी का हुकुम के ताबै रहा चाहीऐ—कीस वास्ते जो सभ आदमी राजा होते—तो राजा का रइअती कवन होगा—जो सभ बषतवर होते तो कवन बषतवर का खीजमती करैगा।

हिन्दू और ईसाई दोनों ही शास्त्रपरम्पराएँ इस जीवन में निम्नोन्मुख पेशे पर गतिशीलता तो स्वीकार करेंगी, लेकिन उच्चोन्मुख नहीं। राजा, व्यापारी चोर बन सकते हैं, सम्पन्न गृहस्थ स्वेच्छा से संन्यासी या मंक बन सकते हैं, आपद्धर्म के तौर पर भी कुछ अपवाद स्वीकार किये जा सकते हैं। लेकिन न तो गार्गानानो के समर्थक, न ही भागवत के अनुयायी आसानी से स्वीकार कर पाएँगे कि कोई बढ़ई या कोई जुलाहा उच्च कोटि के आध्यात्मिक साधक के तौर पर लोगों को आकर्षित कर ले। भले ही ईसा स्वयं बढ़ई रहे हों, और कबीर जुलाहे।

वैश्य परिवार में जन्मे जन गोपाल के लिए चीजें इतनी सरल नहीं थीं। वे पुनर्जन्म बेशक मानते थे, लेकिन हिन्दू दैवीय न्याय विधान की यह मान्यता नहीं कि सामाजिक पदानुक्रम में किसी की स्थिति उसके पूर्वजन्म के कर्मों से निर्धारित

होती है। किसी के पेशे और हैसियत का निर्धारण पूरी तरह भले ही केवल जन्म पर निर्भर न रहा हो, लेकिन ऐसे निर्धारण में जन्म-संयोग की भूमिका का महत्त्व जन गोपाल के समय की सचाई थी। इसे वे नकार नहीं सकते थे। इसके बावजूद जन गोपाल की समझ से, परमात्मा (मोटे तौर से विष्णु) के प्रति भक्ति और प्रेम, नैतिक आचरण और परमात्मा की करुणा, कृपा पर विश्वास के जरिये समाज-संगठन को बनाए रखा जा सकता था। यह दैवीय न्याय विधान की पारम्परिक धारणा में भक्ति जीवन-दृष्टि का नवाचार था।

पूर्वजन्म से निर्धारित सामाजिक और पेशों का पदानुक्रम का प्रतिवाद जन गोपाल के यहाँ सबसे मुखर रूप से धर्म-भावना के सन्दर्भ में दिखता है। जन गोपाल के दादूपंथ जैसे पंथों और समूहों को धार्मिक कर्मकांड और धर्म-शिक्षण पर ब्राह्मणों का एकाधिकार सर्वथा अस्वीकार्य था। तुलसीदास का खीझ भरा कथन प्रसिद्ध है :

बादहिं सूद्र द्विजन्ह सन हम तुम्ह से कछु घाटि।
जानइ ब्रह्म सो बिप्रबर आँखि देखावहिं डाटि॥

(*रामचरितमानस*, उत्तरकांड, दोहा 99)

जन गोपाल द्वारा इस खीझ का प्रतिवाद बहुत सरल, विनम्र लेकिन दृढ़ है :

ब्राह्मण अंतिज एक रस, कनक भिन्न नहिं होइ॥
जन गुपाल जगदीस कै, यूँ कुल कारण नहिं होइ॥

(*प्रह्लाद चरित्र*, 2:33)

हमें आशा है कि जन गोपाल की काव्य-संवेदना और उनके परिवेश का यह अध्ययन आरम्भिक आधुनिक काल के उत्तर भारत के समाज-सन्दर्भ और बौद्धिक परिवेश के बारे में कुछ अन्तर्दृष्टियाँ देने में सफल होगा। यदि हमारे काम की वजह से जन गोपाल और आरम्भिक आधुनिक काल के उनके सरीखे अन्य देशभाषा बौद्धिकों की ओर अध्येताओं का ध्यान जाए, तो हम अपना श्रम सार्थक मानेंगे।

यह पुस्तक हम दोनों—पुरुषोत्तम अग्रवाल और डेविड लॉरेंजन—की दीर्घकालीन मित्रता और सहयोग के कारण सम्भव हुई। यों तो पुस्तक हमारे संयुक्त उद्यम की परिणति है, लेकिन फिर भी यह जान लेना चाहिए कि पहला और तीसरा अध्याय मुख्यत: लॉरेंजन और दूसरा अध्याय अग्रवाल ने लिखा है। हिन्दी व्याख्याएँ अग्रवाल ने की हैं। इस यात्रा में अनेक विद्वानों और मित्रों से सहयोग और प्रोत्साहन मिला है। हम दोनों विशेष रूप से आभारी हैं हाइडलबर्ग यूनिवर्सिटी की प्रोफेसर मोनिका हॉर्स्टमान के जिनके द्वारा 1999 में आयोजित कबीर कॉन्फ्रेंस में हम पहली बार

मिले थे। मोनिका जी ने हमें बहुत महत्त्वपूर्ण परामर्श तो दिये ही, 1963 में प्रकाशित मंगलदास स्वामी की पुस्तक भी उपलब्ध कराई, जिसमें जन गोपाल के अनेक पद संकलित हैं। लॉरेंजन स्व. प्रो. शुकदेव सिंह के भी उनके दीर्घकालीन सहयोग के लिए विशेष रूप से आभारी हैं। अन्य जिन अध्येताओं से हमें सहायता और सलाह मिली वे हैं—लिंडा हेस, जॉन एस. हॉली, इमरै बंघा, पिनुकिया कराकी, दलपत राजपुरोहित, आद्रियान मुनोज़ और माउरो तॉस्को।

कवि (और पुरुषोत्तम की संगिनी) सुमन केशरी ने जन गोपाल के कुछ कठिन अंशों और पदों की व्याख्या करने में अमूल्य सहायता की। वे और भूगर्भशास्त्री (और लॉरेंजन की संगिनी) बार्बरा मार्टिनी इस प्रोजेक्ट के दौरान भावनात्मक संबल निरन्तर देती रहीं।

—पुरुषोत्तम अग्रवाल
डेविड एन. लॉरेंजन

अध्याय 1

कौन थे जन गोपाल?

भारत के आरम्भिक आधुनिक काल के शुरू में राजस्थानी के एक कवि और चरित-लेखक हुए थे, जिनका नाम था जन गोपाल। उन्होंने अपने प्रसिद्ध गुरु दादू दयाल की जीवनी लिखी। दादू दयाल का निधन 1603/1604 ई. में हुआ था। उनकी जीवनी *दादू जनम लीला* के लिए ही जन गोपाल को इतिहासकार आज याद करते हैं। यह एक संतचरित है, जिसकी विशेषता यह है कि किंवदन्तियाँ ही नहीं, इसमें ऐतिहासिक तथ्य और तिथियाँ भी मिलती हैं। राजस्थान की पांडुलिपियों के सूचीपत्र से मालूम होता है कि जन गोपाल की दूसरी रचनाएँ 17वीं-18वीं सदी में ज्यादा लोकप्रिय थीं। उन्होंने भक्त ध्रुव और भक्त प्रह्लाद की पौराणिक कथाओं के अपनी शैली में जो रूप दिए हैं उनसे और उनसे भी ज्यादा विभिन्न संकलनों और पांडुलिपियों में पाए गए उनके पदों से अन्दाजा लग जाता है एक भक्त कवि के रूप में उनकी रचनाओं में कितनी शुद्धता, दक्षता और सूक्ष्मता है।

16वीं-17वीं सदियों के दौरान दादू पंथ ने कई प्रतिभाशाली कवि दिए। जन गोपाल समेत उन सबको आज लगभग भुला दिया गया है।[1] बस खुद दादू दयाल ही अपवाद दिखते हैं, जिनके पद विख्यात हैं और आज भी गाए जाते हैं। ऐसे एक और कवि हैं छोटे सुन्दरदास[2], जिनकी रचनाएँ पढ़ी तो जाती हैं मगर गाई नहीं जातीं। दादू पंथ के दूसरे अल्पज्ञात लेकिन महत्त्वपूर्ण कवियों में रज्जब, बाजिद, टीला, और चैनराम का नाम लिया जा सकता है। रज्जब को अब मुख्यत: *सर्वंगी* के लिए जाना जाता है, जो सन् 1600 में संकलित की गई थी। इसमें खुद उनके, जन गोपाल के और कई दूसरे कवियों के गीत और दोहे संकलित हैं। ऐसी ही एक और *सर्वंगी* गोपालदास ने सन् 1627 में संकलित की थी जिसमें भी जन गोपाल के कुछ गीत हैं।[3] राघवदास की *भक्तमाल* अलग श्रेणी में है। राघवदास भी दादूपंथी

थे। उन्होंने दादू पंथ और दूसरे भक्ति पंथों की धार्मिक हस्तियों का विस्तृत परिचय सन् 1660 में तैयार किया था।[4] निरंजन पंथ दादू पंथ से करीबी से जुड़ा हुआ था, और उसने उस दौर में कई दूसरे प्रतिभाशाली कवि दिए जिनमें हरिदास, सेवादास, और तुरसीदास सबसे प्रमुख थे।[5]

जन गोपाल के जीवन के बारे में जो भी ज्ञात है उसका स्रोत राघवदास की *भक्तमाल* के चार छंद और जन गोपाल द्वारा लिखी दादू दयाल की जीवनी में दर्ज कुछ आत्मकथात्मक उल्लेख ही हैं।[6] *भक्तमाल* के जन गोपाल विषयक प्रथम तीन छंद निम्नलिखित हैं[7] :

जन गोपाल दादू तणें, हरि भक्तन यश विस्तर्यो॥

ध्रुव प्रह्लाद जड़भरत, दत्त चौबीसौं गुरु को।
मोहविवेक दल वर्णि, दूर भ्रम कीन्हों उर को॥

गुरु की महिमा करी, जन्म गुण परिचय गाये।
टकशाली पद ग्रंथ, दयाल की छाप सु भाये॥

प्रेम भक्ति दुविधा रहित, करी वैश्य-कुल निस्तर्यो।
जन गोपाल दादू तणें, हरि भक्तन यश विस्तर्यो॥ 548 ॥

"दादू के शिष्य जन गोपाल ने हरि-भक्तों की ख्याति में वृद्धि की। उन्होंने ध्रुव, प्रह्लाद, जड़भरत, दत्तात्रेय के 24 गुरुओं, और मोह तथा विवेक की सेनाओं की कथाएँ सुनाकर मोह और विवेक को मिटाया, भ्रमों को दूर किया। उन्होंने अपने गुरु दादू की महानता का बखान करते हुए कविताएँ लिखीं जिनमें उनके जीवन और गुणों का वर्णन किया गया है। (दादू) दयाल (के गुणों) की छाप से युक्त जन गोपाल की ये रचनाएँ टकसाली (प्रामाणिक) हैं। (आशय यह कि जन गोपाल दादू के जीवन और उनके करुणामय व्यक्तित्व का प्रामाणिक परिचय देते हैं।) प्रेम भक्ति का दुविधा रहित प्रतिपादन कर जन गोपाल ने अपने वैश्य कुल को भी तार दिया। दादू के शिष्य जन गोपाल ने हरि-भक्तों की ख्याति में वृद्धि की।"

दादू जी के पंथ में चतुर विधि बातन को,
जानिये जन गोपाल सर्व ही को बावतो।

नीकी वाणी निर्मल मिठास तुक तांनन में,
कानन में होत सुख अर्थ स सुनावतो॥
मन वच कर्म हरि हारेल की लकरी ज्यूं,
करुणा सहित करुणा निधान गावतो।
राघो भण राम नाम आदि ऊंकार कर,
शीश जगदीश जी को बारंबार नावतो॥ 549॥

"दादू जी के पंथ के नियमों का जन गोपाल वाक्-कौशल के साथ बखान करते हैं। याद रहे कि हर कोई जन गोपाल को पसन्द करता था। उनके दोहे सुखद और शुद्ध हैं। उनके गीतों की लय में मिठास है। वे सारगर्भित, कर्णप्रिय बातें करते हैं। जिस तरह हारिल पक्षी लकड़ी के टुकड़े को छूटने नहीं देता उसी तरह जन गोपाल हरि को अपने सोच, अपनी बोली और अपने कर्मों से छूटने नहीं देते। पूरी संवेदना के साथ वे करुणानिधान हरि के गीत गाते हैं। राघव (दास) का कथन है कि जन गोपाल राम नाम को ही ओंकार मानते हैं। वे इस जगदीश के सामने घड़ी-घड़ी सिर झुकाते हैं।"

संन्यासी स्वरूप धारे फिरत जगत मांहिं,
बिना ज्ञान पाये नहीं उर में प्रकाश जू।
सीकरी शहर मांहिं मिले हें जन गोपाल,
भये सु कृपालु गुरु देव दादू दास जू॥
शीश पर हाथ दियो दया सु प्रसाद लियो,
देख के मुदित भयो नाम में निवास जू।
प्रह्लाद चरित्र तथा ध्रुव जड़ भर्त कथा,
करुणा से गाये हरि भक्तन हुलास जू॥ 550॥

"(जन गोपाल) संन्यासी के बाने में दुनियाभर में घूमते रहते थे। लेकिन ज्ञान हासिल न होने के कारण उनके हृदय में कोई प्रकाश नहीं हो सका था। सीकरी नगर में उनकी मुलाकात दादू से हुई, जो उनके कृपालु पवित्र गुरु बने, और जन गोपाल दादू के दास। दादू ने उनके माथे पर अपना हाथ रख दिया और जन गोपाल को उनकी कृपा का वरदान मिला। दादू का दर्शन करके वे प्रसन्न हुए थे और नाम-जप करने लगे। इसके बाद उन्होंने करुणा करके प्रह्लाद, ध्रुव, तथा जड़भरत की कथाएँ रचीं, जिनसे हरि के भक्त बहुत उल्लसित हुए।"

इन तीन पदों में जन गोपाल के बारे में बताने के बाद राघव दास का चौथा पद उनके शिष्यों के बारे में सूचना देता है। इस पद में जिन दो स्थानों, रहोरी और

काणोता का उल्लेख है वे दोनों जयपुर के करीब हैं। उनके एक शिष्य चैन या चैनराम एक कवि थे और उन्होंने काफी लिखा।[8]

जन गोपाल दादू तणें, शिष किये चतुर बड चैन॥
राहोरी के मध्य, नरायणटिके सोहे।
कांणोते कर भजन, चैन सब के मन मोहे॥
इक मरुधर में रह्यो, प्रमानन्द द्वारों सेवत।
मन वच कर्म हरि भक्त, अर्प सर्वस्व ले देवत॥
जिनके बोल सांचे सदा, बोलत अमृत बैन।
जन गोपाल दादू तणें, शिष किये चतुर बड चैन॥646॥

"दादू के शिष्य जन गोपाल ने कई निपुण शिष्यों को तैयार किया। उनमें सबसे बड़े थे चैन। रहोरी में दिव्य गुणों वाले नारायण दास महन्त के रूप में स्थापित थे। काणोता में भजन पूजा करते हुए चैन ने सबका मन जीत लिया था। एक शिष्य मारवाड़ (मरुधर) में परमानन्द द्वार में अपनी सेवाएँ देने के लिए टिके। वे मन, वाणी, और कर्म से हरि भक्त थे। उन्होंने अपना सब कुछ समर्पित कर दिया था और वे जो भी पाते थे उसे भी सेवा में अर्पित कर देते थे। वे सदैव सत्य बोलते थे, उनकी वाणी में शहद की मिठास होती थी।"

उल्लेखनीय बात यह है कि दादू पंथ, सिख पंथ, नाथ सम्प्रदाय, या सूफी समुदाय के किसी सदस्य का जिक्र रामानन्दी नाभादास की *भक्तमाल* में नहीं मिलता है, हालाँकि वे वाराणसी के तुलसीदास, चैतन्य और वल्लभ सरीखे दूसरे सगुणी भक्तों, और रामानन्द के कबीर सरीखे दूसरे प्रत्यक्ष शिष्यों का उल्लेख करते हैं। नाभादास ने अपना लगभग सारा जीवन आमेर के पास गलता में बिताया और वे दादू और उनके करीबी शिष्यों के बारे में जरूर अवगत रहे होंगे। पैटन ब्रूकेत इस बात को रेखांकित करते हुए टिप्पणी करते हैं[9] :

> नाभादास के जरिये रामानन्दियों ने कई चतुर रणनीतिक चालें चलीं। सबसे लोकप्रिय निर्गुण संतों को रामानन्द का शिष्य बताया और साथ ही, खुद को ब्रज के विस्तृत होते सगुण कृष्णभक्त समुदायों से जोड़ा जिन्हें मुगल और राजपूत शासकों का संरक्षण मिलता था। इसके अलावा उन्होंने विवादित सामाजिक स्थिति वाले प्रमुख प्रतियोगियों को भक्ति समुदाय के बारे में अपने दृष्टिकोण से निष्कासित करके उनसे खुद को दूर कर लिया।

नारायणदास कहते हैं कि सन् 1830 के आसपास के दादूपंथी लेखक मंगलदास ने नाभा की *भक्तमाल* में दादू का जिक्र न होने का एक सरल-सा कारण बताया है। नारायणदास मंगलदास के कथन का सार यों बताते हैं (1980 : ९0)—"बन्दर को मोतियों के हार की, गदहे को स्वादिष्ट व्यंजनों की पहचान नहीं होती। बधिर को रागों का रहस्य समझ में नहीं आ सकता, मूर्ख को ज्ञान का अनुभव नहीं होता। इसी तरह नाभा दादू को समझने में अक्षम रहे।"

जन गोपाल की *दादू जनम लीला* के अनुसार, जन गोपाल दादू से पहली बार 1585 में सीकरी के पास या सीकरी में मिले, जब दादू मुगल बादशाह अकबर से मुलाकात करने वाले थे। (जन गोपाल 1988 : 45, 97)

नारायणदास (1979 : खंड 2, पेज 71) स्रोत का हवाला दिए बिना दावा करते हैं कि उस समय जन गोपाल की उम्र 12 वर्ष थी। *जनम लीला* के अनुसार, अकबर से मुलाकात करने के लिए दादू अपने संग 'अपने शिष्य जन गोपाल को ले गए थे।' (जन गोपाल 1988 : 52, 102) हालाँकि मुगल दस्तावेजों में अकबर के साथ दादू की किसी मुलाकात का जिक्र नहीं मिलता लेकिन मुलाकात ऐतिहासिक रूप से सम्भव लगती है। *जनम लीला* में जन गोपाल अपना जिक्र दो बार और करते हैं। एक यह कि उन्होंने और उनके शिष्य चैन ने काणोता (जहाँ कि राघवदास के अनुसार चैन ने अपना स्थान बनाया था) एक उत्सव आयोजित करने में मदद की थी और उन्होंने एक अज्ञात स्थान पर भी एक उत्सव आयोजित किया था। (जन गोपाल 1988 : 77, 118)

दादू जनम लीला के अन्त में जन गोपाल ने खुद को इसका लेखक बताते हुए अपने आपको 'जाति महाजन' कहा है। (जन गोपाल 1988 : 88, 125) इसका आशय यह भी हो सकता है कि वे खुद को वैश्य जाति का 'जति' (यति यानी विरक्त संत) कह रहे हैं। कालेवार्त यही अर्थ लेते हैं। लेकिन इसकी दूसरी व्याख्या अधिक सम्भावित है। *जनम लीला* के अपने संस्करण के लिए कालेवार्त ने जिन पांडुलिपियों का उपयोग किया है उनमें से कई (खासकर परवर्ती) पांडुलिपियों में जाति शब्द की जगह जति शब्द रख दिया गया है। महाजन शब्द के साथ जाति शब्द अधिक सहज स्वीकार्य और वास्तविकता का सूचक लगता है। जन गोपाल के बारे में राघवदास का ऊपर उद्धृत पहला पद उनके वैश्य वंश का जिक्र तो करता है लेकिन वे ब्रह्मचारी (यति, विरक्त) थे ऐसी कोई सूचना नहीं देता। जन गोपाल के जीवन से सम्बन्धित एक और संकेत उनके शिष्य चैनराम द्वारा रचित संक्षिप्त *भक्तमाल* के एक पद से भी मिलता है जिसमें जन गोपाल को एक महिला जमना बाई के साथ जोड़ते हुए कहा गया है कि दोनों मिलकर गुरु दादू की महिमा गाते

थे। (जन्गोपाल रु जमनाबाई। गुरु दादु की कीरति गाई।) (राघवदास 1965 : 283)जन गोपाल की अपनी रचना *दादू जनम लीला* (1988 : 14, 19) में भी उन्हें इसी महिला के साथ जोड़ा गया है और उसका नाम जमुना बाई बताया गया है। यहाँ कहा गया है कि जन गोपाल और जमना बाई और कई दूसरे लोगों ने मिलकर धार्मिक आयोजन किया (जन गोपाल रु जमुनाबाई चौथी लीला तहां बनाई। सूरहरी टीकूं र दमोदर बाला हरि गुंनमांन सहोदर।)। ये दोनों उद्धरण यही संकेत देते हैं कि जमना बाई/ जमुना बाई जन गोपाल की पत्नी थीं।[10]

नाथों और दादू पंथियों द्वारा जैनों की आलोचना के बारे में मोनिका हॉर्स्टमैन के एक ताजा लेख (2017 : 11) में कहा गया है कि "हालाँकि यति/जति का अर्थ केवल दिगम्बर या श्वेताम्बर संत नहीं, अपितु संतमात्र माना जा सकता है लेकिन यह विशेष तौर पर श्वेताम्बरों के लिए प्रयोग किया जाता है, जो मन्दिरों में वास करने वाले साधु हुआ करते थे।" इससे लगता है कि 'जति (यति) महाजन' का अर्थ 'श्वेताम्बर जैनों के परिवार का महाजन' भी हो सकता है। ऐसी स्थिति में भी जन गोपाल का जमुना बाई से विवाहित होना सम्भव है।

16वीं-17वीं शताब्दियों के दौरान जैनों को राजस्थान में वैश्यों या महाजन जाति के लोगों का समर्थन हासिल करने के लिए नये धार्मिक समूहों, खासकर दादूपंथियों और रामानन्दियों से कड़ी होड़ लेनी पड़ी थी। उस दौर में वैश्य समुदाय के जैनों द्वारा इन नये समूहों में शामिल होना सम्भवतः कोई असामान्य बात नहीं थी।[11] नारायणदास (1980 : 166) एक जैन की दिलचस्प कथा याद करते हैं, जो मत परिवर्तन करके राम का उपासक बन गया था। श्रीरंगजी दौसा (राजस्थान) के थे। वे जैन व्यापारी (सरावगी वैश्य) परिवार के थे। उनका एक नौकर मरने के बाद यमदूत बन गया। यम ने अपने इस दूत को दौसा के एक व्यापारी (बंजारे) को लाने के लिए भेजा। यमदूत को श्रीरंगजी याद आए, उसने उनके सामने आकर कहा, "सेठजी, मेरी बात सुनिए। मैं यमदूत बन गया हूँ और एक व्यापारी को ले जाने के लिए आया हूँ। मैं इस भैंसे के सींग पर बैठूँगा और उसे व्यापारी को मार डालने के लिए कहूँगा। आप समझ लें कि जो राम की भक्ति नहीं करेगा उसकी मौत इसी तरह होगी। अपना कल्याण चाहते हैं तो अनन्तानन्द जी के शिष्य बनकर राम की उपासना करें।"

भैंसे ने सींग घोंपकर उस बंजारे को मार डाला। इसके बाद श्रीरंग जी अनन्तानन्द जी के शिष्य बन गए। जाहिर है, यहाँ बात उन्हीं अनन्तानन्द जी की हो रही है जो रामानन्द के प्रत्यक्ष शिष्य थे और कृष्णदास पयहारी के गुरु थे। 16वीं शताब्दी के मध्य में कृष्णदास ने आमेर/जयपुर के पास गलता में शैव

नाथों को बेदखल करके रामानन्दी मठ की स्थापना की थी। (देखें ब्रूकेत 2019; हॉर्स्टमैन 2002)

जन गोपाल के जन्म और मृत्यु की तिथियाँ अज्ञात हैं। दादू की तिथियों के बारे में स्थिति बेहतर है। *दादू जनम लीला* के लगभग अन्त में दो दोहों से दादू से जुड़ी तिथियों का पता चलता है। (जन गोपाल 1988 : 88, 125) 1573 में वे सांभर में बस गए। 1575 में उनके पुत्र गरीबदास का जन्म हुआ। उसी साल वे अकबर से मिले। 1593 में वे कल्याणपुर चले गए। 1602 में वे नारायना आए। 1603 में उनकी मृत्यु हो गई। लेकिन पंथ परम्परा के अनुसार दादू की मृत्यु इसके एक साल बाद हुई। *जनम लीला* के आरम्भ में जन गोपाल सन् 1544 को दादू का जन्म वर्ष बताते हैं। दादू से जुड़ी दूसरी कोई तिथि दूसरे स्रोतों में नहीं पाई जाती। दादू का जीवनकाल 1544 से 1603/04 माना जा सकता है। अगर नारायणदास के इस दावे को (जिसका आधार अज्ञात है) सही मान लिया जाए कि 1575 में जन गोपाल की उम्र 12 साल थी, तो कहा जा सकता है कि जन गोपाल का जीवनकाल 1563 से 1640 तक का था। इन तारीखों के मद्देनजर दादू मुगल बादशाह अकबर (शासन-काल 1556-1605) और जन गोपाल जहाँगीर (शासन-काल 1605-27), और शाहजहाँ (शासन-काल 1628-58) के राज के दौरान वयस्क जीवन जी रहे थे।

उस दौरान राजस्थान के उत्तरी क्षेत्र की राजधानी आमेर (बाद में निकटवर्ती जयपुर) थी और यह क्षेत्र कछवाहा राजपूतों के आधिपत्य में था। कछवाहा राजपूत 1562 से अकबर के सहयोगी बन गए। दक्षिण-पश्चिम क्षेत्र मारवाड़ की राजधानी जोधपुर थी और इस क्षेत्र पर राठौड़ समुदाय का आधिपत्य था, जो 1583 से अकबर के साथ जुड़ गया था। केवल दक्षिण-पूरब क्षेत्र मेवाड़ के सिसोदिया समुदाय ने अकबर से जुड़ने का विरोध किया था। उन्हें अकबर ने 1568 में चित्तौड़ के उनके किले में नाटकीय ढंग से हरा दिया।[12]

दादू और उनके शिष्य जन गोपाल के जीवनकाल में मान सिंह (1550-1614) कछवाहों के अग्रणी नेता थे, जिन्होंने 1589 से आमेर पर राज किया। वे 12 साल की उम्र में 1562 में मुगल राज की सेवा में शामिल हुए, आगे चलकर वे अकबर के प्रमुख सेनापति बने। वैष्णव मत के संरक्षक मान सिंह ने वृन्दावन में विशाल गोविन्ददेव मन्दिर के निर्माण में बड़ा योगदान दिया। उनके पड़दादा पृथ्वीराज (शासनकाल 1503-27) वैष्णव साधु कृष्णदास पयहारी के संरक्षक थे। पयहारी सीता-राम के उपासक और वाराणसी के प्रसिद्ध संत रामानन्द के शिष्य थे। जैसा कि ऊपर बताया जा चुका है, इन कृष्णदास ने ही आमेर और जयपुर के पास गलता में रामानन्दी मठ की स्थापना की थी।

इतिहास से जुड़े दो सवाल विचारणीय हैं। पहला यह कि 15वीं सदी के आखिरी वर्षों से उत्तर भारत में वैष्णव धर्म धीरे-धीरे क्यों प्रमुख होता गया? दूसरा यह कि कबीर और रैदास का निर्गुण पंथ और फिर गुरु नानक का पंथ उसी काल में क्यों लोकप्रिय हो गए? दो वजहें जाहिर तौर पर महत्त्वपूर्ण हैं। एक का सम्बन्ध ऊपरी स्तर पर हुए राजनीतिक बदलावों से है, और दूसरे का सम्बन्ध नीचे के स्तर पर हुए धार्मिक बदलावों से है।

पहला कारण यह कि हिन्दू धर्म की शैव और शाक्त, दोनों धाराएँ संरक्षण, खासकर राजकीय संरक्षण से वंचित हो गईं। शैव और शाक्त मन्दिरों को हिन्दू राजाओं से अक्सर वित्तीय सहायता मिलती थी। ये राजा उनके देवी-देवताओं को अपना कुलदेवता बना लेते थे। इस वजह से ये मन्दिर अक्सर मुस्लिम शासकों का राजनीतिक निशाना बनते थे। ऐसा खासकर तब हुआ जब दिल्ली सल्तनत के पतन के बाद मुगल शासक और उत्तर तथा मध्य भारत के छोटे-छोटे मुस्लिम राजाओं की ताकत बढ़ गई। दूसरा कारण यह था कि 14वीं-15वीं सदी में उसी उत्तर भारत में मुस्लिम आबादी धीरे-धीरे बढ़ गई, जिसमें धर्म परिवर्तन करने वालों के साथ ही पंजाब से आगे के क्षेत्रों से आए प्रवासी भी शामिल थे। धर्मान्तरण में, खासकर निचली जातियों के धर्मान्तरण में सूफी संतों की भूमिका को लेकर विवाद है लेकिन इसमें कोई सन्देह नहीं है कि कबीर के निर्गुण पंथ और भक्ति संत आन्दोलन के विकास में सूफी विचारों का बड़ा योगदान था।[13]

वैष्णव पंथ ईसवी सन् की शुरुआती सदियों से ही उत्तर भारत में मौजूद था। *भगवद्गीता, रामायण* और *विष्णुपुराण* मुख्य वैष्णव ग्रंथ हैं। फिर भी, उत्तर भारत में वैष्णव पंथ का पुनरोदय 15वीं सदी के मध्य से ही मानना चाहिए। स्वामी रामानन्द (15वीं सदी) और उनके शिष्यों ने इस उभार में महत्त्वपूर्ण भूमिका निभाई। उनसे पहले, नामदेव महत्त्वपूर्ण वैष्णव व्यक्तित्व हैं, जिन्हें 14वीं सदी के प्रारम्भिक काल का माना जाता है, हालाँकि वे उत्तर भारत के हिन्दी क्षेत्र से ज्यादा महाराष्ट्र और गुजरात के थे।[14] रामानन्द और उनके वैष्णव शिष्यों के ठीक बाद उत्तर भारत में कई वैष्णव हस्तियाँ उभरीं—सूरदास (1480-1580), मीराबाई (1498-1546), और वल्लभाचार्य (1479-1531) तथा उनके शिष्य, बंगाल के चैतन्य और उनके शिष्य। उत्तर भारत के ये सभी वैष्णव *भागवत पुराण* से बहुत प्रभावित थे, जिसकी रचना 11वीं सदी में दक्षिण भारत में की गई थी।

उस काल में उत्तर भारत में वैष्णव पंथ के उभार की राजनीतिक पृष्ठभूमि के सवाल पर और शोध तथा विचार-विमर्श की जरूरत है। ओरछा के बुन्देला राजाओं, खासकर मधुकर शाह (शासन काल 1554-94) और उनके पुत्र वीर

सिंह बुन्देला (शासन काल 1605-26/27) ने वैष्णव पंथ को जो प्रश्रय दिया उसके बारे में हाइडी पाउवेल्स (2009 : 187-228) का बेहतरीन अध्ययन इस सिलसिले में एक महत्त्वपूर्ण योगदान देता है। ये दोनों राजा मुगल बादशाह अकबर (मृत्यु 1605) के कभी सहयोगी रहे और कभी विरोधी। पाउवेल्स का कहना है कि कहा जाता है, मधुकर शाह के भाई और पूर्ववर्ती, भारती चन्द (शासन काल 1531-54) शाक्त थे, और अपनी कुलदेवी, सम्भवतः विंध्यवासिनी देवी के भक्त थे। जाहिर है, मधुकर ने अपने कुल का धार्मिक सम्बन्ध बदलकर त्रिष्णु के साथ जोड़ लिया। उन्होंने ओरछा में चतुर्भुज वैष्णव मन्दिर का निर्माण शुरू करवाया, जिसे पूरा करवाया उनके पुत्र वीर सिंह बुन्देला ने जिन्होंने मथुरा में प्रसिद्ध केशवराय वैष्णव मन्दिर भी बनवाया।

पाउवेल्स बुन्देला राजाओं द्वारा वैष्णव मन्दिरों के निर्माण की व्याख्या नहीं करतीं। वैसे, उस काल में उत्तर भारत में दूसरे कई हिन्दू राजा शाक्त पंथ से निष्ठा बदलकर वैष्णव देवी-देवताओं की उपासना करने लगे थे। पाउवेल्स के काम को आगे बढ़ाते हुए फ्रांचेस्का ओर्सीनी और समीरा शेख ने वैष्णव पंथ के लिए बढ़ते संरक्षण की व्यापकतर व्याख्या दी है[15] :

> वैष्णव धारा ने भक्ति की एक ऐसी शब्दावली प्रस्तुत की, जिससे राजकीय शैव धारा या देवी उपासना जैसा राजनीतिक खतरा नहीं पैदा होता था। वल्लभ, चैतन्य और अन्य आचार्यों, साधकों ने ब्रज की जो 'पुनर्खोज' की उसने अधिकांश उत्तर भारत को व्यापार तथा तीर्थ के घने जाल से जोड़ दिया...। *भागवत पुराण*, अवतारवाद, और अपने मत के सघन प्रचार पर निर्भर नई वैष्णव धारा ने जो विकासमान शब्दावली प्रस्तुत की उसने अनेक समूहों को आकर्षित किया। पुष्टिमार्गीय वार्ताओं में कृषक, व्यापारी, राजपूतों तथा मुस्लिमों तक के धर्म परिवर्तन की कई कथाएँ दर्ज की गई हैं। गौड़ीय परम्परा में भी ऐसा ही दिखता है। यहाँ तक कि जो राजपूत समूह पहले देवी या शिव की उपासना करते थे, अब उन्होंने अपनी वंशावलियों को कृष्ण से जोड़ना शुरू कर दिया...
>
> ...वैष्णव धारा ने संस्कृति और राजनीति के क्षेत्रों में जो जगह बनाई उसमें उसे प्रतिरोध का सामना भी करना पड़ा। एक प्रसिद्ध कथा है कि कृष्णभक्त कवयित्री मीरा को अपनी कृष्णभक्ति के कारण अपने शाक्तपंथी ससुराल वालों का कोप झेलना पड़ा लेकिन वे अडिग रहीं।

रिचर्ड ईटन ने उत्तर भारत में हिन्दू राजवंशों से सीधे जुड़े मुख्यत: शैव, और देवी के मन्दिरों को चुन-चुन कर नष्ट किए जाने का पूरा ब्योरा दर्ज किया है।[16] उन्होंने जोर देकर कहा है कि यह तोड़फोड़ धार्मिक से ज्यादा राजनीतिक कारणों से की गई, दूसरे हिन्दू तथा जैन मन्दिरों को छोड़ दिया गया। वीर सिंह बुन्देला और मान सिंह सरीखे मातहत राजा वैष्णव देवताओं, खासकर कृष्ण के बाल अवतार और वृन्दावन के गोपालक रूप से जुड़ाव बनाकर अफगान तथा मुगल शासकों के कोप से बचने में सफल रहे, जिन्होंने मेवाड़ के सिसोदिया घराने के शैव तथा शाक्त मन्दिरों को निशाना बनाया था। विष्णु/कृष्ण के उन मन्दिरों को भी तोड़ा गया, जो मुस्लिम शासकों से बगावत करने वाले हिन्दू सामन्तों द्वारा बनवाए गए थे। उदाहरण के लिए, मथुरा और ओरछा में बुन्देलों द्वारा बनवाए गए मन्दिरों को लिया जा सकता है।[17]

नाभादास और राघवदास की *भक्तमालों* में कछवाहा और मुगल शासकों के उल्लेख उस राजनीतिक वातावरण के बारे में ओर्सीनी और शेख के विवरण की पुष्टि करते हैं जिसके कारण उत्तर-पश्चिम भारत, खासकर आमेर-जयपुर तथा वृन्दावन क्षेत्रों में सगुणी वैष्णव पंथ का उभार हुआ। नाभादास आमेर-जयपुर के पास गलता के रामानन्दी वैष्णव मठ से जुड़े थे। उनकी आध्यात्मिक परम्परा रामानन्द से आरम्भ होकर अनन्तानन्द और कृष्णदास पयहारी से होती हुई उनके गुरु अग्रदास तक आती है। इस परम्परा के गुरुओं का ठीक-ठीक तिथि निर्धारण स्थायी समस्या है लेकिन नाभादास के ग्रंथ में जिन व्यक्तियों का जिक्र है उससे साफ है कि वह करीब सन् 1600 में लिखी गई।[18] नाभादास के ग्रंथ पर प्रियादास की विस्तृत टीका सन् 1712 की है।

रामानन्द के शिष्य कबीर (1440-1518) ने जिस निर्गुणी भक्ति धारा का सूत्रपात किया उसमें वैष्णव भक्ति, अद्वैत और सूफी इस्लाम के तत्त्वों का मिश्रण शामिल था।[19] हाल के अपने एक लेख 'क्या कोई वैष्णव कबीर हो सकते थे' (2016 : 147) में जॉन हॉली का सुझाव है कि हम कबीर के वैष्णव मत को उनके अन्य समकालीनों द्वारा प्रस्तावित वैष्णव मत से ज्यादा सर्व समावेशी 'वल्गेट' (यानी व्यापकतर) वैष्णव मत के रूप में देखें। हॉली 'वल्गेट' शब्द का वास्तव में किस अर्थ में प्रयोग करते हैं यह स्पष्ट नहीं है (इस शब्द का प्रयोग मूलत: यूनानी तथा हिब्रू *बाइबिल* के अधिकृत लातीनी अनुवाद के लिए किया गया था)। जो हो, 'वल्गेट' शब्द कबीर के पंथ के क्रान्तिकारी स्वरूप को पकड़ने में विफल है, खासकर उस पहलू को जो इस पंथ को सूफी इस्लाम की धाराओं से लिये गए विचारों से जोड़ा गया। एक विद्वान, सरदार जाफरी ने यहाँ तक कहा है

कि कबीर के धार्मिक विचार हिन्दू से ज्यादा मुस्लिम विचार थे लेकिन कबीर ने चूँकि हिन्दू शब्दावली का प्रयोग किया इस कारण यह तथ्य ढक गया।[20] लेकिन यह अतिवादी दृष्टिकोण है।

कबीर के धर्म को हम उस शब्दावली में प्रस्तुत करना चाहते हैं जिसका प्रयोग कभी-कभी रूढ़िवादी से अलग कदरन उदार ईसाई पंथों के लिए किया जाता है। यह शब्दावली है—'रूढ़ि विरोधी वैष्णव पंथ' जिसमें 'धर्मनिष्ठ' अल-गजाली के रूढ़िवादी इस्लाम से ज्यादा 'अन-अल-हक़' ('मैं ही सत्य हूँ') की 'धर्मद्रोही' घोषणा करने वाले मंसूर अल-हल्लाज (858-922) के सूफी इस्लाम का मिश्रण है।[21]

कबीर विष्णु और उनके अवतारों के मूर्त रूपों की उपासना के बजाय निराकार ईश्वर की उपासना पर जोर देते हैं। यह उन्हें सूफी इस्लाम के करीब लाता है। दूसरी ओर, वे इस निराकार ईश्वर के लिए अधिकतर हिन्दू तथा वैष्णव नामों का भी प्रयोग करते हैं, हालाँकि वे मुस्लिम नामों का भी प्रयोग करते हैं। वे पुनर्जन्म को मानते हैं लेकिन प्रायः इस अर्थ में कि मनुष्य योनि में जन्म अनूठा है और लोगों को इस मौके का लाभ मोक्ष प्राप्ति के लिए उठाना चाहिए। कबीर पिछले जन्मों में पशु या निचली जाति का होने का जिक्र नहीं करते। वे हिन्दू और इस्लाम, दोनों धर्मों के रोज के कर्मकांडों को खारिज करते हैं और वेद तथा कुरान, दोनों को मानने से इनकार करते हैं।

जन गोपाल के गुरु दादू दयाल (1544-1602/3) बेशक कबीर के निर्गुण भक्ति आन्दोलन के अनुयायी थे। एच.एच. विल्सन ने बहुत पहले दावा किया था कि दादू आध्यात्मिक रूप से कबीर की पीढ़ियों में पाँचवीं पर माने जाते हैं। लेकिन उनके दावे का स्रोत अज्ञात है।[22] खुद दादू कबीर को बड़े सम्मान के साथ याद करते हैं और लगभग उनके धार्मिक सन्देश को ही प्रसारित करते हैं; हालाँकि दादू के पदों और दोहों में वैसा तीखा व्यंग्य और कटाक्ष नहीं है जो कबीर की कई रचनाओं में पाया जाता है। यही बात जन गोपाल की रचनाओं के बारे में कही जा सकती है, लेकिन वे कबीर और दादू की तरह भगवान के लिए मुस्लिम नामों का प्रयोग करने से परहेज करते हैं और फारसी आधारित शब्दावली का शायद ही प्रयोग करते हैं। इस मामले में जन गोपाल कबीर या दादू से ज्यादा वैष्णव हैं।

कबीर के संत आन्दोलन की सफलता के पीछे भी वे ही कारण थे, जिनके कारण लगभग उसी काल में अधिक पारम्परिक सगुण वैष्णव मत को सफलता प्राप्त हुई। संत आन्दोलन अधिकांश हिन्दुओं और मुसलमानों की दृष्टि में धर्मद्रोही था। हिन्दू या मुसलमान शासकों या सम्पन्न व्यापारियों में इसे संरक्षण देने वाले कम ही थे। इसके अनुयायी मुख्यतः दरिद्र श्रमिक और कृषक ही थे। हालाँकि दादू

के समय तक खासकर उनके अपने पंथ की शाखाओं में अनेक व्यापारी, और साधारण राज-कर्मचारी जरूर शामिल हुए।

ऐसा प्रतीत होता है कि संत मत के विस्तार के लिए जरूरी था कि शासन या तो बहुत सहिष्णु हो या फिर बहुत अप्रभावी।

कबीर के दौर की वाराणसी के शासन के बारे में कम ही अध्ययन किया गया है। रामानन्द और कबीर की गतिविधियों के शुरुआती चरण में वाराणसी का मुख्य शासक जौनपुर का शर्क़ी शासक हुसैन शाह (शासन काल 1458-79) था, जो धार्मिक रूप से उदार था, साथ ही बहुत प्रभावशाली शासक भी नहीं था। 15वीं सदी के अन्तिम चरण में, वाराणसी अधिक कट्टरपंथी और दमदार मुस्लिम लोदी वंश के खासकर सुल्तान सिकन्दर लोदी (शासन काल 1489-1517) के अधीन थी।[23]

कबीर के बारे में प्रचलित कथाओं में सिकंदर को कबीर का घोर विरोधी (लॉरेंज़ेन 1991) बताया गया है। लेकिन उस समय तक एक धार्मिक कवि के रूप में कबीर की ख्याति इतनी प्रबल और व्यापक हो चुकी थी कि उन्हें खत्म करना मुश्किल था, हालाँकि उनके अनुयायी वाराणसी और बिहार के कुछ क्षेत्रों में कोई प्रभावशाली धार्मिक आन्दोलन तब तक नहीं खड़ा कर पाए जब तक उदार शासक अकबर का राज नहीं आया।[24]

कबीर के अनुयायी सबसे पहले विंध्य और छत्तीसगढ़ क्षेत्र में एक पंथ के रूप में संगठित हुए। वैसे, 1605 में अकबर के निधन से काफी पहले कबीर का प्रभाव पश्चिमी भारत में फैल चुका था, जहाँ उनके पदों और दोहों ने दादू और निरंजनी पंथों के विस्तार में प्रमुख भूमिका निभाई। सिख पंथ को भी कबीर के आन्दोलन की शुरुआती और परोक्ष देन माना जा सकता है, हालाँकि सिख मामलों के डब्लू.एच. मैक्लिओड और पशौरा सिंह सरीखे हाल के विद्वान गुरु नानक (1469-1539) की रचनाओं पर कबीर के प्रभाव से इनकार करते हैं और इस बात पर अविश्वसनीय जोर देते हैं कि नानक का धार्मिक दृष्टिकोण पूरी तरह मौलिक था। (लॉरेंज़ेन 2021 : 236) नानक पर कबीर के प्रभाव का प्रत्यक्ष दस्तावेजी प्रमाण भले न मिलता हो, कबीर के गीत और दोहे सिखों के आदिग्रंथ के अभिन्न अंग अवश्य बने।

सगुणी वैष्णव सम्प्रदायों और निर्गुणी पंथों, दोनों ने मुगल बादशाह अकबर के राज में अपनी लोकप्रियता और अपना प्रभाव बढ़ाया, लेकिन कारण कुछ अलग-अलग ही थे। जैसा कि बताया जा चुका है, उस काल में उत्तरी राजस्थान में कछवाहा राजपूतों का राज था। दादूपंथी लेखक राघवदास की *भक्तमाल* 1660 में लिखी गई। (ब्रूकेत 2019 : 139, 348-49) इसमें दादू पंथ का जन गोपाल और उनके शिष्य चैन तक के समय का इतिहास दर्ज है। राघवदास ने कई पदों को 16वीं सदी

के प्रारम्भ के कृष्णदास पयहारी को समर्पित किया है, लेकिन नाभादास के विपरीत उन्होंने पृथ्वीराज कछवाहा के साथ कृष्णदास के सम्बन्ध का जिक्र नहीं किया है। राघवदास ने मान सिंह समेत कई कछवाहा राजाओं का संक्षिप्त उल्लेख किया है लेकिन उन पर या राजस्थान के अन्य राजपूत राजाओं पर कम ही ध्यान दिया है। यह कोई आश्चर्य की बात नहीं है क्योंकि राघवदास सगुणी वैष्णव नहीं बल्कि दादूपंथी थे। दूसरी ओर, राघवदास ने मुगल बादशाह अकबर और उसके प्रमुख दरबारी बीरबल के साथ दादू की मुलाकात का विस्तृत विवरण शामिल किया है। उन्होंने कुछ छंद अकबर के उत्तराधिकारी जहाँगीर (शासन काल 1605-1627) के बारे में भी रचे हैं।[25]

दादू की तरह जन गोपाल का अधिकांश जीवन भी मान सिंह (1550-1614) के जीवन के समानान्तर चल रहा था। मान सिंह के सबसे प्रसिद्ध कामों में एक था वृन्दावन में कृष्ण का विशाल गोविन्ददेव मन्दिर बनाना। दूसरा बड़ा काम था बंगाल के राजा केदार राय को हराना और बंगाल के राजा की दैवी संरक्षिका शिला देवी की मूर्ति को अपने कब्जे में करना और उसे आमेर के कछवाहा महल में पुनर्स्थापित करवाना। मान सिंह के इस अभियान का परोक्ष रूप से पुनरुल्लेख जन गोपाल के ग्रंथ *जड़भरत चरित्र* में किया गया है। *भागवत पुराण* में लिखा है कि जड़भरत को कुछ बृषलों (डकैतों) ने पकड़ लिया था। जन गोपाल के ग्रंथ में बृषलों का नेता बंगाल का राजा बन जाता है। जब यह राजा अपनी संरक्षिका देवी की मूर्ति के सामने जड़भरत की बलि देने की कोशिश करता है तो देवी साक्षात प्रकट हो जाती हैं और उस राजा का वध कर देती हैं।

अकबर के धार्मिक दृष्टिकोण, खासकर उसके जीवन के उत्तरार्द्ध के वर्षों के, और कबीर एवं दादू तथा दूसरे निर्गुणी धार्मिक कवियों के दृष्टिकोण में समानता इतिहासकार एम. अतहर अली द्वारा प्रस्तुत अकबर के धर्म सम्बन्धी विचारों के सार से स्पष्ट हो जाती है[26] :

> अबुल फ़ज़ल लिखित *अकबरनामा* और *आईन-ए-अकबरी* को पढ़ने के बाद किसी को भी तुरन्त अहसास हो जाएगा कि अकबर का बल ईश्वर में अपनी दृढ़ आस्था को रेखांकित करने पर था। लेकिन यह आस्था ईश्वरोपासना की पारम्परिक हिन्दू या इस्लामी धारणाओं से स्वायत्त थी। *आईन* में दर्ज सूक्तियों से जाहिर है कि सूफियों की तरह अकबर का भी मानना था कि अलग-अलग लोग अपने ज्ञान की सीमाओं के मुताबिक खुदा को अलग-अलग तरह से महसूस करेंगे और उसी के मुताबिक

> उसकी इबादत करेंगे। खुदा 'बेसूरत' है और उसे किसी भी रूप में मन के निरन्तर प्रयास (चिरदस्ती-ए-ख्याल) से ही महसूस किया जा सकता है। ऐसे खुदा की इबादत सुरी परिस्तिश यानी औपचारिक प्रार्थना के जरिये करना केवल अल्पबोध सम्पन्न लोगों का ही काम है। असल में तो उपासना केवल हृदय की बात है। बताया जाता है कि एक जगह, अकबर ने कहा है कि खुदा की वास्तविक इबादत का अर्थ है 'दिल को रोशन रखना (रोशन दिल नूर दोस्ती)'।

अकबर का सामाजिक दृष्टिकोण विलक्षण रूप से आधुनिक एवं सुधारवादी था। अतहर अली आगे कहते हैं[27] :

> अकबर ने भारत-धारणा में सुधार का नया तत्त्व शामिल किया। उसने जबरिया सती प्रथा और बाल विवाह पर रोक लगाई, बेटी को परिवार की विरासत में बराबर का हिस्सा देने पर बल दिया, दास प्रथा और दासों के व्यापार की निंदा की। ये सब अतीत से चली आ रही बुराइयों को खारिज करने के ही तो संकेत हैं। अकबर के साथ भारत सांस्कृतिक इकाई के रूप में, सांस्कृतिक विविधताओं में समन्वय की ओर बढ़ते हुए दिखता है कहा जा सकता है कि अकबर के साथ ही हम एक आधुनिक भारत की, पुनरुत्थानवाद से मुक्त देशभक्ति की पूर्व-आधुनिक झलक देखते हैं।

पुरुषोत्तम अग्रवाल (2009 : 94-102) ने इस समय से काफी पहले के कबीर के विचारों में इसी तरह के धार्मिक तथा सामाजिक दृष्टिकोण की शिनाख्त की है। अग्रवाल इन सामाजिक तथा धार्मिक विचारों को 'देशज आधुनिकता' का एक रूप बताते हैं। जन गोपाल के सुधारवादी सामाजिक विचार, खासकर बाल विवाह और बेगार की कुप्रथाओं के बारे में उनके विचारों पर यहाँ दूसरे अध्याय में विचार किया गया है।

मुगल बादशाह अकबर और जहाँगीर के साथ सन्धियाँ करने वाले कछवाहा और अन्य राजपूतों ने न केवल वृन्दावन और ओरछा में सगुणी वैष्णव पंथ के प्रसार को संरक्षण दिया बल्कि इस परम्परा से अलग मार्ग अपनाने वाले दादू तथा निरंजनी आदि निर्गुणी पंथों के लिए भी, जाहिर है कि अकबर के प्रभाव के कारण, राजस्थान में अवकाश सम्भव होने दिया। जैसा कि दलपत राजपुरोहित ने बताया है[28] दादू पंथ को राजस्थान में राजपूतों से कुछ राजकीय संरक्षण प्राप्त हुआ, खासकर मारवाड़ के राजा जसवन्त सिंह (1626-1678) से। लेकिन ये अनुदान ओरछा में चतुर्भुज मन्दिर या मथुरा में केशवराज मन्दिर की लागत की बराबरी करने वाले नहीं थे।

कबीर पंथ को भी मगहर में कबीर रौज़ा को दिए गए मुगल अनुदानों के रूप में कुछ राजकीय संरक्षण मिला। इस पंथ को रीवा के बघेल राजा और कुछ दूसरे राजाओं से भी अनुदान मिले।[29] पंजाब का सिख पंथ इस लिहाज से विशिष्ट है। अकबर की बादशाहत समाप्त होने के बाद सिखों और मुगलों के बीच लम्बा राजनीतिक संघर्ष चला, जिसमें 1606 में गुरु अर्जन सिंह की हत्या की गई, 1675 में गुरु तेग बहादुर का सिर कलम किया गया, और पंथ ने धीरे-धीरे अपना अलग राजनीतिक तथा सैन्य संगठन बना लिया। इस तरह पंथ को मुगल संरक्षण की सम्भावना समाप्त हुई, और अन्ततः सिख राज्य की स्थापना हुई।

17वीं सदी के मध्य से राजस्थान में दादू पंथ और नाथ सम्प्रदाय, दोनों ने नागाओं के समूहों का गठन किया, ये सशस्त्र साधु थे जिन्हें राजपूत शासक अपने सैनिकों के तौर पर नियुक्त करते थे। इस कारण राजपूत शासकों और इन सम्प्रदायों की मैत्री मजबूत हुई।[30] फिर भी, 16वीं सदी के मध्य से 17वीं सदी के मध्य के बीच दादू पंथ का शुरुआती विस्तार मुख्य रूप से अकबर, जहाँगीर, शाहजहाँ और उनके सहयोगी राजपूतों के राज में खुले तथा उदार बौद्धिक वातावरण में कामगारों, किसानों और व्यापारियों को दादू के प्रत्यक्ष तथा समतामूलक धार्मिक सन्देश के प्रभाव के कारण सम्भव हुआ।

व्यापारी परिवार में जन्मे कवि तथा चरितलेखक जन गोपाल उत्तरी राजस्थान में सन् 1585 से दादू के जीवनकाल में और 1603/04 में उनकी मृत्यु के बाद तीन दशकों तक दादू पंथ की एक महत्त्वपूर्ण हस्ती थे।

सन्दर्भ

1. दादू पंथ के लिए देखें : ओर 1947, क्षितिमोहन सेन 1974, के.पी. सिंह 1971, परशुराम चतुर्वेदी 1964, पृ. 488-539, नारायणदास 1978, हॉर्स्टमैन 2021 बी.।
2. दादू के हिन्दी गीतों के लिए देखें : दादू 1966 और कालेवार्त और ओप डे बीक्क 1991 दादू के कुछ गीतों का अंग्रेजी अनुवाद 'ओर 1947' में है। सुन्दरदास के गीतों के लिए देखें : सुन्दरदास 1989 और कालेवार्त और ओप डे बीक्क 1991
3. रज्जब की कुछ रचनाओं के लिए देखें : रज्जब 1967। रज्जब के संकलन का दो बार प्रकाशन हुआ है, 1990 में और 2010 में। इन्हें भी देखें : वी. वर्मा 1965 और कालेवार्त 1978। बाजिद के लिए देखें : बंघा 2015। इन सभी कवियों और दूसरों के लिए देखें : नारायणदास 1978। गोपालदास के संकलन का प्रकाशन भी 1993 में किया गया है।
4. इस रचना के दो संस्करण (राघवदास 1965 और 1969) प्रकाशित हुए हैं। नारायणदास का 1969 का संस्करण बेहतर है और इसमें हरेक पद तथा दूसरी टिप्पणियों के आधुनिक हिन्दी अनुवाद शामिल हैं। दोनों संस्करणों में चतुरदास की बाद वाली टिप्पणियाँ शामिल हैं।

5. निरंजनी पंथ के बारे में देखें : परशुराम चतुर्वेदी 1964, पृ. 337-356, एस. शुक्ल 1974, एस.एच. मोरे 1977, एस.एन. मिश्र 1974, मंगलदास, 1962
6. दादूदयाल की जीवनी का अंग्रेजी में अनुवाद और सम्पादन कालेवार्त 1988 ने किया। 1947 में भी इसका एक संस्करण हुआ था जो हमें उपलब्ध नहीं हो सका।
7. नारायणदास द्वारा सम्पादित संस्करण (राघवदास 1969, पृ. 715-717)
8. नारायणदास वाले संस्करण से हिन्दी पाठ (राघवदास 1969, 777)। यह पद नाहटा वाले संस्करण में नहीं पाया जाता। चैनराम के बारे में देखें : नारायणदास 1978
9. ब्रूकेत 2019, पृ. 228-32, उद्धृत अंश पृ. 229 से।
10. दादू के परिवार के मामले में भी ऐसी ही समस्या है। अधिकतर स्रोतों का मानना है कि दादू विवाहित थे और उनके बच्चे भी थे, सम्भवत: दो बेटे (गरीबदास और मसकीन) और दो बेटियाँ भी। जन गोपाल की *दादू जनम लीला* के कालेवार्त वाले संस्करण में पद 9.7 कहता है—

    स्वांमी दादू जाकौ भाई बहन हंवा बैरागनि बाई।
    नांनीं माता दोऊँ बाई जन गोपाल यहु कीर्ति गाई।

    कालेवार्त ने इस पद का शायद गलत अनुवाद किया है। राघवदास की *भक्तमाल* (खासकर राघवदास 1969 : पृ. 675-78, 749 को देखें) को देखने से प्राप्त सूचना के आधार पर बेहतर अनुवाद यह है—'दादू की बहन हवा, जो खुद एक संत थीं, अपने भाई को अपना भगवान मानती थीं। नानी और माता उनकी बेटियाँ थीं। जन गोपाल उनका महिमागान करते हैं।' *भक्तमाल* में (राघवदास 1965 : 277 में) इसी तरह का पद मिलता है। हो सकता है, नानी दादू की माँ का नाम हो और दोनों बेटियों का नाम अज्ञात हो। हवा राघवदास (1969, पृ. 749) के एक पद का भी विषय हैं। नारायणदास (1980, पृ. 125-26) का दावा है कि हवा बाई का मूल नाम हीरा बाई था, कि वे दादू से सात साल बड़ी थीं, कि वे दादू के चाचा अनन्तराम की बेटी थीं इसलिए वे दादू की अपनी नहीं चचेरी बहन थीं। इस जानकारी का मूल स्रोत अज्ञात है।
11. इस प्रतिस्पर्द्धा का एक अच्छा संकेत दादूपंथी कवि रज्जब के पदों से मिलता है, जिन्हें हॉर्स्टमैन ने उद्धृत किया है। निम्नलिखित पर (रज्जब 1967, पृ. 1319) खासतौर से प्रासंगिक है : *वैश्य वर्ण समझै नहिं बात, जैन जत्यों में मोटी घात। आप न पूजै तिन हुं पूजावैं, फीटे फंफ फलौदी आवैं।*
12. इस घटनाक्रम का संक्षिप्त, अद्यतन विवरण ईटन 2019, पृ. 217-24 में उपलब्ध है।
13. मध्य युग में सूफी उपदेशकों के प्रभाव में इस्लाम में धर्म परिवर्तन करने के सवाल के बारे में देखें : खासकर ईटन 1978, आलम 2004, पृ. 81-114; 2012, अर्न्स्ट 1992
14. देखें : नोवेत्स्के 2009 और कालेवार्त तथा लाठ 1989
15. ओर्सीनी और शेख 2014 : पृ. 42-43। इन्हें भी देखें : ईटन (2000, पृ. 94-132), उन शैव तथा शाक्त मन्दिरों को चुनकर नष्ट किए जाने के सवाल पर चर्चा के लिए, जो उन पराजित और मातहत हिन्दू राजाओं से सीधे जुड़े थे जिन्होंने मुस्लिम शासकों का विरोध किया था।
16. ईटन 2000
17. देखें : पाउवेल्स 2009 और 2012
18. नाभादास की *भक्तमाल* की रचना के सम्भावित काल का एक संकेत यह है कि अनन्तदास

ने *नामदेव परचई* की रचना 1588 में की थी। अनन्तदास नाभादास के गुरुभाई विनोदी के शिष्य थे।

19. महत्त्वपूर्ण बात यह है कि कबीर केवल संत आन्दोलन के प्रारम्भिक प्रतिनिधि ही नहीं बल्कि निर्गुणी भक्ति के संस्थापक भी हैं। कबीर से पहले कोई निर्गुणी संत नहीं हुआ। साधु-विद्वान मंगलदास (1962, पृ. 90) ने लिखा है : 'निर्गुण भक्त-साधकों की परम्परा का प्रारम्भ कबीर जी से हुआ है। कबीर जी के समकक्ष तथा उनसे पीछे होने वाले महात्माओं ने कबीर जी का अनुगमन किया है।'
20. जाफरी 1965, पृ. 29 : "कबीरदास एक मुसलमान सूफी थे जो हिन्दू भक्ति की भाषा में बात कर रहे थे।" इस विषय पर लॉरेंज़ेन 2021 में पहले चर्चा हो चुकी है। इस लेख में वे सारे नाम दर्ज हैं जिन नामों का कबीर ईश्वर के लिए प्रयोग करते थे।
21. दिलचस्प बात यह है कि दादूपंथी लेखक राघवदास ने अपनी *भक्तमाल* में मंसूर और उनके 'अन-अल-हक़' कथन का दो पदों (नारायणदास वाले 1969 के संस्करण में पृ. 326 और पृ. 327) में जिक्र किया है। पहले पद में मंसूर से धार्मिक हस्तियों के नामों की वह सूची शुरू होती है जिसमें कबीर और कमाल शामिल हैं। नारायणदास 'अन-अल-हक़' (मैं सत्य हूँ) को उपनिषद और अद्वैत के 'अहम् ब्रह्मास्मि' के समकक्ष मानते हैं।
22. विल्सन 1972, पृ. 57। विल्सन की किताब 1828 और 1832 में पहली बार प्रकाशित लेखों पर आधारित थी। वे जिस आध्यात्मिक परम्परा की बात करते हैं वह कबीर से कमाल से जमाल से विमल से बुद्धन से दादू तक आती है। इनमें केवल कबीर के पुत्र कमाल पहचान में आते हैं।
23. शर्क़ी वंश का पूरा विवरण के.एस. लाल (1980) की किताब में मिलता है। हुसैन शर्क़ी के बारे में देखें : पृ. 144-57
24. कबीर पंथ के इतिहास के लिए देखें : रंजन 2008 और 2016
25. राघवदास की *भक्तमाल* के 1969 के नारायणदास वाले संस्करण में, इन विभिन्न सन्दर्भों को इन पृष्ठों पर पाया जा सकता है—229-31, 271-72, 274, 276, 666-671, 678, 688, 697 (मान सिंह), 750-51, 818
26. अतहर अली 2006, पृ. 160-161। ऑड्रे त्रुश्के ने कहा है कि अकबर की धार्मिक तथा सामाजिक नीतियों का अतहर अली ने जो काफी सकारात्मक आकलन किया है उस पर अलीगढ़ से बाहर के कुछ इतिहासकारों ने सवाल उठाए हैं।
27. अतहर अली 2006, पृ. 113
28. देखें : राजपुरोहित 2021
29. देखें : लॉरेंज़ेन 1991, पृ. 9-18; और रंजन 2016, एन.बी. पृ. 34, 84-85। एक दिलचस्प मगर कुछ मिलता-जुलता मामला पंजाब के जखपुर में नाथ सम्प्रदाय की संस्था को औरंगजेब द्वारा दिए गए दान का है। (गोस्वामी और ग्रेवाल 1967)
30. देखें : ओर 1947; गोल्ड 1995; क्लिमेंटिन-ओझा 1999; और पिंच 2006

अध्याय 2

कृपालु दादू की महिमा : जन गोपाल कृत *दादू जनम लीला* का सन्दर्भ और आशय

बीसवीं सदी के प्रख्यात हिन्दी कवि हरिवंश राय बच्चन ने अपनी आत्मकथा के पहले खंड का शीर्षक रखा—*क्या भूलूँ, क्या याद करूँ?* जीवनी या आत्मकथा लिखने वाले किसी भी लेखक के सामने सबसे बुनियादी सवाल यही होता है। जिस शैली में इस सवाल को हल किया जाता है, उससे लेखक की नैतिक तथा बौद्धिक अभिरुचियों, सौन्दर्य-बोध का परिचय मिलता है। भक्ति आन्दोलन के संतचरित भी अपवाद नहीं। कई हस्तियों के जीवन का महिमागान करने वाली विभिन्न *भक्तमाल* हों या किसी एक भक्त का 'परिचय' देने वाली 'परिचई'; प्राय: किसी भी भक्त के जीवन के किसी विशेष आयाम को चुनकर उस पर ही जोर दिया गया है। इन संतचरितों का प्रकट उद्देश्य सम्बन्धित व्यक्ति की आध्यात्मिक उपलब्धि का महिमागान करना दिखता है। लेकिन 'मित्र बनाने और लोगों को प्रभावित करने' का व्यावहारिक उद्देश्य भी कम महत्त्वपूर्ण नहीं है। इसी उद्देश्य से संतचरित के नायक को चमत्कार प्रतियोगिताओं में विजेता बताया जाता है, और उसे कड़ी तथा कष्टप्रद 'कसनियों' पर खरा उतरता दिखाया जाता है। 'कसनी' शब्द भक्ति-परम्परा का ही शब्द है जो कि सोने या चाँदी की शुद्धता कसौटी पत्थर पर 'कस' कर परखने के चलन से लिया गया है।

जन गोपाल की *दादू जनम लीला* में भी इसी साँचे का प्रयोग किया गया है, लेकिन लेखक के सामाजिक परिवेश और बौद्धिक गठन के कारण यह रचना अनूठी हो गई है। ऐसे दूसरे ग्रंथों के विपरीत *दादू जनम लीला* विभिन्न घटनाओं के निश्चित वर्ष बताती है और कई व्यक्तियों के नाम देती है। आस्था तथा किंवदंती के मानक साँचे का पालन करते हुए भी कई स्थानों पर यह तार्किक संशयवाद का प्रदर्शन करती है। *दादू जनम लीला* को वास्तव में अनूठी बनाती है लेखक की उल्लेखनीय

रचनात्मक कल्पनाशीलता। यह अनपेक्षित भी नहीं है क्योंकि दूसरे संतचरितों के लेखकों के विपरीत जन गोपाल श्रेष्ठ कवि भी थे, भले ही उनके कवि रूप को बहुत मान्यता न मिली हो।

'मुगल-राजपूत गठबन्धन' ने उस खुले तथा उदार बौद्धिक वातावरण के निर्माण में अपनी भूमिका निभाई जिसमें जन गोपाल साहित्य रचना कर रहे थे; लेकिन इस वातावरण का निर्माण एक लम्बी ऐतिहासिक प्रक्रिया के तहत हो रहा था, बेशक इसमें अकबर के बुद्धिमत्ता और दूरदर्शितापूर्ण शासन का भी बड़ा योगदान था।

व्यापार-वाणिज्य के विकास के लिए राज्य का विशाल और इतना ताकतवर होना जरूरी है कि वह आन्तरिक अव्यवस्था और बाहरी हमलों से सुरक्षा प्रदान कर सके। सुरक्षित व्यापार-वाणिज्य आर्थिक, सामाजिक और बौद्धिक गतिशीलता में योगदान देता है। इस नजरिये से, उत्तर भारत में पहले दिल्ली सल्तनत और फिर मुगल साम्राज्य के रूप में केन्द्रीकृत तथा शक्तिशाली शासन की स्थापना के महत्त्वपूर्ण और दीर्घकालिक परिणाम हुए।

सल्तनत काल में लागू की गई नई भू-राजस्व प्रणाली मुगल काल में और भी कुशलता से, तथा नकदी भुगतान पर और अधिक जोर के साथ जारी रही। इसने एक शहरी कुलीन तबके को जन्म दिया। हस्तशिल्प की वस्तुओं का उत्पादन और उपभोग बढ़ा। जिंसों के उत्पादन में वृद्धि और आर्थिक गतिविधियों के विस्तार के कारण वाणिज्य का विस्तार हुआ। साम्राज्य की सुरक्षा सम्बन्धी जरूरतों के साथ-साथ शहरी कुलीन वर्ग की माँगों के मेल से 'ऐसी कुछ शर्तें पूरी हुईं जिन्होंने वाणिज्य को बढ़ावा दिया।' सुरक्षित राजमार्गों और तीव्र संचार व्यवस्था (निजी व्यवस्थाओं समेत) के निर्माण, राजनीतिक स्थिरता के कारण बने व्यापक सुरक्षा-भाव ने व्यापारियों को समृद्धि और सामाजिक प्रभाव में वृद्धि की। दलालों के वर्ग का उभार आरम्भिक आधुनिक भारत में घरेलू तथा विदेशी व्यापार की वृद्धि की तस्दीक करता है। इरफान हबीब के अनुसार :

> इस काल में दलाल समूह भारतीय इतिहास में पहली बार उभरता है। माना जाता था कि व्यापारियों और ग्राहकों के बीच बिचौलिया बनने वाले ये दलाल कीमतों में मनमानी वृद्धि करवाते थे। अलाउद्दीन खिलजी ने इन लोगों के साथ जो सख्ती बरती, बरनी ने उसका पूरा समर्थन किया। लेकिन इतने बड़े बाजार के लिए दलालों की जरूरत इतनी थी कि उन्हें पूरी तरह खारिज करना असम्भव था।[1]

दलाल शब्द कबीर और दूसरे कवियों की कविताओं में उपमा के तौर पर बार-बार प्रयुक्त हुआ है। जाहिर है कि 'दलाल' बाजार के साथ-साथ भाषिक मुहावरे में भी जगह बना चुका था। दलाल ही नहीं, बनिया और बंजारा (घुमन्तू व्यापारी) भी निर्गुणपंथियों की पसन्दीदा उपमाएँ हैं, जिनका उपयोग कभी-कभी अपमानजनक लहजे में, लेकिन अधिकांशत: सकारात्मक अर्थ में किया गया है। कबीर अपने भगवान को एक ईमानदार और नियमपालक व्यापारी बताते हैं। दादू और रविदास को 'बंजारी' (घुमन्तू व्यापारी का लिखा या उसके बारे में लिखा गया गीत) लिखने का श्रेय दिया गया है।[2] दादूपंथी कवियों की रचनाओं में, कंजूस के रूप में मशहूर बनिये की भी कभी-कभी सकारात्मक छवि प्रस्तुत की गई है। सुन्दरदास ऐसी कंजूसी की यह कहकर प्रशंसा करते हैं कि आध्यात्मिक पूँजी निर्माण के लिए बचत करना जरूरी है।[3]

मध्य और आधुनिक युग में बने सभी साम्राज्यों की तरह मुगल सत्ता भी मूलत: 'विजेता सत्ता' थी लेकिन दादू और जन गोपाल के समय (16-17वीं सदी) में व्यापार-वाणिज्य को सक्रिय रूप से बढ़ावा देने की अकबर की नीतियों के कारण इस सत्ता का स्वरूप बिलकुल बदल गया था। जॉन रिचड्र्स के मुताबिक राजस्व का भुगतान नकद करने के आदेश ने गाँवों से आए अनाजों और जिंसों की 'बाजारों के ऊर्ध्वोन्मुख पदानुक्रम' के अनुसार बिक्री को प्रोत्साहित किया। *मुगल वित्तीय तथा राजस्व व्यवस्था* के सर्वे के आधार पर उनका निष्कर्ष है :

> किसी हद तक अधूरे ही सही, लेकिन फिर भी ऐसे ठोस प्रमाण मौजूद हैं जिनके आधार पर कहा जा सकता है कि मुगल भारत में दूरगामी प्रवृत्ति आर्थिक तरक्की और मजबूती की थी। शासन आर्थिक गतिविधियों में कम ही दखल देता था। सभी स्तर पर आन्तरिक व्यापार को बढ़ावा देने के लिए शासन कई सेवाएँ और प्रोत्साहन देता था। यहाँ तक कि यूरोप की कम्पनियों को भी निर्यात और मूल्यवान धातुओं के आयात को बढ़ावा देने के लिए काफी आजादी दी गई थी। कई सूबों में खेती योग्य क्षेत्र का उल्लेखनीय विस्तार हुआ। शाही कर उगाही में भी इसी तरह बढ़ोतरी हुई। कुछ खास इलाकों और अवधि में खेती की पैदावार पर मुगल कर कष्टदायक रहे लेकिन कुल मिलाकर धारणा यह बनती है कि करों के निर्धारण और उगाही के तरीके ऐसे नहीं थे जो आर्थिक वृद्धि को बाधित करें। इस आर्थिक वृद्धि का लाभ किन वर्गों और समूहों को हो रहा था इस सवाल का जवाब अभी खोजा जाना है।[4]

'शासन के लिए, राजस्व का संरक्षण ही सबसे बड़ी इबादत है' अबुल फ़ज़ल के इस कथन को उद्धृत करते हुए आंद्रे विंक कहते हैं :

> जैसा कि आधुनिक यूरोप के प्रारम्भ में हुआ था, ठीक उसी तरह यहाँ कर्तव्यनिष्ठ नौकरशाहों के लिए बढ़ी हुई माँग ने बुर्जुआ वर्ग को राजशाही शासन का मुख्य जरिया बना दिया। 16वीं सदी के मुगल भारत में इसी माँग ने बैंकिंग और वित्तीय व्यवस्था सँभालने वाली हिन्दू जातियों को सत्ता तथा प्रभुता दिलाई...दूरगामी राजस्व सुधार के लिए मशहूर टोडरमल ने 'उलझन के उसूल' की जगह 'व्यवस्था के उसूल' बनाए और बड़ी संख्या में ऐसे एजेंट तैनात किए जिन्होंने 'शासन व्यवस्था को व्यावसायिक उपक्रम के रूप में लेने की अकबर की अवधारणा' के विकास में योगदान दिया...जीते गए क्षेत्रों, नई दुनिया (अमेरिका), अफ्रीका और जापान से मूल्यवान धातुओं की आवक, और सबसे ऊपर गुजरात में पुर्तगाली व्यापार ने अकबर के राज में विशाल संख्या में सिक्के ढालने की राह आसान बनाई। इसने सभी पक्षों को कृषि उत्पादों को नकदी में तब्दील करने को प्रोत्साहित किया। इस तरह, जन्माधारित पेशों की व्यवस्था कमजोर पड़ी, सभी स्तरों पर व्यक्तिपरक जिम्मेदारी के सम्बन्ध विकसित हुए।[5]

अकबर के शासन में 'राजस्व के संरक्षण' को निरन्तर प्राथमिकता दी जाती रही। रिचर्ड ईटन कहते हैं :

> धर्म के प्रति अकबर का रुख समय के साथ बदला, लेकिन उसकी शासकीय नीतियों में स्थिरता रही...सरकारी राजस्व पर नियंत्रण बढ़ाने के लिए उसने अपने शासन के आखिरी दिनों में सूबाई दीवानों को शाही दीवान के प्रति ज्यादा जवाबदेह बनाया। दीवान इससे पहले सूबेदारों के प्रति जवाबदेह होते थे। मातहत जागीरदारों के नियंत्रण वाले क्षेत्रों के विपरीत, प्रत्यक्ष अधीन क्षेत्रों का शासन 'जब्त' व्यवस्था के तहत चलाया जाता था। इस व्यवस्था में, भूमि राजस्व की दर जमीन पर बोई गई फसल, जमीन के रकबे और मिट्टी के हिसाब से तय की जाती थी और उसे नकदी में वसूला जाता था।[6]

आरम्भिक आधुनिक भारतीय अर्थव्यवस्था शुरू में मुख्यतः कृषि-प्रधान थी। लेकिन नकदी में राजस्व उगाही, सुरक्षित व्यापार और जिंसों के उत्पादन तथा उपभोग

में वृद्धि के साथ शहरी आबादी में भी तेजी से वृद्धि हुई। सन् 1609 में आगरा की आबादी करीब पाँच लाख थी, जो 1666 में बढ़कर आठ लाख हो गई। उसी साल दिल्ली की आबादी पाँच लाख थी। अनुमान है कि अकबर के राज में कुल शहरी आबादी का अनुपात बढ़कर 15 फीसदी हो गया था, "संख्या के लिहाज से यह 1.6 से 1.7 करोड़ के बीच थी...तुलना के लिए कहा जा सकता है कि 1600 में यूरोप के केवल तीन शहर ऐसे थे जिनकी आबादी दो लाख से ज्यादा थी और नौ शहर ऐसे थे जिनकी आबादी एक लाख से ज्यादा थी। एक सदी बाद 1700 में भी इंग्लैंड, स्कॉटलैंड तथा वेल्स में 5,000 से ज्यादा आबादी वाले शहरों की कुल आबादी का अनुपात 13 फीसदी से ऊपर नहीं गया था। 1700 तक इंग्लैंड यूरोप के सर्वाधिक नगरीकृत हिस्सों में से एक बन चुका था। लंदन इसका सबसे बड़ा नगर था।[7]

समावेशी शासन और राजनीतिक स्थिरता के लिए अकबर के प्रयासों, 'सुलह-ए-कुल' के विचार, राजस्व उगाही को तार्किक बनाने, वाणिज्य व व्यापार को बढ़ावा देने के कदमों जैसे कारणों से लोगों में सुरक्षा और बेहतरी का अहसास बना। व्यापारी तथा दस्तकार समुदायों में, आज के शेयर बाजार के मुहावरे का प्रयोग करें तो, 'पॉजिटिव सेंटिमेंट' (सकारात्मक भाव) पैदा हुआ। उनका आत्मविश्वास बढ़ा, वे ब्राह्मणवादी विश्व-दृष्टि में उन्हें दी गई हैसियत पर सवाल उठाने लगे। इन समुदायों में अकबर को जो समर्थन और सम्मान मिला उसका भावनात्मक परिचय जौनपुर के मशहूर जैन व्यापारी बनारसीदास की आत्मकथा *अर्द्ध-कथानक* से मिलता है। बनारसीदास जैन परम्परा में 'अध्यात्म पंथ' के संस्थापक थे। उन्होंने अकबर के निधन से फैले व्यापक शोक और चिन्ता के अपने अनुभव का इस तरह वर्णन किया है :

संवत सोलह स बासठा। आयौ कातिक मास नठा॥
छत्रपति अकबर साहि जलाल। नगर आगरे कीनौं काल॥
आई खबर जौनपुर मांह। प्रजा अनाथ भई बिनु नांह॥
पुरजन लोग भए भयभीत। हिरद व्याकुलता मुख पीत॥
अकसमात बनारसी, सुनि अकबर कौ काल।
सीढ़ी परि बठ्यौ हुतो, भयो भरम चित चाल॥
आइ तबाला गिरि पर्‌यौ, सक्यौ न आपा राखि।
फूटि भाल लोहू चल्यौ, कह्यौ 'देव' मुख-भाखि॥

लागी चोट पाखान की, भयौ गृहांगन लाल।
'हाइ हाइ' सब करि उठै, मात तात बेहाल॥

(सन् 1605 (विक्रम संवत 1662) में वर्षा ऋतु बीतने के बाद कार्तिक मास में महान बादशाह अकबर ने आगरा में आखिरी साँस ली। उनके निधन की खबर तेजी से फैलती हुई जौनपुर भी पहुँची। लोग अपने सरपरस्त के बिना अचानक खुद को अनाथ महसूस करने लगे। हर कहीं दहशत छा गई और लोग आशंका में काँपने लगे। उनके चेहरे पीले पड़ गए।

मैं अपने घर में सीढ़ियों पर बैठा था, जब यह भयानक खबर मिली। यह मेरे लिए एक तेज और अप्रत्याशित झटका था। सुनकर मैं बेकाबू होकर काँपने लगा। मेरा सन्तुलन बिगड़ गया, मैं बेहोश होकर सीढ़ियों से गिर पड़ा। मेरा सिर जमीन पर पड़े पत्थर से टकराया, खून बहने लगा, पूरा आँगन लाल हो गया। हर कोई मेरी मदद को दौड़ा। मेरे माता-पिता बेहाल हो गए।)[8]

आश्चर्य नहीं कि वैसे आर्थिक तथा राजनीतिक वातावरण में 'सभी स्तरों पर जन्माधारित पेशों की व्यवस्था और कमजोर हो रही थी'। राजनीतिक अर्थव्यवस्था में हो रहे इन परिवर्तनों का असर आगे भी होता रहा। 18वीं सदी के भारतीय आर्थिक परिदृश्य के अपने सर्वे में तपन रायचौधरी ने इन बातों का उल्लेख किया है :

काफी कुशल बाजार और ऋण ढाँचे के साथ एक बड़ा वाणिज्य क्षेत्र विकसित हुआ, सघन घरेलू और विदेशी बाजार अस्तित्व में आया, काफी प्रतिस्पर्द्धी भारतीय कपड़ा उद्योग सक्रिय हुआ, बाजार के एकीकरण के संकेत मिले, नकद मुद्रा वाली अर्थव्यवस्था में कृषि और ग्रामीण उत्पादकों की भागीदारी बढ़ी, ददनी (सौदागरों द्वारा कारीगरों को अग्रिम भुगतान) की प्रथा प्रचलित हुई, केन्द्रीय नियंत्रण स्थापित हुआ, वाणिज्य वर्ग के कुछ हिस्सों ने ज्वाइंट स्टॉक के सिद्धान्त को अपनाया, यूरोपीय किस्म के जहाजरानी उद्योग में उद्यमी भावना के संकेत मिले।

इन सबके बावजूद उनका निष्कर्ष है कि :

विचारों और रुझानों के लिहाज से 18वीं सदी के मध्य का भारत उस भारत से भिन्न नहीं था, जिसका वर्णन मार्को पोलो ने किया है। ऐसी स्थिति में भारत में स्वत:स्फूर्त औद्योगीकरण नामुमकिन ही था।[9]

'स्वत:स्फूर्त औद्योगीकरण' जैसे शुद्ध काल्पनिक और बीते वक्त के सवाल पर बहस छेड़ने का कोई मतलब नहीं, मुद्दा यह है कि दैनंदिन कार्य-व्यवहार में विचारों, रुझानों और गतिविधियों में कोई बदलाव आया क्या? जन्माधारित पेशों की व्यवस्था कमजोर पड़ी क्या? अगर भक्त कवियों की किसी ने सुनी न होती और उनके समुदाय वास्तव में हाशिये पर रहे होते तो रायचौधरी से सहमत हुआ जा सकता था, लेकिन ऐसा हुआ नहीं।

मुमकिन है कि '15वीं सदी में उत्तर भारत में दो समुदायों—भक्त समुदाय और दूसरा, योद्धा-संतों के समुदाय—के उभार' का 'व्यापारी एवं दस्तकार वर्गों के उभार और किसानों के कुछ तबकों के जमीन से बेदखल होने से जो सम्बन्ध है, उसे अभी पूरी तरह समझा नहीं जा सका' हो[10], लेकिन यह असंदिग्ध है कि व्यापारियों और दस्तकारों (तथाकथित निचली जातियों) को भक्ति के समतावाद में आध्यात्मिक सन्तुष्टि और आत्मसम्मान महसूस हुआ। यहाँ तक कि सगुणपंथियों ने भी भक्ति के दायरे तक सीमित ही सही, मनुष्य की समानता का विचार तो प्रतिपादित किया ही। उधर, निर्गुणपंथियों ने इस विचार को उसकी तार्किक परिणति तक पहुँचाया (हालाँकि यहाँ भी लैंगिक समता शामिल नहीं थी)।

इसके साथ ही, जिन जातियों और पेशों के ज्यादातर लोग निर्गुणी पंथों के सदस्य थे उनसे इतर जातियों और पेशों के लोग भी इन समुदायों में शामिल थे। निर्गुण भक्ति पर आधारित समुदाय कुल मिलाकर व्यक्ति की महिमा के विचार को, और व्यक्ति को किसी जाति विशेष का नमूना नहीं बल्कि नैतिकता का एक स्वायत्त प्रतिनिधि मानने के विचार को आगे बढ़ाते थे।

अर्थव्यवस्था में नकदी के विस्तार और बैंकिंग तथा वित्तीय कारोबार करने वाली हिन्दू जातियों की सत्ता तथा प्रमुखता के साथ-साथ संस्कृति विषयक मामलों में ब्राह्मणों के एकाधिकार को इसलिए भारी झटका लगा कि देशभाषाएँ धार्मिक तथा लौकिक मामलों में साहित्यिक हैसियत हासिल कर रही थीं। फारसी में राजकाज चलाने वाले नये शासकों को भी देशभाषाओं के महत्त्व का अहसास हो रहा था। संस्कृत को राज्याश्रय मिल रहा था लेकिन क्षेत्रीय अदालतें अपने आदेश जारी करने, दस्तावेजीकरण, और दूसरे सरकारी कामों के लिए देशभाषा का ज्यादा-से-ज्यादा इस्तेमाल करने लगी थीं। इन बातों के साथ-साथ समाज के कई वर्गों में भक्ति धारा के विस्तार ने भारत की अपनी 'देशभाषा सहस्राब्दी' (वर्नाकुलर मिलेनियम) के निर्माण में योगदान दिया। 13वीं सदी में तुर्कों द्वारा लाई गई कागज उत्पादन तकनीक के दक्षिण एशिया में विस्तार ने सरकारी और साहित्यिक हलक़ों में देशभाषाओं के उपयोग की गति बढ़ा दी।[11]

इन राजनीतिक-आर्थिक घटनाओं के कारण जाति-प्रथा एवं अन्य मामलों से सम्बन्धित 'विचारों और प्रवृत्तियों' में महत्त्वपूर्ण बदलाव आए। प्राच्यवादी तर्क यह रहा है कि जाति-प्रथा भारतीय जनजीवन का एक इतिहास-निरपेक्ष, आर्थिक-राजनीतिक घटनाओं से अछूता 'शाश्वत' तथ्य है। यह सामाजिक हैसियत और ताकत की एकमात्र कसौटी रही है लेकिन पिछले कई वर्षों में इस तरह के तर्कों पर पुनर्विचार हुआ है। निकोलस डर्क्स के अनुसार :

> जाति-प्रथा को आज हम जिस रूप में जानते हैं, वह वास्तव में प्राचीन भारत से निरन्तर नहीं चली आ रही है। वह न किसी मूल सभ्यतागत मूल्य को प्रतिबिम्बित करती है, और न ही भारतीय परम्परा की अपरिहार्य अभिव्यक्ति है। असल में तो जाति-प्रथा (फिर से कहूँ, 'उसे हम आज जिस रूप में जानते हैं') एक आधुनिक परिघटना है। यानी विशेष तौर पर वह भारत और पश्चिमी उपनिवेशवादी शासन के बीच ऐतिहासिक मुठभेड़ का परिणाम है। मेरे कहने का अर्थ यह नहीं है कि इसका आविष्कार ही परम चतुर अंग्रेजों ने किया...मेरा तात्पर्य यह है कि ब्रिटिश राज में 'जाति' को ऐसे इकलौते पद (टर्म) के रूप में अवतरित किया गया, जो भारत में सामाजिक पहचान, समुदाय और संगठन के विविध रूपों को अभिव्यक्त, संगठित करने और सबसे ऊपर उन्हें 'व्यवस्थित' रूप देने में अकेला ही सक्षम था।[12]

वैसे, डर्क्स ने अपनी किताब में इस बात पर अधूरा ध्यान ही दिया है कि आजादी के बाद से भारत में जाति राजनीतिक तथा आर्थिक सक्रियता का किस हद तक वाहक बनी। वे इस तथ्य को भी अपेक्षित तवज्जो नहीं देते कि चार वर्णों के जो सैद्धान्तिक ढाँचे ने जातियों के उच्चताक्रम को करीब तीन हजार वर्षों से कितने उल्लेखनीय एवं विशिष्ट तरीके से संगठित करने में मदद की है।

इतना सच है कि आर्थिक और राजनीतिक स्तरों पर जो कुछ हो रहा था उससे जाति-प्रथा काफी प्रभावित हुई। लेकिन 'जाति-प्रथा ऐतिहासिक घटनाक्रम से अप्रभावित रहती हुई शाश्वत रूप से एक-सी ही चली आई है'—यह धारणा निश्चय ही उपनिवेशवादी सोच द्वारा गढ़ी गई है। रोनाल्ड इंडेन के अनुसार—

> यह धारणा इसलिए गढ़ी गई कि भारत को गतिशील, ऐतिहासिक यूरोप के ऐन विपरीत इतिहास से अप्रभावित, जड़ समाज माना जा सके। इस धारणा में विश्वास 'सुधार उन्मुख अनुभववादी' विद्वान भी करते थे और अपेक्षाकृत अधिक 'रूढ़िवादी तथा आदर्शवादी' विद्वान भी।[13]

भारत को पश्चिम के एकदम विपरीत दिखाने की यह जरूरत पूरी करने के लिए उन आर्थिक तथा राजनीतिक सत्ता-समीकरणों और बदलावों को हल्के में निबटा दिया गया जो चार वर्णों वाली सैद्धान्तिक व्यवस्था के भीतर ही सही, लेकिन विभिन्न जातियों के उच्चताक्रम में भारी उथल-पुथल ला रहे थे। यही नहीं, चातुर्वर्ण्य के सैद्धान्तिक ढाँचे को नस्लीय शुद्धता पर आधारित पर उच्च-निम्न वरीयता क्रम मानने की मूलभूत गलती भी की गई।

जातियों को उस तरह के स्थिर सामाजिक समूह नहीं माना जा सकता जैसी चार (बाद में पाँच) वर्णों वाली सैद्धान्तिक व्यवस्था थी। ब्राह्मण, क्षत्रिय, वैश्य, शूद्र वाली चातुर्वर्ण्य व्यवस्था एक अमूर्त मॉडल थी, जबकि जाति-व्यवस्था काफी विविधतापूर्ण जमीनी हकीकत थी। वर्ण ऐसे खाँचे थे जिनमें जातीय समूहों को किसी खास कालखंड में किसी विशेष क्षेत्र में उनकी शक्ति के आधारों के अनुसार रखा जा सकता था। इसका रक्त की शुद्धता से कुछ लेना-देना नहीं था। जाति-विभाजन न तो शाश्वत था और न सार्वभौमिक। उपनिवेशवादी सोच ने वर्ण पर जोर देकर जातियों की ऐतिहासिक गतिशीलता से सम्बन्धित वास्तविक प्रश्नों की अनदेखी की, कि जातियों की हैसियत उनकी आर्थिक तथा राजनीतिक परिस्थितियों में ऐतिहासिक परिवर्तनों के साथ एक वर्ण के अन्दर या वर्णों के बीच किस तरह ऊपर-नीचे होती थी।[14]

मिथकीय कालातीतता के बरक्स जाति-व्यवस्था की वास्तविक ऐतिहासिकता के बारे में कई विद्वानों ने विस्तार से चर्चा की है, जिनमें 19वीं सदी के ब्रिटिश सरकारी अधिकारी विलियम क्रूक, 20वीं सदी के प्रारम्भ के रूढ़िवादी विद्वान पंडित ज्वाला प्रसाद मिश्र, रामविलास शर्मा, और जैक गुडी, सी. बेली, सूसन बेली, सिन्थिया टालबोट, रोनाल्ड इंडेन, हीरा सिंह, हेतुकर झा, और यूजेनिया वनिना शामिल हैं।

मीडिएवल इंडियन माइंडस्केप्स के अपने अध्ययन में यूजेनिया वनिना एक से अधिक जातियों (कई बार एक से अधिक धर्मों) तक भी व्याप्त सामाजिक समूहों के बारे में कहती हैं :

> (इन समूहों ने) समान या लगभग समान दर्जे वाली जातियों में उनसे सम्बन्धित वर्चस्व और हीनता के उच्च-निम्न पदानुक्रम के साथ जगह बनाई। इन समूहों को क्षेत्र-विशेष के सन्दर्भ में 'एस्टेट' कहा जा सकता है। अपने इस अध्ययन के लिहाज हम इन समूहों को 'सैन्य सामन्ती', 'पुरोहिती और नौकरशाही', 'व्यापारिक और दस्तकारीय', 'काश्तकार'

> समूह कह सकते हैं। यह विभाजन चार वर्ण वाली शास्त्रीय व्यवस्था के और उन मध्ययुगीन ग्रंथों में किए गए वर्गीकरण के अनुरूप ही है, जिनमें आबादी को 'अहले-सैफ' (खड्गधारी), 'अहले-बाज़ार' (व्यापारी) और 'रैयत' (खेतिहरों) में बाँटा गया है।[15]

आबादी के इस आरम्भिक आधुनिक विभाजन (जो दोनों प्रमुख धर्मों और सभी जातियों पर लागू होता था) से स्पष्ट होता है कि आर्थिक-राजनीतिक घटनाक्रम समाज-व्यवस्था और जातीय ढाँचे को किस तरह प्रभावित कर रहा था। याद रहे कि कबीर खुद को 'जुलाहा' (मुस्लिम बुनकर) भी कहते हैं और कोरी (हिन्दू बुनकर) भी। दादू जन्म से धुनिया थे और इस कारण कोई शर्म नहीं महसूस करते थे। जन गोपाल के मुताबिक, वे रुई धुनने वाला पिंजारा सोते समय सिरहाने ही रखते थे।

17वीं सदी के वारकरी कवि तुकाराम खुद को जन्म से शूद्र और पेशे से वैश्य मानते थे। उनकी रचनाओं के अनुवादक दिलीप चित्रे बताते हैं :

> तुकाराम के पूर्वजों की कई पीढ़ियों के पास खेत थे और वे व्यापारी किसानों की तरह कृषि-पैदावार की बिक्री किया करते थे। ब्राह्मण उन्हें शूद्र मानते थे लेकिन वे सामाजिक या सांस्कृतिक रूप से कतई पिछड़े नहीं थे। पेशे से व्यापारी होने के कारण उन्होंने पढ़ना-लिखना और वित्तीय लेन-देन का हिसाब रखना सीख लिया था।[16]

नानक भी व्यापारी परिवार के थे। अधिकतर निर्गुणपंथी कवि, प्रमुख व्यक्ति और उनके भक्त दस्तकारों और व्यापारियों के परिवारों से ही थे। समय बीतने के साथ कई किसान, भूमिहीन मजदूर और आदिवासी इन दस्तकारों और व्यापारियों द्वारा स्थापित धार्मिक समूहों में शामिल हो गए।[17]

राजनीतिक और आर्थिक गतिशीलता का मुख्य लाभ *अहले-बाज़ार* और *अहले-कलम* ने उठाया। ब्राह्मणवादी विश्वदृष्टि में शारीरिक श्रम और व्यापारिक गतिविधि को 'निचले' दर्जे का काम माना जाता था। विडम्बनापूर्ण विरोधाभास यह था कि श्रम, दस्तकारी, वाणिज्य को शासन तंत्र की कुशलता और कुलीन जीवनशैली के लिए जरूरी माना जाता था। आर्थिक बेहतरी, सामाजिक गतिशीलता और दस्तकारों तथा व्यापारियों का राजनीतिक दबदबा अपरिहार्य था, लेकिन प्रतीकात्मक पूँजी, सांस्कृतिक हैसियत उनके लिए निषिद्ध थी।

वास्तविक जीवन में महत्त्व मिलने और प्रतीकात्मक जीवन में हाशिये पर डाले जाने का विरोधाभास वह मुख्य प्रेरणा थी जिसने दस्तकारों, व्यापारियों और

अहले-बाज़ार के दूसरे सदस्यों को भक्ति आन्दोलन तथा निर्गुणपंथी कवियों की ओर आकर्षित किया। वास्तव में यह विरोधाभास उस बृहत्तर स्थिति का अभिन्न अंग है जिसे अबुल फ़ज़ल ने 'मिज़ाज-ए-ज़माना'[18] कहा था। देशभाषाओं में विकसित हुई आधुनिकता में इस 'मिज़ाज-ए-ज़माना' का निर्णायक योगदान है।

मुकुन्द लाठ जैन व्यापारी बनारसीदास द्वारा स्थापित 'अध्यात्म पंथ' की गतिविधियों को उस दौर की 'स्प्रिट ऑफ टाइम्स' (मिज़ाज-ए-ज़माना) का 'जैन स्वरूप' बताते हुए, लोकप्रचलित मान्यताओं, आचरणों, और सिद्धान्तों के सतहीपन के प्रति उपहास का भाव रखने के लिहाज से इनकी तुलना कबीर से करते हैं।[19]

प्रतीकात्मक पूँजी और सामाजिक सम्मान की खोज में कई दस्तकार और व्यापारी निर्गुणपंथी संतों की ओर आकर्षित हुए। जातीय उच्चताक्रम और ब्राह्मणवादी वर्चस्व की निर्गुणी आलोचना में, *अहले-बाज़ार* को अपनी अनुभूत भावनात्मक तथा सांस्कृतिक जरूरतें प्रतिध्वनित होती सुनाई दीं। गौर करने वाली बात यह भी है कि निर्गुण भक्त गृहस्थ जीवन छोड़ देने को मोक्ष प्राप्ति या भक्ति की जरूरी शर्त नहीं मानते। उनमें से अधिकतर खुद भी गृहस्थ ही थे।

दादू पंथ ने *अहले-बाज़ार* को बहुत आकर्षित किया। जन गोपाल ही नहीं प्रागदास, बिहानी और सुन्दरदास (1596-1689) जैसे और *अहले-बाज़ार* भी दादू के प्रमुख भक्तों में शामिल थे। आचार्य रामचन्द्र शुक्ल का रवैया निर्गुणपंथियों के बारे में काफी आलोचनात्मक, लगभग उपेक्षा का था, लेकिन वे सुन्दरदास को काव्य रचना और छंदशास्त्र में उनके कौशल के कारण निर्गुणपंथियों में एकमात्र 'वास्तविक कवि' मानते थे।

यह बहुत ही महत्त्वपूर्ण है कि आर्थिक स्थिति से असन्तोष जाहिर करने वाले निर्गुणपंथी कवियों की संख्या ज्यादा नहीं है; जबकि वे प्रतीकात्मक पूँजी और सामाजिक सम्मान से वंचित किए जाने को लेकर बहुत मुखर, आक्रामक तेवर अपनाते हैं। तुलसीदास अपनी अन्तिम रचना *कवितावली* में अपने दरिद्रता भरे बचपन को बड़ी पीड़ा के साथ याद करते हैं, जबकि कबीर (या दादू) अपनी ऐसी दीन दशा उल्लेख न के बराबर ही करते हैं। हालाँकि, कबीर और निर्गुण भक्ति की दूसरी हस्तियों से सम्बन्धित कई किंवदन्तियों में उनकी गरीबी का उल्लेख पाया जाता है।[20]

जातिगत पूर्वग्रह को निर्गुणपंथी संत मूलतः उत्तम, लेकिन किसी वजह से पथभ्रष्ट हो गई व्यवस्था का परिणाम नहीं मानते। कई आधुनिक सुधारकों के विपरीत, वे जाति और धर्म आधारित पूर्वग्रहों की तार्किकता, सिद्धान्त तथा व्यवहार को पूरी

तरह खारिज करते हैं; इसकी आलोचना में वे पवित्र ग्रंथों का सहारा भी नहीं लेते। व्यक्ति की स्वायत्त नैतिक सत्ता का आग्रह ही निर्गुणपंथी सामाजिक आलोचना का प्रस्थान-बिन्दु है। वे किसी व्यक्ति को किसी जाति का नमूना भर नहीं मानते। उनके लिए नैतिकता जाति-आधारित से कहीं अधिक सार्वभौमिक है। व्यक्ति को नैतिक कर्ता मानने के विचार, लौकिक एवं सामाजिक व्यवस्थाओं के बारे में उपलब्ध व्याख्याओं से मोहभंग, विरक्ति, और 'अपवित्रीकरण' (विशिष्ट विषयों और स्रोतों की पवित्रता पर प्रश्नचिह्न) आदि को आधुनिकता को परिभाषित करने वाली विशेषताओं के रूप में पहचाना गया है। निर्गुणपंथी सैद्धान्तिकी और व्यवहार में ये विशेषताएँ काफी स्पष्ट हैं। इसके अलावा, यूरोप में जबकि प्रोटेस्टेंट सुधारवादी आन्दोलन *बाइबिल* का देसज भाषाओं में अनुवाद कर रहा था, निर्गुणपंथी ईश्वर से और उसके बारे में बात करने के लिए अपने 'शब्द' का प्रयोग तो कर ही रहे थे, ईश्वर से भी देशभाषाएँ बुलवा रहे थे। भारत की देसी, या 'पहली' आधुनिकता की रचना में मुख्यत: देशभाषाओं में हो रही थी, और भक्ति का लोकवृत्त इस देशभाषागत आधुनिकता का अभिन्न अंग था।[21]

इस दौर में भक्ति उपासना का केवल एक तरीका या निजी भावसंवेग भर नहीं, समग्र विश्वदृष्टि थी। वह एक सार्वजनिक गतिविधि भी थी। भक्ति को लोक, वेद, और कलियुग के संयुक्त प्रहार से बचाने के लिए कबीर का धन्यवाद[22] करते हुए पीपा का कलियुग से आशय (प्रचलित जाति और धर्म आधारित पूर्वग्रहों) और उन पर आधारित मतों, जन भावनाओं से ही है। इस कलियुग का निराकरण भक्ति-संवेदना पर आधारित सार्वजनिक गतिविधि द्वारा ही हो सकता था।

दूसरी ओर, निर्गुणपंथियों के अग्रणी, कटु आलोचक तुलसीदास संस्कृत के विद्वान होने के बावजूद व्यापक पाठक समुदाय तक पहुँचने और उसे निर्गुणी भावबोध की 'बुराई' के प्रति सावधान करने के लिए देसी भाषा में ही रचना कर रहे थे। संस्कृत में निष्णात ज्ञानेश्वर, शंकर देव, एकनाथ और विष्णुदास सरीखे संस्कृत के विद्वान भक्त कवियों ने भी स्थानीय भाषाओं में रचना की, हालाँकि वे इस तथ्य से अवगत थे कि अगर वे संस्कृत में रचना करते हैं तो उन्हें समकालीन 'शिष्ट' साहित्यिक तथा बौद्धिक हलक़ों में ज्यादा मान्यता मिलेगी। ये कवि व्यापक पाठक समुदाय तक पहुँचना तो चाहते ही थे, लेकिन ज्यादा महत्त्वपूर्ण बात यह है देशभाषा में रचना करना उनकी संवेदना और काव्यबोध की माँग भी थी।

जाति-व्यवस्था के सन्दर्भ में किसी भक्त की मान्यता चाहे जो रही हो, सामाजिक सरोकार और आध्यात्मिक आशंका को समग्रता में देखना आरम्भिक आधुनिक भारत के भक्ति भावबोध की सामान्य विशेषता थी। इस मामले में, और अपने विचारों को

सार्वजनिक दायरे में ले जाने की जरूरत के मामले में, निर्गुणपंथी और सगुणपंथी एक ही जमीन पर खड़े थे।

अपनी प्रकृति के कारण आरम्भिक आधुनिक भक्ति, परम्परा में एक महत्त्वपूर्ण नवाचार का प्रतिनिधित्व करती थी। इसी बोध के साथ अनन्तदास ने नामदेव (13वीं सदी) को 'कलियुग में भक्ति का प्रवर्तक' कहा।[23] जन गोपाल *दादू जनम लीला* के शुरू में ही, दादू के पहले आए पौराणिक तथा ऐतिहासिक भक्तों को श्रद्धांजलि देते हैं यहाँ भी ऐतिहासिक भक्तों में सबसे पहले नामदेव और उनके बाद कबीर आते हैं। जाति जैसे सार्वजनिक मसलों पर सार्वजनिक रूप से मत प्रकट करना नामदेव के बाद के भक्ति संवेदना की केन्द्रीय विशेषता बन गई। कई भक्ति समुदायों ने अपने सामाजिक विचारों को पूरे जज्बे और तर्क के साथ प्रसारित किया। यह 'अपने मित्र बनाने और लोगों (खासकर रसूख वालों) को प्रभावित करने' की मंशा से किया गया। इस प्रयास ने विवादास्पद हमलों, ताकतवर लोगों का समर्थन हासिल करने की कोशिशों, चमत्कार-प्रतिस्पर्द्धाओं का रूप लिया। इस प्रक्रिया से न केवल विशेष भक्ति 'समुदायों' का जन्म हुआ बल्कि भक्ति के ऐसे 'लोकवृत्त' का निर्माण हुआ जिसमें निर्गुणपंथी और सगुणपंथी दोनों अपना-अपना काम कर रहे थे।

विभिन्न निर्गुणी और सगुणी भक्तों के इर्द-गिर्द प्रशंसकों और समर्थकों के समुदाय उभर आए। महत्त्वपूर्ण बात यह है कि कबीर, दादू, नानक सरीखे निर्गुणपंथियों के व्यक्तित्व के इर्द-गिर्द तो विशेष समुदाय उभरे जिन्हें प्राय: 'पंथ' नाम दिया गया, लेकिन तुलसीदास और सूरदास के साथ ऐसे समुदाय नहीं उभरे। समकालीन वास्तविकताओं से सगुणपंथी चाहे कितने भी असन्तुष्ट क्यों न रहे हों, उनका भावबोध पारम्परिक विचारों और मानकों का ही पालन करता था और इसलिए उसे अपना अस्तित्व बनाए रखने के लिए विशेष समुदाय की कम ही जरूरत थी। फिर भी, गौर करने वाली बात यह है कि कुछ ऐसे सगुणपंथ उभरे, जिनके सामाजिक सन्देश मुखर तो नहीं थे मगर अभिनव किस्म के थे, जिनमें सबसे उल्लेखनीय थे वल्लभाचार्य के अनुयायी पुष्टिमार्गी और महाराष्ट्र के वरकरी।

सबसे महत्त्वपूर्ण तथ्य यह है कि लगभग हरेक प्रमुख निर्गुणपंथी संत ने हिन्दू धर्म और इस्लाम के कुछ पहलुओं को खारिज किया और उनकी आलोचना की। हिन्दू और मुसलमान के बीच प्रचलित विरोध-भाव से ऊपर उठे, इन निर्गुणपंथी समुदायों को शुरू में दोनों समुदायों के 'स्वतंत्र विचार वालों' या 'फ्री थिंकर्स' (19वीं सदी के ब्रिटिश भारतविद् विलियम क्रूक के शब्दों में) में से कई समर्थक और अनुयायी मिले। मोनिका हॉर्स्टमैन ने 'जैनों की नाथों और दादूपंथियों द्वारा आलोचना' का विश्लेषण करते हुए इस बात को रेखांकित किया है कि जैनों और

दादूपंथियों के बीच व्यापारी जातियों का संरक्षण पाने की होड़ रहती थी; और यह भी कि 'अपने अस्तित्व की पहली सदी में, दादूपंथ में हिन्दू भी थे और मुसलमान भी, ब्राह्मण भी थे, दस्तकार जातियाँ भी।'[24]

धार्मिक-सांस्कृतिक पहचान और वर्णाश्रम व्यवस्था के सिद्धान्त व व्यवहार से सम्बन्धित अहम सवालों के मामले में निर्गुणपंथियों का असन्तोष सिर्फ मानकों से कुछ विचलन को लेकर ही नहीं था बल्कि मूल सामाजिक मान्यताओं, मानदंडों पर ही सवाल उठाते हुए वे 'वर्णाश्रम विहीन समुदाय' के विचार पर आधारित समाज की बात करते थे। विभिन्न पंथों के गठन में, ऐतिहासिक सीमाओं के बावजूद ऐसे नये समुदाय की परिकल्पना झलकती है, जिसे लॉरेंज़न ने 'जाति विहीन हिन्दू धर्म' कहा है :

> उत्तर भारत में, निर्गुणी आन्दोलन की धार्मिक तथा सामाजिक विचारधारा में एक अधिक महत्त्वपूर्ण वैकल्पिक मूल्य-व्यवस्था शामिल थी। निर्गुणी कवि मुख्यधारा के हिन्दू धर्म की प्रमुख सामाजिक विचारधारा, वर्णाश्रम धर्म की उच्चता क्रम वाली विचारधारा को तीखी चुनौती देते हैं, अधिक समतामूलक सामाजिक मॉडल को प्रस्तुत करते हैं, जिसे मैंने 'जाति विहीन हिन्दू धर्म' कहा है (1987)। ये वैकल्पिक मूल्य मुख्यधारा के मूल्यों के वर्चस्व के तहत ही संचालित होते हैं क्योंकि अन्तत: अधिकांश आर्थिक तथा राजनीतिक शक्ति तो मुख्यधारा के मूल्यों को पुष्ट करने वालों के पास ही होती है। निर्गुणी विचारों और मूल्यों पर चलने वाले एक सीमा तक ही असहमति और प्रतिरोध सम्भव कर पाते हैं।[25]

भक्ति के लोकवृत्त में, 'मुख्य धारा वाले मूल्यों के वर्चस्ववादी प्रभाव' से पैदा हुई प्रतिकूलताओं के विरोध में 'जाति विहीन हिन्दू धर्म' का उभार हो रहा था। उनके बीच के तमाम विवादों (जो कभी-कभी बहुत तीखे हो जाते थे) के बावजूद निर्गुणपंथी और सगुणपंथी समान स्रोतों से लिये गए शब्दों और मुहावरों को साझा करते थे। वैसे, निर्गुणपंथियों ने बेशक अपनी कई अवधारणाएँ और शब्दावली इस्लामी भंडार से भी ग्रहण की थीं। राम का नाम साझी शब्दावली का सबसे अच्छा उदाहरण है जिसका इस्तेमाल निर्गुणपंथी और सगुणपंथी, दोनों करते थे, लेकिन दूसरे कई शब्द भी हैं, जैसे रघुनाथ, केशव, हरि। दोनों के कल्पनाजगत में उन देवताओं और ऋषियों का वास था जिन्हें पौराणिक हिन्दू परम्परा में सदियों से पूजा जाता रहा है। राम की तरह, कलियुग और अवतार जैसी अवधारणाओं को भी दोनों पंथ इस्तेमाल करते थे, लेकिन बिलकुल अलग-अलग ढंगों से।

'सत्संग' और 'कीर्तन' जैसे आयोजनों ने भक्ति के विभिन्न विचारों के प्रसार में अहम भूमिका निभाई। इन जमावड़ों ने रोज के सामाजिक मसलों पर विचार करने के लिए 'स्पेस' (जगह) और अवसर उपलब्ध कराए। यह 'स्पेस' परिवार, जाति, पेशेगत संघों द्वारा उपलब्ध कराए जाने वाले 'स्पेस' के मुकाबले अधिक स्पष्ट और विस्तृत, और राजनीतिक 'स्पेस' से स्वायत्त भी। यह 'स्पेस'—भक्ति का लोकवृत्त—अखबारों और दूसरे जन मीडिया द्वारा निर्मित सार्वजनिक 'स्पेस' का पूर्ववर्ती था।

कबीर पर 2009 में प्रकाशित अपनी किताब में अग्रवाल ने पहले-पहल 'भक्ति का लोकवृत्त' नामक विशिष्ट कोटि प्रस्तावित की। इससे पहले कुछ इतिहासकारों ने ब्रिटिश काल से पहले के भारत में लोकवृत के बारे में सामान्य चर्चा की है। लेकिन अग्रवाल द्वारा इस अवधारणा को प्रस्तुत किए जाने के बाद कई दूसरे विद्वानों ने इस पर और आगे चर्चा की है।[26]

1999 में प्रकाशित एक पुस्तक में सी. बेली ने लिखा था :

> आधुनिक भारतीय राजनीतिक विचारधारा के 'अमौलिक (डेरिवेटिव)' चरित्र के विरोध में हाल में जो विवाद उभरा है उसने देशी राजनीतिक सिद्धान्त और व्यवहार को ठीक से समझा तक नहीं है...राजनीतिक सिद्धान्त, व्यक्तित्व, तार्किकता और सामाजिक संवाद जैसी कोटियों को भारतीय सन्दर्भ में प्रस्तुत करना शुरू भी नहीं किया है। ये सब पश्चिम में विकसित आलोचनात्मक राजनीति के आवश्यक तत्त्व हैं, इन सबकी चर्चा लोकवृत्त के बारे में जुर्गेन हेबरमास के प्रभावशाली विमर्श में पाई जा सकती है, और इन सबके समानान्तर रूप उत्तर भारतीय बौद्धिक-सांस्कृतिक जगत में मौजूद थे।[27]

अग्रणी भक्तों के इर्द-गिर्द उभरे समुदाय राजनीतिक सत्ता तथा उसके किरदारों से स्वायत्त थे, लेकिन उदासीन कतई नहीं। अगर ऐसा होता तो भक्ति का कोई लोकवृत्त होता ही नहीं। कोई लोकवृत्त इसी कारण तो 'लोक' (पब्लिक-सार्वजनिक) होता है क्योंकि वह अपना स्वायत्त अस्तित्व कायम रखते हुए भी निजी और सार्वजनिक दायरों से जुड़ा होता है। स्वायत्तता प्रत्यक्ष भागीदारी या उदासीनता से बिलकुल भिन्न चीज है।[28] यह भिन्नता जन गोपाल द्वारा लिखित दादू के जीवन चरित *दादू जनम लीला* में स्पष्ट रूप से सामने आती है। जन गोपाल के दादू आगरा या आमेर की सियासत में न तो शामिल हैं और न उसमें कोई दिलचस्पी रखते हैं, लेकिन वे इतने सचेत जरूर हैं कि सत्ताधीशों से संवाद बनाए रखें।

जन गोपाल कृत *दादू जनम लीला*

भक्ति समुदायों समेत भारत की ज्ञान परम्परा गुरु या किसी महत्त्वपूर्ण ग्रंथ के प्रति *श्रद्धा* भाव रखने पर जोर देती है। इस शब्द को 'सम्मान' के अर्थ में लिया जाता है और प्राय: सम्पूर्ण आस्था के संकेत के रूप में प्रयोग किया जाता है। लेकिन जैसा कि स्व. पंडित चन्द्रधर शर्मा 'गुलेरी' ने 20वीं सदी के प्रारम्भ में अपने पाठकों को याद दिलाया था, 'भारतीय दर्शन-परम्परा और आम बोलचाल दोनों में सन्दर्भ के अनुसार, 'श्रद्धा' शब्द से योग्यता, इच्छा या एकाग्रता का अर्थ लिया जा सकता है।'[29] हाल में, डेविड शुलमैन ने भी यही बात दोहराई है : "भारत की विद्वत् परम्परा में, 'श्रद्धा' शब्द का अर्थ अक्सर 'एकाग्रता' के रूप में लिया गया है।"[30]

जन गोपाल की *दादू जनम लीला* को श्रद्धा अर्थात् 'एकाग्रता' से पढ़ने पर अन्दाजा लगता है कि दादू के प्रत्यक्ष, तथा कबीर के परोक्ष सम्पर्क अथवा प्रभाव में रहने वाले लोग किन मूल्यों का आग्रह और दैनन्दिन जीवन में पालन करते थे। यह रचना इस विषय में महत्त्वपूर्ण जानकारी भी देती है कि जन्म से धुनिया और जीवन के अन्तिम समय तक अपना पिंजारा (रुई धुनने वाला औजार) साथ लेकर सोने वाले एक व्यक्ति के इर्द-गिर्द गठित समुदाय का सर्वसमावेशी आर्थिक और सामाजिक-सांस्कृतिक स्वरूप कैसा था। 'लीला' शब्द (जो आम तौर पर अवतारों के जीवन के लिए प्रयुक्त होता है) का प्रयोग रेखांकित करता है कि जन गोपाल के मन में अपनी रचना के नायक, अपने गुरु के लिए कितना सम्मान था। इस लिहाज से जन गोपाल का पाठ अनन्तदास की रचनाओं से बहुत अलग है। अनन्तदास अपने सात या आठ पात्रों में से किसी के भी साथ अपने किसी व्यक्तिगत सम्बन्ध का संकेत नहीं देते।

बाद के दादूपंथियों ने जन गोपाल के पाठ को दादू की 'प्रामाणिक' जीवनी माना, राघवदास ने 1660 के अपने ग्रंथ *भक्तमाल* में इसे 'टकसाली पद ग्रंथ' कहा है।

इस 'टकसाली पद ग्रंथ' की महत्ता लेखक की रचनात्मक कल्पनाशीलता में निहित है। दादू के जीवन की घटनाओं को उन्होंने उद्देश्यपूर्ण कल्पनाशीलता के साथ पुनर्प्रस्तुत किया। *भागवत* कथाओं की जन गोपाल द्वारा की गई पुनर्रचना में भी उनके सोद्देश्य नवाचार कितने महत्त्वपूर्ण हैं, यह *जड़भरत चरित* में की गई बेगार प्रथा की आलोचना (जो *भागवत* में दी गई कथा में नहीं मिलती) से स्पष्ट है।

अपने एक पद में जन गोपाल स्पष्ट तौर पर कहते हैं कि जातिपरक पूर्वग्रह और भक्ति साथ-साथ नहीं चल सकते। दोनों को साधने की कोशिश को वे दो

घोड़ों या दो नावों की सवारी करने की कोशिश कहते हैं। यह पद आप इस पुस्तक के चौथे अध्याय में पढ़ सकते हैं :

जोलों जात भगत नहीं तोलों । भगतिरु जाति विचारे॥
द्वै घोरां द्वैना व बैठकरि। कौने पायो पारे॥ 2॥
जो न पत्यावो भागवत पूछो। सन्त जनन की रीति॥
दास अनन्य वर्णतें न्यारो। हरि सुमिरन सूंप्रीति॥ 3॥
नारद विषय कहत नारायन। मिलों न कुल के भाइ॥
जन गोपाल प्रेम वश माधो। ब्रह्मचंडाल न जाइ॥ 4॥

(जब स्वभाव में जातिभेद बसा हो, तब माला फेरने या तिलक लगाने से क्या फायदा? जब तक ब्राह्मण ब्राह्मणत्व, क्षत्रिय क्षत्रियत्व और वैश्य वैश्यत्व न छोड़े तब तक भक्ति की बात व्यर्थ ही है। ये दोनों साथ-साथ नहीं चल सकतीं। दो घोड़ों या दो नावों की सवारी करके कोई अपने गंतव्य तक नहीं पहुँचता। भक्त सभी वर्णों से न्यारे होते हैं। बिलकुल स्पष्ट बात है कि नारायण जाति-कुल के आधार पर नहीं मिलते। जन गोपाल का कथन है—ब्रह्म तो प्रेम के वशीभूत है। उसने ब्राह्मण और चांडाल नहीं बनाए हैं।)

यह पद पढ़ते हुए हम कई अध्येताओं की यह मान्यता याद करें कि पूर्व-आधुनिक ग़ैर-यूरोपीय समाजों में 'व्यक्ति' और 'नैतिक कर्ता' जैसी बातों का कोई अस्तित्व नहीं था। ऐसे अध्येता, निर्गुणपंथी सामाजिक आलोचना के बीज-सूत्र आलोचकों की सामाजिक पृष्ठभूमि और सांस्कृतिक पहचान में तलाशते हैं। चमत्कारिक रूप से इतिहास-निरपेक्ष इस नजरिये के सबसे जाने-पहचाने शिकार तो बेशक कबीर ही हैं। आधुनिक विद्वानों में से कुछ कहते हैं—कबीर योग के बारे में काफी कुछ इसलिए जानते थे कि उनके पूर्वज इस्लाम अपनाने के पहले नाथपंथी थे; कुछ मानते हैं कि उनकी नसों में हिन्दू खून था और मुस्लिम बुनकर दम्पती ने बस उनकी परवरिश की थी वरना कबीर पौराणिक हिन्दू धर्म के बारे में इतना कुछ कैसे जानते? कुछ विद्वान दावा करते हैं कि कबीर सूफी थे, जो हिन्दुओं तक पहुँचने के लिए भक्ति की भाषा बोलते थे। कुछ यह मानने से इनकार करते हैं कि दलितों-बहुजनों के आदर्श, कबीर ब्राह्मण गुरु रामानन्द के शिष्य थे। कबीर के व्यक्तित्व, उनकी रचनात्मक मौलिकता, और नैतिक कर्ता रूप का नकार इन परस्पर विरोधी दिखने वाली धारणाओं का साझा प्रस्थान है।

दूसरी ओर, जन गोपाल हैं जो लोगों से जाति-विचार और भक्ति में से एक को चुनने के लिए कह रहे हैं। याद रहे कि जन गोपाल जन्म से न तो 'अछूत' हैं, न 'पिछड़ी जाति' के हैं। वे व्यापारी, बनिया (जाति महाजन) हैं। अपनी कविताओं में वे काव्य परम्पराओं और यहाँ तक कि हिन्दुस्तानी शास्त्रीय संगीत का भी अपना काफी ज्ञान प्रदर्शित करते हैं। जाहिर है, वे 'सुशिक्षित' हैं। अपनी सामाजिक स्थिति और शैक्षणिक योग्यता के बावजूद वे दादू को गुरु मानने का निजी, नैतिक फैसला करते हैं, उनकी जीवन-यात्रा को 'लीला' की महिमा देते हैं। यह सब करते जन गोपाल उसी जातिपरक उच्चताक्रम को खारिज करते हैं, जो उनकी-सी सामाजिक स्थिति तथा सांस्कृतिक कौशल वाले लोगों को विशेषाधिकार सौंपता है। दूसरे कई लोगों की तरह वे दादूपंथी भक्त की स्वार्जित पहचान को विरासत में मिली सामाजिक और सांस्कृतिक पहचानों के ऊपर रखते हैं।

व्यापारी होने के नाते उन्हें अपनी व्यापारिक लेन-देन का हिसाब खाता-बही में 'उचित' ढंग से रखने का प्रशिक्षण प्राप्त था। इस प्रशिक्षण का प्रमाण उनकी *दादू जनम लीला* में ही मिलता है, और अन्य भक्ति संतचरितों से जनम लीला का वैशिष्ट्य रेखांकित करता है। संतचरितों के बारे में मोनिका हॉर्स्टमैन ने कहा है कि यह विधा :

> किसी संत की धार्मिक सर्वश्रेष्ठता को चरित लेखक और भक्त की दृष्टि में स्पष्ट प्रस्तुति में बदलती है। इस विधा की रचनाएँ अक्सर उन संतों के वचनों के आशय से आगे या विपरीत भी जा सकती हैं और सम्बन्धित कालखंड में व्याप्त धार्मिक वातावरण के पीछे की मानसिकता की एक झलक दे सकती हैं।[31]

जन गोपाल की *दादू जनम लीला* की विशिष्टता यह है कि यह उस कालखंड में 'व्याप्त धार्मिक वातावरण के पीछे की मानसिकता की एक झलक' देने तक सीमित न रहकर प्रकट हस्तक्षेप की कोशिश भी करती है। जन गोपाल अपना मत रखने के लिए कभी-कभी दादू के वचनों का उपयोग भी करते हैं।

दादू जनम लीला का अनूठापन इस बात में भी है कि दूसरे संतचरितों के विपरीत इसके अन्त में (16.26-27) बाकायदा घटनाक्रम की तिथि-तालिका (विक्रम संवत के मुताबिक) दी गई है जिसमें दादू के जीवन के महत्त्वपूर्ण पड़ावों का उल्लेख है। इसे ईसवी-तारीखों में बदल कर ऐसे देखा जा सकता है : बचपन के बारह साल बीतने के बाद दादू अपने गुरु से मिले। सन् 1573 में वे साँभर आए। 1575

में गरीबदास का जन्म हुआ। 1585 में दादू बादशाह अकबर से मिले। 1593 में वे कल्याणपुर गए। 1602 में वे नरायणा नगर आए, 1603 में दादू 'राम से एकाकार हो गए।' गौर करने वाली बात यह है कि राजा मान सिंह से दादू की मुलाकात का विस्तार से जिक्र 'लीला' के पाठ में तो मिलता है लेकिन इस सूची में नहीं, इस बारे में हम आगे बात करेंगे।

जन गोपाल अपने गुरु से 1585 में सीकरी में मिले, जब वे अकबर से मिलने जा रहे थे, और 1603 में उनकी मृत्यु तक दादू के साथ रहे। इसके करीब 17 साल बाद उन्होंने *दादू जनम लीला* की रचना की।

दादू के अनुयायियों का विशिष्ट सम्प्रदाय उनके जीवनकाल में ही बन गया था, उनकी मृत्यु के बाद उत्तराधिकार के लिए खींचतान के संकेत भी मिलते हैं। जन गोपाल ने जब उनकी जीवनी लिखी, उस समय दादूपंथी इसमें दर्ज कुछ तथ्यों को लेकर परेशान हुए। जन गोपाल के पाठ से साफ पता चलता है कि उसमें वास्तविक तथ्यों और उन्हें पंथ द्वारा वांछित उनकी प्रस्तुति के बीच सन्तुलन बनाने की कोशिश की गई है। जन गोपाल तथ्यों को पूरी तरह दबा नहीं देते लेकिन उनकी व्याख्या किसी हद तक पंथ की इच्छानुसार करते हैं। इस तरह, उनका पाठ उस काल के धार्मिक वातावरण की ओर एक खिड़की खोलने के साथ ही उन विकल्पों की झलक भी देता है जिनमें सन्तुलन बनाने की कोशिश जन गोपाल कर रहे थे।

इस पाठ से यह भी पता चलता है कि अपने गठन के प्रारम्भिक वर्षों में दादूपंथी सम्प्रदाय की सामाजिक संरचना कैसी थी। जन गोपाल दादू के अनुयायियों की कोई अलग सूची नहीं प्रस्तुत करते लेकिन विभिन्न सन्दर्भों में सौ से अधिक अनुयायियों का जरूर जिक्र करते हैं। उनमें से 16 राठौड़, राणा, चौहान, कछवाहा, या नायक हैं। कुछ 'ठिकानों' और 'जागीरों' के नाम भी हैं, जैसे बीकानेर के पास भुर्तिया। दस अनुयायियों को 'महाजन' बताया गया है; बनिया शब्द का शायद ही इस्तेमाल किया गया है। जन गोपाल के पाठकों के लिए बनिया था पड़ोस का छोटा दुकानदार, जबकि महाजन का अर्थ था रसूख वाला अमीर व्यापारी। जन गोपाल खुद महाजन थे। चार मुसलमानों का जिक्र भी मिलता है, जिनमें सबसे प्रमुख थे रज्जब ख़ान। दादू पंथ में मुस्लिम मूल के दूसरे अहम 'साधक' थे बखना। निज़ाम और नागर को आमेर नगर का पूर्व 'सरदार' बताया गया है। यह सूची भक्ति के लोकवृत्त की रचना का अच्छा परिचय देती है और इस मिथक को एक बार फिर ध्वस्त करती है कि दादू (या कबीर, जिनका दादू बहुत सम्मान करते थे) जिस समाज में रहते थे उसमें वे हाशिये पर थे।

जन गोपाल जैसा सन्तुलन साधने की कोशिश करते हैं उसे बेहतर तब समझा जा सकता है जब हम जन गोपाल के प्राथमिक पाठकों के सामाजिक चरित्र को ध्यान में रखें। *दादू जनम लीला* पहले कहती है (1.5-6) कि दादू का 'पृथ्वी पर जन्म' ('उपज्यु पहुमी पर') अहमदाबाद के पास वि.सं. 1671, (सन् 1544) में हुआ।[32] इस पर 'धुनिया परिवार में खुशी मनाई गई।' लेकिन इसके बाद, एक खंड में, जो सबसे पुरानी पांडुलिपियों में नहीं मिलता, जन गोपाल या बाद में पाठ में जोड़-घटाव करने वाले ने अहमदाबाद के एक सौदागर की कहानी कही है, जो एक पुत्र का आकांक्षी था। उसने एक साधु के कहे मुताबिक 'समुन्द' (शायद नदी) में एक बच्चा पाया। बच्चे को देखकर सौदागर की निःसन्तान पत्नी की छातियों में दूध उतर आया। पाठ आगे कहता है : 'इस तरह उनका अवतार हुआ ('ऐसी बिधि लीना अवतारा')।' यह कथा शायद कबीर-विषयक उस किंवदन्ती से प्रेरित है, जिसमें शिशु कबीर को वाराणसी के पास लहरतारा तालाब में पाया गया था। यह खंड इसके बाद अचानक एक साधु मुकुन्द भारती को प्रस्तुत करता है, जो शिशु जयमल की माँ को, (जो दूर स्थित साँभर में है) सूचित करता है कि उसके पुत्र का भावी गुरु अहमदाबाद में प्रकट हुआ है । (1.6.1-8) यह गुरु और कोई नहीं बल्कि दादू ही हैं। साधु यह भी कहता है कि ये महान गुरु आखिरकार आमेर ही आएँगे।

परवर्ती पांडुलिपियों में ही प्राप्त एक और पंक्ति (1.12.1) में यह सूचना भी मिलती है कि दादू ने हरि-भक्ति का उपदेश देना तब आरम्भ किया जब उनके पिता व्यापार के लिए जहाज पर सवार हो (जिहाज ब्यौहार) कर गए हुए थे। दादू के परिवार की हैसियत ऊँची दिखाने की इन कोशिशों में दादू पंथ के प्रारम्भिक दौर में सुन्दरदास और जन गोपाल जैसे 'महाजनों' की भूमिका प्रकट होती है। मुस्लिम परिवार में दादू के जन्म लेने की सम्भावना के सिलसिले में गौर करने वाली बात यह भी है कि उनके पिता के लिए संस्कृत शब्द 'महाजन' नहीं फारसी शब्द 'सौदागर' बरता गया है।

जनम लीला के चौथे अध्याय में दावा (बाद की पांडुलिपियों में ही दर्ज) किया गया है कि दादू ने धुनिया का पेशा अपने श्रद्धालु भक्तों को हतोत्साहित करने के लिए अपना लिया था और बाद में उसे छोड़ भी दिया था। यहाँ जन गोपाल का पाठ (4.5.3) कबीर से जुड़ी मशहूर दन्तकथा को उद्धृत करता है कि अपने अनुयायियों को हतोत्साहित करने और अपने लिए थोड़ा एकान्त पाने के लिए कबीर एक वेश्या के साथ वाराणसी की गलियों में घूमे थे। इस तरह, यह पाठ दादू के वास्तव में धुनिया-पुत्र होने को गौण बनाता है।

सारी *जनम लीला* में जन गोपाल अपने खुद के प्रेक्षणों और अनुभवों का सन्तुलन समकालीन दादूपंथियों की भावनाओं और दादू के जीवन के बारे में उनकी मान्यताओं के साथ बैठाने की कोशिश करते दीखते हैं। लेकिन कई जगह वे आस्था और भावना के ऊपर अनुभवजनित समझ को ही तरजीह देते हैं, वे बताते हैं कि दादू को 11 की उम्र में ही सम्माननीय बाबा बूढ़ा का आशीर्वाद प्राप्त हुआ, लेकिन वे उसका महत्त्व सात साल बाद ही समझ पाए। 18 साल के होने पर ही दादू को रोशनी दिखी। उन्होंने घर छोड़कर बाहर घूमना शुरू किया। वे मानसिक रूप से मजबूत हए, अपना भोजन बाँटकर खाने लगे और उन्होंने धुनिया का पेशा अपना लिया। (1.7-16)

यहाँ दिखता है कि रुई धुनना भक्तों और प्रशंसकों की भीड़ से बचने के लिए अपनाया गया उपाय नहीं, दादू की नियमित दिनचर्या, उनका पेशा है। इस बात पर बनी हुई अस्पष्टता की व्याख्या करने की कोशिश दादूपंथी स्त्रोतों में की गई है। *दादू जनम लीला* की प्रारम्भिक और बाद की पांडुलिपियों और रज्जब की *सर्वंगी* में दोनों तरह के संकेत मिलते हैं। लेकिन गैर-दादूपंथी स्त्रोत एक मत से कहते हैं कि दादू धुनिया परिवार में पैदा हुए थे। एकनाथ, तुकाराम और *दबिस्तान-ए-मज़ाहिब* ने दादू की प्रशंसा इस बात के उदाहरण के रूप में की है (यही बात कबीर, रविदास, और धन्ना पर भी लागू होती है) कि भक्ति तथा आध्यात्मिक उपलब्धि के लिए ऊँची या नीची जाति का होना अप्रासंगिक है।[33]

दादू के परिवार की धार्मिक पहचान के सवाल पर जन गोपाल आम तौर पर स्पष्ट हैं। दादू एक मुस्लिम परिवार के थे। जन गोपाल या उनके पाठ में जोड़-घटाव करने वाले परवर्ती लेखक दादू की मुस्लिम पृष्ठभूमि को दादूपंथियों की भावनाओं के लिहाज से गौण स्थान देते दीखते हैं। लेकिन यह तथ्य *जनम लीला* में फिर भी मौजूद है कि कट्टरपंथी मुस्लिम जमात दादू पर इसलिए हमला करती रहती थी कि मुसलमान होकर भी वे *कुरान* के रास्ते से भटक गए हैं। जन गोपाल बताते हैं कि अजमेर के एक क़ाज़ी ने दादू को साँभर शहर में चुनौती दी थी (2.11-17) : 'तुम कलमा पढ़ने की जगह राम का नाम लेने का कुफ्र करने की हिम्मत कैसे कर रहे हो?' दादू का जवाब यों शुरू होता है (2.11.1) : 'काफिर सो जो बोले काफ, दिल अपणी नहीं राखै साफ। सांई को पहिचानैं नांहीं, कूंड कपट सब उनहीं मांहीं' जन गोपाल द्वारा उद्धृत अन्य अनेक कथनों की भाँति यह कथन भी दादू की अपनी रचनाओं में मिलता है।[34]

इसके बाद क़ाज़ी को चमत्कारी ढंग से ईश्वरीय दंड मिलता है। एक घटना यह भी है कि दादू की दैवी शक्ति का अहसास बनिया और ब्राह्मण समाजों को तब होता है जब दादू के बहिष्कार का उनकी जाति-परिषदों ने जो आदेश जारी किया

था वह करामाती ढंग से उलट जाता है। ऐसी घटनाओं के बीच, दादू एक पूजनीय दैवी व्यक्तित्व और उसके अनुयायियों के लिए उपयुक्त वस्त्र संहिता अपनाने के सुझाव को सीधे खारिज कर देते हैं : 'कहा करौं ऐ ठां तुरकानौं हिन्दुवानैं पहराऊँ बानौं'—'मुझे हिन्दुओं या तुर्कों की पोशाक या वेशभूषा से क्या लेना-देना?' (2, 23:1)। यह सुझाव देने वालों की मंशा शायद यह थी कि कम-से-कम एक समुदाय को तो विरोध खत्म करने के लिए मनाया जा सके। इस बात के लिए दादू का इनकार न केवल साधु-संत की वेशभूषा के प्रति उनकी उदासीनता को रेखांकित करता है, बल्कि उनके तौर-तरीकों के समावेशी चरित्र पर जोर देता है। दादू को यातना देने वाले एक और क़ाज़ी को भी कष्ट भोगना पड़ता है। दादू की लोकप्रियता इतनी बढ़ जाती है कि फ़तेहपुर-सीकरी में उनका एक भक्त माधोदास अकबर द्वारा दी गई अनुचित सजा से चमत्कारी ढंग से बच जाता है। अकबर दादू से मिलने का आग्रह करते हैं, और दादू शुरू में टालते हैं, लेकिन अन्ततः मुलाकात के लिए सीकरी आने को राजी हो जाते हैं।

अकबर और दादू की मुलाकात मुगल दस्तावेजों में दर्ज नहीं है। इसलिए इसकी प्रामाणिकता पर शक किया जाता है। जन गोपाल दादू द्वारा अकबर और बीरबल पर जैसा गहरा प्रभाव छोड़ने की बात करते हैं (भले ही कुछ अतिशयोक्ति के साथ) उसे देखते हुए अपेक्षा बनती है कि बादशाह की दिनचर्या के सारे ब्योरे दर्ज करने वाले दरबारी इतिहासकार इस मुलाकात का संक्षिप्त ही सही, उल्लेख करें। दूसरी ओर, यह भी सच है कि जन गोपाल इस मुलाकात का ठीक-ठीक वक़्त (सन् 1585) बताते हैं। वे उन लोगों के नाम भी बताते हैं जिन्होंने यह मुलाकात करवाई, उन लोगों के भी जो इस मुलाकात के लिए दादू के साथ गए थे। इनमें जग्गा (संक्षिप्त *भक्तमाल* के लेखक) भी थे। जन गोपाल यह भी बताते हैं कि इस मुलाकात से ठीक पहले दादू ने उन्हें सीकरी के बाहर देखा था, आशीर्वाद दिया था। कुल मिलाकर, जैसा कि हमने प्रथम अध्याय में कहा है, अकबर और दादू की मुलाकात की बात सच्ची ही लगती है।

वैसे भी, इस मुलाकात की ऐतिहासिक प्रामाणिकता के सवाल से ज्यादा महत्त्वपूर्ण है सांस्कृतिक स्मृति की दृष्टि से इसकी महत्ता। उस काल की धार्मिक तथा सांस्कृतिक हस्तियों को अकबर के साथ जोड़ने की कई कोशिशें हुई हैं। इनमें से कुछ सम्पर्क निर्विवाद रूप से ऐतिहासिक रूप से प्रमाणित हैं, जैसे पुष्टिमार्गियों और जैनों के, कुछ को लेकर अस्पष्टता है। दादू और अकबर की मुलाकात को इसी तरह की मुलाकात माना जा सकता है। मीराबाई और अकबर की मुलाकात, और अकबर का छिपकर हरिदास का गायन सुनना भी ऐसी ही बात मानी जा सकती

है। दरबार के संगीतकार और हरिदास के शिष्य तानसेन ने अकबर को सावधान किया था : "मेरे गुरु केवल भगवान कृष्ण के लिए गाते हैं, किसी नश्वर व्यक्ति के लिए नहीं, चाहे वह कितना बड़ा क्यों न हो।" किंवदन्ती है कि अकबर ने रहीम खानखाना की मार्फत तुलसीदास को जागीर देने की कोशिश की थी। किंवदन्ती यह भी है कि वे प्रमुख रामानन्दी महन्त पूरन बैराठी के प्रति सम्मान प्रकट करने के लिए ग्वालियर गए थे।

ऐसी सभी मुलाकातों में अकबर का व्यक्तित्व ज्ञान के सच्चे पारखी और आध्यात्मिक हैसियत के आकांक्षी, धार्मिक तथा नस्लीय भेदभावों से लगभग मुक्त उदार 'भारतीय' शासक के रूप में उभरता है। इन आख्यानों में बादशाह का किसी धार्मिक समूह के प्रतिनिधियों के प्रति सम्मान प्रकट करना उस समूह के प्रभाव और मुगल दरबार के दबदबे का 'प्रमाण' तो देता ही है। लेकिन ज्यादा महत्त्वपूर्ण बात यह है कि इनसे बतौर बादशाह अकबर का न्यायप्रिय, निष्पक्ष और विवेकशील चरित्र प्रमाणित होता है। *दादू जनम लीला* के पाँच अध्यायों में 125 से ज्यादा छंद इस प्रसंग को समर्पित हैं, इसी से स्पष्ट है कि यह प्रमाणीकरण लेखक और उनके पाठकों के लिए कितना महत्त्वपूर्ण था।

दादू-अकबर संवाद के विवरण का समापन करते हुए जन गोपाल ने मुल्लाओं और काजियों से अकबर को 'बड़ौ बमेकी (विवेकी)' कहवाया है। कालेवार्त इसका अनुवाद 'बहुत बुद्धिमान' के रूप में करते हैं। लेकिन निर्गुणपंथी मुहावरे में 'विवेक' का अर्थ 'बुद्धिमानी' से कुछ ज्यादा ही है। निर्गुणपंथियों के लिए यह केन्द्रीय शब्द है और इसका अर्थ है सच्चा ज्ञान, जो काफी श्रम के बाद ईश्वर की कृपा से हासिल होता है। *दादू जनम लीला* को जरूरी 'श्रद्धा' से पढ़ते हुए हमें इस बात के असली महत्त्व का पता चलता है कि दादू के करीबी साथी और जीवनीकार जन गोपाल ने एक बादशाह को विवेकवान—प्रामाणिक और अप्रामाणिक के बीच फर्क करने के गुण से सम्पन्न—क्यों बताया। अकबर और दादू की मुलाकात दादू के व्यक्तित्व से अकबर के प्रभावित होने के साथ समाप्त होती है और सारे मुल्ला अपमान और भय महसूस करते हैं :

> खुसी होई नाइयौ सीसू रहम राषियौ बिसवा बीसू।
> ज्यूँ जौहरी नगहि पहिचानै अरु सराफ नांनै कूं जानै।
> काजी मुल्ला हैरान देष्यो आसण कंपे प्राण।
> तुम बकसौ दादू बड़े फकीर हिन्दू तुरक हूं के पीर।
> साहि अकबर बड़ौ बमेकी षोटीषरी ज्ञान करि देखी। (7.26-27)

(अकबर ने बहुत प्रसन्नता के साथ दादू के सामने सिर झुकाते हुए कृपा बनाए रखने की प्रार्थना की। उनके लिए दुआ माँगी। जिस तरह जौहरी को जवाहरात की और सर्राफ को सोने की पहचान होती है, वैसे ही अकबर को व्यक्ति की काबिलियत की पहचान थी। क़ाज़ी और मुल्ला दादू के लिए आकाश में उभर आए सिंहासन को देखकर चकित हो गए। वे डर से काँपने लगे। उन्होंने दादू से विनयपूर्वक कहा, 'आप एक अजीम फकीर हैं और हिन्दुओं और मुसलमानों, दोनों के गुरु हैं। शाह अकबर महान विवेकी हैं, वे प्रामाणिक और अप्रामाणिक के बीच फर्क करना जानते हैं।')[35]

जैसा कि पहले ही बताया जा चुका है, यह प्रकरण अकबर द्वारा दादू से मिलने की इच्छा व्यक्त करने से आरम्भ होता है, जो उस समय आमेर में रह रहे थे। उन्हें लिवा आने का काम अकबर अपने प्रिय सेनापति भगवन्त दास को सौंपते हैं। विख्यात मान सिंह इन्हीं के दत्तक पुत्र थे) इस प्रसंग में अकबर 'हमारे दौर के कबीर' (मानूं लीयौ कबीर निवासू) बताते हैं। दादू पहले तो सीकरी जाने को तैयार नहीं थे और उन्हें इसके लिए राजी करने की 'कई कोशिशें' नाकाम हो चुकी थीं। अन्त में, भगवन्त दास की ओर से शुजा उनके पास आए और उन्होंने तब तक अनशन करने की घोषणा कर दी जब तक दादू सीकरी नहीं जाते। इसके बाद दादू ने 'मामले को हरि के सुपुर्द कर दिया' और सोचने लगे : "अगर मैं नहीं जाता हूँ तो बादशाह मुझे मजबूर भी कर सकता है, तब सब तरफ जग-हँसाई होगी।" उन्होंने 'सफर की तैयारी शुरू कर दी'। इस मुलाकात को लेकर हर कोई आशंकित था, लेकिन दादू ने फैसला कर लिया : "नामदेव, कबीर, और प्रह्लाद मेरे गवाह हैं... मैं क्यों डरूँ? यह जीवन तो उसका है, वही इसकी रखवाली करे।" (4.20. 1-3) भक्त उनमें चाहे जो चमत्कारी शक्ति देखते हों, जन गोपाल के दादू एक मनुष्य ही थे, जिन्हें अपनी और अपने अनुयायियों के कुशलक्षेम की इतनी चिन्ता तो थी ही कि बादशाह को बेवजह नाराज न करें।

सीकरी में अकबर ने दादू से मिलने से पहले उनके ज्ञान की परीक्षा लेने के लिए अबुल फ़ज़ल, बीरबल, और एक अन्य विद्वान को तैनात किया। हर कोई उनसे प्रभावित हुआ। दादू को अकबर से मिलने के लिए बुलाया गया। बादशाह और गुरु के बीच बातचीत 40 दिनों तक चली। इस दौरान बातचीत में उतार-चढ़ाव आते रहे। दादू के ज्ञान और गम्भीरता से प्रभावित होने के बावजूद, ईर्ष्यालु मुल्लों और तुरसी नाम के एक ब्राह्मण के उकसाने पर अकबर के मन में कुछ सन्देह

भी पैदा हुए। संयोग से, तुरसी का दामाद दादू का बड़ा भक्त था। सीकरी में लम्बे समय तक रहने के दौरान दादू को अबुल फ़ज़ल के साथ रहने का निमंत्रण मिला, वे राजी हो गए। लेकिन कथा अचानक बदल जाती है और हम दादू को बीरबल के साथ रहते हुए पाते हैं। यह परिवर्तन शायद इसलिए आया कि जनमानस में बीरबल की छवि अकबर के सबसे भरोसेमन्द करीबी और सलाहकार की थी, आज तक है। दादू के प्रति बीरबल की श्रद्धा जन गोपाल के मकसद को अबुल फ़ज़ल के मुकाबले बेहतर ढंग से पूरा करती है।

यह बातचीत धर्म और ब्रह्मांड के बारे में अकबर के सवालों और दादू के जवाबों का विवरण है। अपेक्षित रूप से दादू के जवाब निर्गुणपंथी विचारों के अनुरूप ही हैं। पाठ में एक ओर दादू की शालीनता और उनके चमत्कारों का जिक्र है, तो दूसरी ओर अकबर की विनम्रता और बढ़ते हुए आदर-भाव का। जैसा कि पहले संकेत दिया गया है, दादू इस बातचीत में जो कुछ कहते हैं उसमें से बहुत कुछ दादू 'वाणी' में पाया जा सकता है। दादू के कुछ कथन फारसी में भी हैं।

लम्बी बातचीत का नतीजा यह निकला कि अकबर ने किसी जीवित प्राणी को चोट न पहुँचाने का संकल्प ले लिया; निरामिष हो जाने और किसी जीवित प्राणी को चोट न पहुँचाने (खासकर गोवध पर रोक लगाने) के उसके संकल्प की बात दूसरे हिन्दू तथा जैन धार्मिक नेताओं ने भी की है, यानी मुद्दा इस बात पर जोर देने का है कि सम्बन्धित धार्मिक नेता ने बादशाह को कितना प्रभावित किया ।

दादू-अकबर संवाद का सबसे महत्त्वपूर्ण पहलू यह है कि दोनों पक्ष कबीर को मार्गदर्शक शक्ति, 'प्रमाण-अथॉरिटी' मानते हैं। जहाँ अकबर ने दादू को 'हमारे समय के कबीर' बताया, वहीं अपने लम्बे विमर्श में दादू ने केवल कबीर को बतौर 'अथॉरिटी' उद्धृत किया, किसी हिन्दू या इस्लामी 'शास्त्रवचन' को नहीं। असल में हिन्दू और इस्लामी धर्मशास्त्रों को ज्ञानमीमांसा का प्रतिमान, और आध्यात्मिक अनुभव का आधार मानने से इनकार इस पाठ में और इसके बाहर भी निर्गुणपंथी भावबोध का सर्वाधिक महत्त्वपूर्ण योगदान है। कबीर अपनी भक्ति को 'नारदी भक्ति' कहते हैं। कबीर के समय तक, भक्ति की व्याख्या करने वाले दो सूत्र उपलब्ध हो गए थे। एक को शांडिल्य से जोड़ा जाता है, दूसरे को नारद से। नारद भक्ति सूत्र का उनसठवाँ सूत्र कहता है : 'प्रमाणान्तरस्यानपेक्षात्वात् स्वयं प्रमाणत्वात्'—'भक्ति को किसी प्रमाण की जरूरत नहीं है, यह तो स्वयं ही प्रमाण है।'[36]

निर्गुणपंथियों में कबीर को इसलिए सम्मान दिया जाता था कि वे इस स्व-प्रमाणित भक्ति के प्रमुख स्वर तथा मार्गदर्शक थे। *दादू वाणी* में फारसी और आरम्भिक हिन्दी में लिखे गए छंद शामिल हैं। इससे यह माना जा सकता है कि दादू को धर्मशास्त्र

और ज्ञानमीमांसा की इस्लामी तथा हिन्दू-परम्पराओं का अच्छा ज्ञान था। लेकिन दादू के लिए कबीर ही विवेक तथा सच्चे ज्ञान के मुख्य स्रोत थे। बाद में, मान सिंह के साथ बातचीत में भी दादू केवल कबीर को ही उद्धृत करते हैं। यह, और जन गोपाल के अकबर का यह कहना कि दादू 'हमारे समय के कबीर हैं' दर्शाता है कि भक्ति और उसके बाहर के लोकवृत्त में कबीर का प्रभाव कितना व्यापक था। सी. बेली भारत में 'ब्रिटिश-पूर्व बौद्धिक-सांस्कृतिक जगत' की पृष्ठभूमि में भक्ति और सूफी प्रभाव देखते हैं। इसी तरह, हरबंस मुखिया ने 'विवेक और आस्था के बीच बार-बार उभारे जाने वाले द्वंद्व' के सन्दर्भ में 'अबुल फ़ज़ल की तार्किकता का पुनराकलन' करते हुए हाल में कहा है कि 'इस द्वंद्व को रेखांकित करने और विभिन्न नामों के परे सार्वभौमिक धार्मिकता के पक्ष में इसका समाधान करने के अबुल फ़ज़ल के प्रयत्न कबीर से महत्त्वपूर्ण रूप से प्रेरित थे।'[37]

अकबर से मुलाकात के बाद दादू आमेर वापस आ गए। बाद के अध्यायों में, हम इस मुलाकात के नतीजों को महसूस कर सकते हैं। जमींदारों, सरदारों, नायकों जैसे प्रभावशाली लोगों में से, जिन्होंने दादू के प्रति सम्मान प्रकट किया, अधिकतर के नाम जन गोपाल के आख्यान में तब दिखते हैं जब उनके गुरु बादशाह से मिल आते हैं।

दिलचस्प बात यह है कि मुलाकात के वर्णन के ठीक बाद का अध्याय दादू के बेटे गरीबदास के जन्म की खबर के साथ शुरू होता है। यहाँ आकर घटनाओं की निरन्तरता साफ तौर पर टूट जाती है। हमें बताया जाता है कि गरीबदास का जन्म सन् 1576 में हुआ था जब दादू की उम्र 32 साल थी। बताया जाता है कि अकबर से दादू की मुलाकात 1585 में हुई थी। जन गोपाल का विचार शायद यह था कि ज्यादा महत्त्वपूर्ण घटनाओं का वर्णन पहले कर दिया जाए; या घटनाक्रम में इस उलट-पुलट का शायद दादू की धुनिया वाली पृष्ठभूमि और उनकी वैवाहिक तथा पैतृक स्थिति के बारे में पंथ की उलझन का कोई सम्बन्ध था। कालेवार्त कहते हैं कि 'दादू के अनुयायियों के आरम्भिक समूह में ऐसे पूर्वग्रह बढ़ रहे थे' जिनके कारण 'पंथ के इतिहास में जल्दी ही धुनिया जैसी निचली जाति से दादू के सम्बन्ध की व्याख्या करने पर या उन्हें ब्रह्मचारी बताने पर जोर देने की कोशिश होने लगी।'[38]

हमने देखा है कि जन गोपाल ने दादू की मूल जाति को लेकर पंथ की भावनाओं को समाहित करने की किस तरह कोशिश की; लेकिन यहाँ वे खुद हैरान दिखते हैं। जन गोपाल हालाँकि अपने गुरु की 'लीला' (जो सामान्य तार्किकता को अधिक महत्त्व देने से मना करती है) के बारे में लिख रहे हैं, लेकिन वे चमत्कारी या दैवी

व्याख्याओं का सहारा लेने को लेकर सशंकित हैं। वे इस बात को लेकर काफी असहज महसूस करते हैं कि उनके स्वामी दो पुत्रों और दो पुत्रियों के पिता हैं। लेकिन यहाँ भी कबीर का उदाहरण मार्गदर्शन करता है :

> नट की गति कोऊ ना जानै करता की गति कौन बखानै
> ज्यूँ कबीर के भयौ कमाला
> त्यूं स्वामी के हूं उपजे बाला। (9.1.1)

दादू के पिता बनने को लेकर अपनी असहजता जन गोपाल इस तरह व्यक्त करते हैं : *कै रुतिदान कि मानस द्रिष्टी, स्वामीहूं कै उपजी सिष्टी।* (9.1.2)—स्वामी प्रजनन की प्रक्रिया में वास्तव में शामिल हुए या यह चमत्कारिक रूप से हुआ?

यहाँ कालेवार्त अपने अनुवाद में 'रुतिदान' शब्द को एकदम गलत समझे हैं। इसका आशय किसी 'दान' से नहीं है। संस्कृत में 'ऋतु दान' का अर्थ किसी की (विशेषकर स्त्री की) कामवासना की सन्तुष्टि करना है। जन गोपाल इस बिन्दु पर उलझन में दिखते हैं। क्या उनके गुरु में कामवासना भी जागती है जिसे वे सन्तुष्ट करते हैं? या फिर यह संभोगरहित गर्भाधान का उदाहरण है?

विवाह के बारे में दृष्टिकोण

दादू वाणी में संकलित दादू की रचनाओं की गूँज अकबर के साथ उनकी बातचीत में मुखर और स्पष्ट सुनी जा सकती है। जन गोपाल के ग्रंथ में दिए गए कई छंद शब्दशः *दादू वाणी* में पाए जा सकते हैं। लेकिन दादू ने मान सिंह से जो कुछ कहा उसके साथ ऐसा नहीं है। दादू वाणी की विशिष्ट नरमी के स्थान पर जन गोपाल द्वारा वर्णित दादू-मानसिंह संवाद में दादू का लहजा तीखी साफ़गोई का है। यह पहेलीनुमा अन्तर *दादू जनम लीला* के इस प्रकरण को महत्त्व और अर्थ के भिन्न ही धरातल पर ले जाता है।

दादू और मान सिंह की मुलाकात का वर्ष नहीं बताया गया है लेकिन इसका अनुमान मान सिंह के इस सवाल से आसानी से लगाया जा सकता है, 'आप आमेर में कितने साल से रह रहे हैं?' '14 साल से' दादू जवाब देते हैं। (11.6, 6)। दादू 1576 में आमेर आए थे। इसका अर्थ यह हुआ कि दोनों की मुलाकात 1590 के आसपास हुई थी। यानी यह मुलाकात मान सिंह द्वारा आमेर की कमान सँभालने और दादू के 'विधर्मी' विचारों और गतिविधियों के बारे में शिकायतें मिलने के बाद हुई थी।

शिकायत करने वालों की सामाजिक पहचान और उनकी शिकायतें वैसी ही हैं जैसी दूसरे संतचरितों में पाई जाती हैं। अनन्तदास की *कबीर परिचई* में कबीर के खिलाफ जैसी शिकायतें दर्ज हैं, उसी तरह दादू पर आरोप लगाया गया है कि अपने लापरवाह आचरण के कारण वे हिन्दू और मुस्लिम, दोनों के लिए एक अपशकुन हैं। लेकिन दादू के मामले में अतिरिक्त शिकायत यह भी है कि गृहस्थ के रूप में उनका आचरण 'विचित्र' बल्कि 'आपराधिक' किस्म का है। दादू की पुत्रियों का विवाह योग्य आयु प्राप्त करने के बाद भी कई वर्षों तक अविवाहित रहना समाज में चर्चा और रोष का विषय बना। ऐसे पाप का फल तो राजा को भी भुगतना होता है। ऊपर से, मान सिंह ने जब आमेर की कमान सँभाली तब उनसे मिलने सभी लोग पहुँचे, एक दादू को छोड़कर—'मिलिबे कौ सब जग सिधार्‌यौ...स्वामी बिना रह्यौ कोऊ नाहीं।' (10.2)

शिकायतकर्ताओं ने राजा के प्रति दादू की अपमानजनक उदासीनता और अहंकार को रेखांकित करने का मौका नहीं छोड़ा :

> राजा दादू के अभिमांनूं मानैं नहीं तुम्हारी आंनूं।
> और करै अनीती ऐसी राजा पुछ्यौ कहौ न कैसी।
>
> हींदू तुरक ऐक जिहि कीनौं, बांभन बनिया सम करि लीनौ
> चारि बरन कौं रह्यौ भेदू झूठौ पर्‌यौ तुमारौ बेदू
> मुई तिया जंगलि में छाड़ी क्रिया करौ न भौंइ में गाड़ी
> राखी नहीं ये कहूं राहा हिन्दू तुरक दोऊँ जिहि बाहा
> बेटा बेटी कंवारे राखे आति अपराध बेद में भाखे
> सात बरस लौं कन्या कहिये बारह नांव सु बेटी लहिये
> सोलह की तब रहै न धर्मूं होई बीस की आहि अकरमूं
> देस दोष कै लागै राजा किनि समझाई कहौ तिहिं काजा। (10. 3-8)

(दादू अपने अहंकार में आपकी भी परवाह नहीं करते, अकथनीय अनीति तो करते ही हैं; वे हिन्दू, मुसलमान, ब्राह्मण, बनिया सबको समान बताते हैं। वर्णाश्रम को खारिज करते हैं और वेदों को झूठा बताते हैं। उनके भक्त उचित अन्त्येष्टि करने के बजाय मृत महिलाओं को जंगल में छोड़ आते हैं। वास्तव में, कोई भी धर्म सुरक्षित नहीं रह गया है। हिन्दू और मुस्लिम रास्ता भटक गए हैं। दादू ने अपने बच्चों को अनब्याहा छोड़ रखा है। वेद के अनुसार यह बहुत बड़ा अपराध है।

लड़की को सात साल की उम्र तक कन्या कहा जाता है और 12 की उम्र तक बेटी। लड़की को 16 साल की उम्र तक कुँवारी रखना धर्म के विरुद्ध है, बीस तक उसका ब्याह न करना तो एकदम अक्षम्य है। देश में होने वाले पाप का भार अन्तत: राजा पर ही आता है। हे राजा, आप उन्हें समझाते क्यों नहीं)।[39]

जाहिर है, राजा इस जन असन्तोष की अनदेखी नहीं कर सके। उन्होंने दादू से मिलने का फैसला किया। बातचीत की शुरुआत यह कहते हुए की कि वे 'कई साल पहले रामगढ़ में दादू से हुई मुलाकात को भूले नहीं हैं' नरमी के साथ यह भी कहा कि 'लेकिन यहाँ आप कभी मेरी खोज-खबर लेने नहीं आए।'

दादू ने जवाब दिया, 'जरूरी पूछताछ मैंने कर ली थी।' दादू के दार्शनिक, उदासीन लहजे से नाखुश राजा ने दादू के उन 'भटकावों' के बारे में पूछना शुरू किया, जिनके बारे में उन्हें शिकायतें मिली थीं। दादू ने फिर से दार्शनिक किस्म का जवाब दिया और अपनी बात कबीर के एक दोहे से शुरू की। पूरी बातचीत में दादू निर्गुणपंथी विचारों, मूल्यों और व्यवहारों को समझाने के लिए कबीर को उद्धृत करते रहे। जन गोपाल दिखाते हैं कि दादू की अविवाहित बेटियों से जुड़े संवेदनशील मामले को दादू के सामने उठाने में राजा की हिचक को ताड़ते हुए दादू स्वयं ही कहते हैं, 'अपने थोड़े से ज्ञान के बल पर किसी माता-पिता को किसी युवा पर विवाह के लिए खामखाह दबाव नहीं डालना चाहिए।' (10.15) राजा को समझाने के लिए वे कबीर का एक और दोहा सुना देते हैं :

नर नारी सब नरक है, जब लग देह सकाम
कहै कबीर ते राम का जे सुमिरै निहकाम।

इसी भाव से वे अपनी बेटियों के अविवाहित रहने की बात को स्पष्ट करते हैं। वे बाल विवाह और उसके भयावह कुपरिणामों की भी बात करते हैं। उनकी साफ़गोई से मान सिंह असहज हो जाते हैं :

बांभन बनिया न्रिप बिलि बंडा सात बरस की हूंहि जु रंडा
विषै कौं मन उठि भागे इनको दोष कौणको लागै
ते क्यूं रहै लोक की लाजा परमेसुर सूं नहीं काजा
गरभ गल्यांकी हत्या होई दोष दे सकौ लागै सोई
येक ब्रह्म कौ सदा बिचारा सील साच कौ है अधिकारा
धरि बेसा सरू भजन कराहीं इनकौ तुमकौं दोष सु नाहीं। (10.18.1-2)

> (सुनो राजा, जब ब्राह्मणों, बनियों की बेटियों को सात साल की उम्र में ही वैधव्य झेलना पड़ता है, वे जब राह भटक जाती हैं, तब दोष किस पर आता है? ईश्वर और इज्जत की परवाह किये बिना जब वे गर्भपात कराने को मजबूर होती हैं तो पाप किसको लगता है? सच्चा सम्मान तो ब्रह्म के निरन्तर ध्यान से ही हासिल हो सकता है, आप वही करें और दूसरों को भी इसके लिए प्रेरित करें। मेरा विश्वास करें, आपके ऊपर कोई दोष नहीं आएगा)।

जन गोपाल बताते हैं कि दादू के शिष्य और प्रशंसक बहुत खुश हुए, उन्हें लगा कि राजा भी खुश थे। लेकिन क्या सचमुच? मान सिंह की टिप्पणी जाहिर करती है कि दादू के शिष्यों को वे पसन्द नहीं करते थे, 'कैसे-कैसे लोग आपके शिष्य बन रहे हैं।' दादू फिर अपनी तरह जवाब देते हैं, 'मैं किसी को शिष्य नहीं बनाता, लोग (ईश्वर में) भक्ति भाव के कारण स्वयं आते हैं।'

मान सिंह की दुविधा जन गोपाल ने साफ-साफ दर्ज की है। राजा दादू को सजा नहीं देना चाहते थे। फिर भी उन्हें डर था कि उन्हें सजा नहीं दी तो ब्राह्मणों का कोप झेलना पड़ेगा (11.4.1) उन्होंने दादू से पूछा कि वे कितने समय से आमेर में रह रहे हैं। दादू को संकेत मिल गया, वे रूखेपन से बोले, '14 साल से', और उठकर चल दिये। मान सिंह परेशान, दादू को मनाने की कोशिश की, 'मेरा मतलब यह नहीं था कि आप चले जाएँ, मैंने तो एक साधारण सवाल पूछा। यह बहुत बड़ी गलती हुई, मुझे माफ कर दीजिए. मुझे पता है कि आप अन्तर्यामी हैं।' (11.6, 1) दादू ने वास्तव में राजा के मन और दुविधा को भाँप लिया था। राजा के अनुरोध के बावजूद दादू ने आमेर छोड़ देने का फैसला कर लिया। वैसे, राजा के प्रति दया दिखाते हुए वे आमेर में कुछ दिन रुके, लेकिन इसके बाद आमेर से हमेशा के लिए विदा हो गए।

संतचरितों की स्थापित कथा-रूढ़ि के अनुसार किसी संत को सताने वाले राजा और उसके नगर पर विपत्ति आती ही है। इस रूढ़ि का पालन करते हुए भी जन गोपाल यह स्पष्ट करने का रास्ता खोज ही लेते हैं कि दादू के जाने के बाद भी आमेर नगर और राजा पर कोई विपत्ति क्यों नहीं आई। कुछ बुरा तो जरूर हुआ होगा लेकिन 'स्वामीजी ने काफी दया दिखाई और हरि ने सभी प्राणियों को (विनाश के डर से) मुक्त कर दिया।'

जैसा कि पहले ही बताया जा चुका है, जन गोपाल की *दादू जनम लीला* के इस प्रकरण में बाल विवाह के विरुद्ध दादू के दोटूक कथन प्रतिध्वनि दादू की

अपनी रचनाओं में नहीं सुनाई देती। उनका बेबाक, लगभग आक्रामक लहजा भी असामान्य है। पूरी सम्भावना है कि यहाँ खुद जन गोपाल ही दादू के किरदार की मार्फत बोल रहे हैं। गौरतलब है कि यहाँ बाल विवाह की प्रथा की आलोचना करने के लिए किसी धर्मग्रंथ या प्राचीन विधि ग्रंथ का सहारा लेने की कोशिश नहीं की गई है। इस मुद्दे पर कबीर तक को उद्धृत नहीं किया गया है; किया भी नहीं जा सकता था। कबीर ने इस विषय में कुछ कहा ही नहीं है। जन गोपाल का तर्क पूरी तरह वास्तविक सामाजिक अनुभव पर आधारित और मनुष्य के विवेक को सम्बोधित है। जन गोपाल स्पष्ट तार्किक भावबोध वाले व्यक्ति के रूप में उभरते हैं। यही तार्किकता आक्रामक वातावरण से हट जाने के दादू द्वारा लिये गए व्यावहारिक फैसले के यथार्थपरक विवरण में भी प्रतिबिम्बित होती है।

जन गोपाल के दादू जो रुख अपनाते हैं उसकी तुलना 19वीं सदी के उन भारतीय समाज सुधारकों के रुख से की जा सकती है, जो विधवा दहन और बाल विवाह जैसी सामाजिक कुप्रथाओं के खिलाफ अभियान चला रहे थे। राजा राममोहन राय ने सती-प्रथा के विरोध में प्राचीन ग्रंथों का हवाला दिया; और मूर्ति पूजा के विरोध में उपनिषदों का। राय के लिए, वेदवाक्य तो मान्य ही था, विवाद उसकी रूढ़िवादी व्याख्या और सुधारवादी व्याख्या के बीच था। दयानन्द सरस्वती तो सभी सामाजिक सुधारों के लिए 'वेदों की ओर लौटने' की बात और भी बलपूर्वक करते ही थे।

लेकिन सबसे दिलचस्प और विडम्बनापूर्ण मामला ईश्वर चन्द्र विद्यासागर (1820-1891) का था, जिन्होंने बाल विवाह के विरुद्ध और विधवा विवाह के पक्ष में अथक अभियान चलाया। बाल विवाह पर अपनी रचना *बाल विवाहेर दोष* (1850) में वे वेदवाक्य प्रमाण की ओर नहीं जाते। वे तो सामाजिक कुप्रथाओं के लिए मूर्खतापूर्ण रीति-रिवाजों और पुराने पड़ चुके शास्त्रों को ही दोषी मानते हुए इन प्रथाओं के कारण बच्चों के मानसिक तथा शारीरिक स्वास्थ्य पर पड़ने वाले कुप्रभावों और बाल विधवाओं की त्रासदी का हवाला देते हैं। जन गोपाल के दादू की तरह विद्यासागर भी इस निबन्ध में वास्तविक जीवन के अनुभवों पर आधारित मानवीय विवेक को ही सम्बोधित करते हैं।

लेकिन इसके पाँच साल बाद ही विधवा विवाह की वकालत करते हुए विद्यासागर ने हिन्दू शास्त्रों की पुनर्व्याख्या के आधार पर अपना तर्क प्रस्तुत करने की कोशिश की। उनके जीवनीकार अशोक सेन की टिप्पणी है :

> विद्यासागर द्वारा धर्मशास्त्रों की ओर रुख करने का मुख्य उद्देश्य सुधारों के बारे में सामाजिक आम राय का निर्माण करना था, इन सामाजिक सुधारों को धर्म, आस्था और पूर्वग्रहों से जोड़ना नहीं।[40]

यह बात सही है, लेकिन साथ ही यह भी सच है कि 19वीं सदी के सुधारकों के विपरीत, जन गोपाल के दादू ठेठ आधुनिक कदम उठाते हैं। वे अपने तर्कों को मजबूती देने और बाल विवाह के खतरनाक सामाजिक परिणामों को रेखांकित करने के लिए सार्वभौमिक मूल्यों और व्यावहारिकता का हवाला देते हैं। वे अनुभवजनित और तार्किक प्रमाणों को शास्त्रप्रमाण के ऊपर तरजीह देते हैं। *दादू जनम लीला* से यह स्पष्ट नहीं है कि दादू की बेटियों की बाद में शादी हुई या नहीं। जो भी हो, *जनम लीला* के दादू द्वारा बाल विवाह का विरोध उनके अनुयायियों की सामाजिक संरचना के मद्देनजर काफी महत्त्वपूर्ण है, क्योंकि उनमें से कई कुलीन समाज से आते थे, जिनका आचरण सामाजिक मानदंडों को तय करता था। यही वजह है कि दादू पंथ के आरम्भिक चरण में, *दादू जनम लीला* के इन प्रगतिशील पहलुओं को कम ही महत्त्व दिया गया।

विद्यासागर को 'सामाजिक आम राय' की जरूरत का खयाल रखने के फायदे बेशक मिले। वे अपने सरोकारों के पक्ष में अच्छा-खासा जनमत जुटा सके। इसकी एक वजह यह भी थी कि उनके समय तक ऐतिहासिक परिस्थितियों ने ऐसे सामाजिक सुधारों के लिए माहौल तैयार कर दिया था। इसके ठीक विपरीत, 17वीं सदी के राजस्थान में भक्ति भावबोध से पैदा हुई सामाजिक उथल-पुथल और गतिशीलता धीरे-धीरे लुप्त हो गई। अकबर, मान सिंह, दादू दयाल, और जन गोपाल के निधन के बाद के वर्षों में सामाजिक सुधार के धार्मिक और तर्कवादी, दोनों तर्क बुरी तरह कमजोर हो गए। जैसा कि इरफान हबीब ने कहा है :

> 17वीं सदी में, भारत में तर्कवाद की ऐसी हैसियत ही नहीं रह गई थी कि राजसत्ता उसका संरक्षण या दमन करने की परवाह करे।[41]

यह स्थिति क्योंकर बनी? यह प्रश्न गम्भीर ऐतिहासिक विश्लेषण की माँग करता है।

सन्दर्भ

1. रायचौधरी और हबीब (सं.) 1982, पृ. 86
2. चतुर्वेदी (सं.) वि.सं. 2023; 504-05, रजनीश (सं.) 2007, पृ. 109-10
3. राजपुरोहित, 2022
4. रिचड्र्स, 1993, पृ. 204
5. विंक, 2009, पृ. 52-53 (जोर जोड़ा गया)
6. ईटन, 2019, पृ. 238

7. रायचौधरी और हबीब (सम्पा.), 1982, पृ. 170-71
8. लाठ, 1981, पृ. 38 (अनुवाद), पृ. 242-43 (मूल)
9. रायचौधरी, कुमार और देसाई में 1984, पृ. 32-33
10. ब्रूकेत्स, 2019, पृ. 107
11. ईटन 2019, पृ. 136-38
12. डर्क्स, 2011, पृ. 5, डर्क्स की यह मान्यता उनके द्वारा पहले कही गई इस बात का कि एक अर्थ में 'जाति का आविष्कार' ही अंग्रेजों ने किया था, से कहीं अधिक परिष्कृत और तर्कसंगत है।
13. इंडेन, 2000, पृ. 83
14. विस्तृत चर्चा के लिए देखें, अग्रवाल, 2009 और अग्रवाल, 2021
15. वनिना, 2012, पृ. 134
16. चित्रे, 1971, p. x
17. इस समय कबीरपंथ में शामिल ऐसे समूहों की चर्चा के लिए देखिए लॉरेंजन 1987b.
18. अबुल फ़ज़्ल, 2020, खंड 1, पृ. 3
19. लाठ, 1981, p. xiv
20. ऐसी कुछ किंवदन्तियों के लिए देखें, लॉरेंजन, 1991
21. इस बात के कुछ विस्तार के लिए देखें, अग्रवाल, 2009, अग्रवाल, 2021; साथ ही अग्रवाल, 2019 भी।
22. जो कलि नाम कबीर न होते, लोक बेद और कलजुग मिलि भक्ति रसातल देते। यह पूरा पद गोपालदास, 1993, पृ. 261 में देखा जा सकता है।
23. कलिजुगि प्रथमि नामदे भईयौ, केसो अपनैं बसि करि लहियौ, कालेवार्त, 2000, पृ. 39
24. हॉर्स्टमैन, 2017, पृ. 3
25. लॉरेंजन 1996, पृ. 21, लॉरेंजन का 1987 का लेख लॉरेंजन, 2006, पृ. 78-101 में पुनः प्रकाशित हुआ है।
26. खासकर देखें, नोवेट्ज्के, 2016
27. बेली, 1999, पृ. 181
28. दलपत राजपुरोहित (2021) अग्रवाल के तर्क को समझने में चूक गए हैं। अग्रवाल की भक्ति-लोकवृत्त अवधारणा पर टिप्पणी करते हुए वे कहते हैं, 'अग्रवाल ने राजसत्ता और भक्ति लोकवृत्त का परस्पर सम्बन्ध नोट किया है लेकिन राजसत्ता द्वारा भक्ति के विकासमान लोकवृत्त पर निगाह रखने की हद तक ही।' वे अग्रवाल (2009, पृ. 42) को उद्धृत करते हैं, 'राजसत्ता भी अपने ढंग से भक्ति-लोकवृत्त पर निगाह रखती ही थी।' रोचक बात यह है कि इससे ठीक पहले के वाक्य में अग्रवाल ने भक्ति सम्प्रदायों के बारे में कहा है, 'राजसत्ता से भी उनका सम्बन्ध स्वायत्तता का ही था, पूरी तरह असम्बद्धता का नहीं।'
29. लाल (सम्पादक) द्वितीय खंड, पृ. 186
30. शुलमैन, 2012, पृ. 138-39
31. हॉर्स्टमैन, 2021, पृ. 6
32. *दादू जनम लीला* के सभी उद्धरण कालेवार्त द्वारा सम्पादित संस्करण (1988) से।
33. कालेवार्त, 1988, पृ. 15

34. रजनीश (सं), 2007, खंड दो, पृ. 232
35. इन पंक्तियों का कालेवार्त द्वारा किया गया अंग्रेजी अनुवाद स्पष्ट रूप से असन्तोषजनक है।
36. देखें, अग्रवाल, 2021, पृ. 216-221
37. बेली, 1999 और मुखिया 2020
38. कालेवार्त, 1988, पृ. 11
39. यहाँ भी कालेवार्त का अंग्रेजी अनुवाद भ्रामक है।
40. सेन, 2016, पृ. 141
41. हबीब, 2009, पृ. 38

अध्याय 3

हिन्दू दैवीय न्याय विधान और जन गोपाल

मृत्यु के बाद सबको सदा भय सताता रहता है दंड का
क्योंकि हम नहीं जानते आत्मा की प्रकृति क्या है
क्या वह जन्म लेती है?
या प्रवेश कर जाती है हमारी पहली साँस के साथ हमारे भीतर?
क्या वह हमारे साथ ही मर भी जाती है?
और क्या वह मृत्यु के साथ टूट जाती है?
या क्या वह भटकती रहती है दानव ओर्कस के विशाल अँधेरे हॉलों में?
क्या वह किसी जादू से समा जाती है सरसराती हुई, दूसरे प्राणियों में?

और आत्मा अगर अजर-अमर है, और वह हमारे जन्म के साथ ही
समा जाती है हमारे भीतर, तो ऐसा क्यों है कि कोई बचाकर नहीं रखता
यादें इससे पहले के समय की, क्यों नहीं हम बुला नहीं लेते अपने दिमाग में
उन कृत्यों की बातें, जो हमने किए थे,
क्यों वे अपना कोई सूत्र नहीं छोड़ जाते?

—ल्यूक्रेटियस (40 ई.पू.) डि रेरम नेचुरा[1]

किसी भी धर्म के मुख्य उद्देश्यों में एक यह भी है कि वह एक ऐसा खाका प्रस्तुत करे जिसके आधार पर समाज के अन्दर व्यक्तियों और समूहों के बीच के संघर्ष से बचा जा सके और समाज तथा धर्म को बाहरी प्रतिद्वंद्वियों तथा शत्रुओं से सुरक्षा प्रदान करने के लिए जरूरी एकता स्थापित की जा सके।[2] सम्पत्ति सत्ता के विषम वितरण वाले जटिल समाजों में लोग विषमता और इसके साथ जुड़े कष्टों और अन्यायों की सफाई देने की कोशिशें करते रहते हैं। ऐसी सफाई देने के लिए तमाम

धर्म दावे करते रहते हैं कि हमने इस जीवन में जो अच्छे और बुरे काम किए, जो अच्छे और बुरे अनुभव हासिल किए उन सबका फल हमें हमारी मृत्यु के बाद मिलेगा। इस दावे के पीछे के विचार को 'नियतिवाद' या 'दैवीय न्याय विधान' कहा जाता है। तमाम धर्मों का कहना है कि मृत्यु के बाद उचित पुरस्कार और उचित सजा के वादे के बिना लोगों को ईमानदारी और नैतिकता भरा आचरण करने का प्रोत्साहन नहीं मिलता। ऐसे वादों के बिना जीवन बस उसी पद्धति से चल सकता है जिसे संस्कृत में 'मत्स्य न्याय' कहा जाता है।

समाजविज्ञानी मैक्स वेबर ने 1913 में अपने एक लेख में तीन तरह के आदर्श 'दैवीय न्याय विधानों' (थियोडिसी) का उल्लेख किया था—एक वह जो एक भिन्न शरीर में पुनर्जन्म के बाद सांसारिक कष्टों का औचित्य बताता है; दूसरा वह जो आगे आने वाली पीढ़ियों के लिए विजय का वचन देता है; और तीसरा वह जो मृत्यु के बाद स्वर्ग या नरक भोगने का औचित्य बताता है। वेबर ने लिखा था[3] :

> कष्टों और अन्यायों को पूर्व जन्म में किए गए पाप का नतीजा बताया जा सकता है (आत्मा के काया-परिवर्तन का विचार), या फिर इन दुखों को पूर्वजों के अपराधों का तीन-चार पीढ़ियों तक चलने वाला दंड बताया जा सकता है, सर्वाधिक सैद्धान्तिक व्याख्या में इन कष्टों को प्राणि मात्र की दुष्टता का परिणाम कहा जा सकता है। नुकसान की भरपाई के वादे के भी तीन रूप हो सकते हैं—आत्मा के कायान्तरण (पुनर्जन्म) के जरिये इस संसार में ही बेहतर जीवन, भविष्य में आने वाले मसीहा के राज में भावी पीढ़ियो के लिए बेहतर जीवन और तीसरा स्वर्ग में सुखभोग।

वेबर की दृष्टि में, ये तीन तरह के 'दैवीय न्याय' मुख्यत: क्रमश: सबसे पहले भारत में प्रचलित धर्मों (हिन्दू, बौद्ध, जैन और सिख) से जुड़े हैं, जो नई योनि में पुनर्जन्म के साथ पुरस्कार या सजा की पेशकश करते हैं; दूसरी तरह के 'दैवीय न्याय' में, यहूदी धर्म से जुड़े हैं। समुदाय के लिए भविष्य में पुरस्कार या सजा की पेशकश की जाती है। तीसरे रूप में, ईसाई तथा इस्लाम धर्म हरेक व्यक्ति के लिए स्वर्ग और नरक में पुरस्कार या सजा की पेशकश की जाती है। जैसा कि इस अध्याय के आरम्भ में स्मृत ल्यूक्रेटियस (40 ई.पू.) के कथन में देखा जा सकता है, कई तरह के सम्भावित 'दैवीय न्याय' का विचार वेबर से पहले भी मौजूद था।

वेबर ने जिन धर्मों का उल्लेख किया है वे सब बेशक दक्षिण एशिया में लम्बे काल से अस्तित्व में हैं। उन सबको दक्षिण एशिया में प्रभावशाली रहे सामाजिक मानदंडों का सामना करना पड़ा है और उनके अनुरूप ढलना पड़ा है। वैदिक काल

के उत्तरार्द्ध से वर्णाश्रम धर्म के आदर्श यहाँ प्रभावशाली रहे हैं। ये आदर्श जीवन के विभिन्न चरणों में व्यक्ति के वर्णानुसार आचरण पर बल देते हैं। वर्णाश्रम का संस्थाबद्ध रूप पूरी हिन्दू परम्परा में बना रहा है। इसके अनुसार उत्तम योनि में पुनर्जन्म व्यक्ति के इस जन्म के कर्मों, और उसके अपने वर्ण के अनुरूप नैतिक जीवन जीने के प्रयासों पर निर्भर करता है। वर्णाश्रम धर्म से जुड़ी अवधारणाओं और प्रथाओं में कई सदियों में काफी बदलाव आया लेकिन तीन मूलभूत विचार स्थिर रहे : पहला यह कि समाज पदानुक्रम में संगठित होना चाहिए, दूसरा उच्चता क्रम का हर पायदान विशेष सामाजिक-आर्थिक पेशों के साथ जुड़ा रहा; तीसरे, इस उच्चता क्रम में व्यक्ति की स्थिति उसके खून, उसकी वंशावली से तय होती थी।

इस निबन्ध में उन तरीकों पर विचार किया गया है जिनकी मदद से हिन्दू धर्म के कुछ ग्रंथों और पंथों ने निचले सामाजिक तबकों के लोगों को साथ लेने और सन्तुष्ट करने की कोशिश की। यह कोशिश वर्णाश्रम धर्म के मुताबिक सामाजिक उच्चता क्रम और पुनर्जन्म के दैवीय न्यायवाद के बीच की कड़ी से सम्बन्धित अवधारणाओं में महत्त्वपूर्ण परिवर्तन लाकर की गई।

हम यहाँ *भागवत पुराण* और जन गोपाल के विचारों को रेखांकित करेंगे, चर्चा का समापन 18वीं सदी के कैथोलिक मिशनरी ज्यूसेपे मारिया दा गार्गनानो द्वारा 'दैवीय न्याय' की हिन्दू मान्यता की आलोचना के संक्षिप्त विवरण के साथ होगा। मारिया ने हिन्दुस्तानी भाषा में 'एक ईसाई और एक हिन्दू के बीच धर्म पर संवाद' ('जवाब-सवाल क्रिश्चन और एक हिन्दू के मो ईमान के ऊपर') लिखकर दैवीय न्याय की हिन्दू अवधारणा को खारिज करते हुए ईसाई अवधारणा मृत्योपरान्त जीवन के बारे में वास्तविक सचाई बताने के दावे के साथ पेश की है।

हिन्दू दैवीय न्याय की प्राचीनतम अवधारणाओं में से एक *छांदोग्य उपनिषद* (600 ई.पू.)[4] में प्राप्त होती है। इसमें कहा गया है कि मृत्यु के बाद अलग-अलग तरह की मानव आत्माएँ दो अलग-अलग मार्गों पर जाती हैं। 'श्रद्धा तप इत्युपासते' (आस्था एवं वैराग्य पर चिन्तन करने वाले) ज्ञानी संत ब्रह्म एवं देवताओं की ओर जाने वाले मार्ग पर जाते हैं। जो लोग त्याग और सत्कर्म करते हैं (और जो बुरा आचरण करते हैं वे भी) पितृलोक के मार्ग पर जाते हैं। ज्ञानी संत आत्माएँ पृथ्वी पर लौटती नहीं हैं, जबकि दूसरी श्रेणी के लोग पृथ्वी पर लौटते हैं और पूर्व जन्म के कर्मानुसार उच्च या निम्न वर्ण में जन्म लेते हैं।

मृत्यु के बाद हमारा क्या होता है, इस बारे में आरम्भिक आधुनिक तथा आधुनिक हिन्दू चिन्तन के करीब दैवीय न्याय की वह अवधारणा है, जो 'मानव धर्मशास्त्र'—*मनुस्मृति* (ईसा की दूसरी शताब्दी?) सरीखे पूर्व-आधुनिक धर्मशास्त्रों

में पाई जाती है। यह ग्रंथ कुछ विस्तार से बताता है कि नैतिक आचरण करने वाला और अपने वर्ण यानी सामाजिक, पेशाजन्य वर्ग के रीति-रिवाजों का पालन करने वाला व्यक्ति अपने शुभ कर्मों का संचय कर किस तरह अन्ततः एक ब्राह्मण पुरुष के रूप में जन्म ले सकता है। इस ब्राह्मण शरीर में उसके लिए मोक्ष प्राप्त करने की सम्भावना होती है यानी वह बार-बार जन्म लेने के चक्र से मुक्त होकर स्वर्ग में भगवान का सान्निध्य पा सकता है या ब्राह्मण होने के नाते मुक्ति पा सकता है। अगर कोई व्यक्ति मान्य सामाजिक मानदंडों के विपरीत कर्म करता है, तो अपने बुरे कर्मों के कारण और भी निचली योनि में या पशु योनि तक में पुनर्जन्म ले सकता है। जाहिर है, यह दैवीय न्याय दृढ़ उच्चता क्रम पर आधारित पुरुषकेन्द्रित समाज बनाना चाहता है। मान्यता यही है कि ब्राह्मण और दूसरी उच्च जातियों के पुरुष जन्मजात रूप से ही सभी महिलाओं, चाहे वे किसी जाति की हों, और गैर-ब्राह्मण जातियों के सभी पुरुषों के मुकाबले श्रेष्ठ होते हैं। आश्चर्य नहीं कि दैवीय न्याय का यह विचार इनमें से कई लोगों को कभी पूरी तरह स्वीकार्य नहीं लगा। जैन, बौद्ध तथा सिख परम्पराओं में स्वीकृत दैवीय न्याय का विचार किसी जाति-विशेष में जन्म को तो कर्मफल से नहीं जोड़ता लेकिन मनुष्य या अन्य योनि में जन्म को शुभ या अशुभ कर्मों का फल अवश्य मानता है, ताकि उचित सामाजिक आचरण के मानदंडों का पालन हो। इन परम्पराओं में भी आम तौर से पुरुषों की धार्मिक भूमिका को विशेष महत्त्व दिया गया है।

जैसा कि लॉरेंस बाब (1983) ने कहा है कि लोगों को कर्म के आधार पर पुनर्जन्म के विचार में विश्वास दिलाने में एक बाधा यह है कि हिन्दू (और शायद जैन, सिख, बौद्ध भी) जीवन में अपने (और शायद दूसरों के भी) दुर्भाग्य और कष्टों के लिए आम तौर पर भाग्य को या दूसरों के बुरे कर्मों को दोषी बताते हैं, न कि खुद अपने इस जीवन के या पिछले जन्मों में किए गए कुकर्मों को। इनमें से किसी भी कारण (भाग्य या दूसरों के बुरे कर्म) का धर्म से कोई सीधा रिश्ता नहीं होता। वे कर्म और पुनर्जन्म की कड़ी तोड़कर हिन्दू दैवीय न्याय को निष्प्रभावी करते हैं। दूसरे शब्दों में, कर्म और पुनर्जन्म का सिद्धान्त दैनन्दिन व्यवहार में उतना प्रभावी नहीं है, जितना कि धर्मशास्त्र और धर्मशास्त्री इसे मानते हैं।

इसके अलावा इस तथ्य पर भी विचार करने की जरूरत है कि मृत्यु के बाद अपने आचरण के आधार पर पुरस्कार या सजा पाने का वादा करने वाले दैवीय न्याय के साथ ऐसी व्यावहारिक नीतियाँ जुड़ी होती हैं जिनका लक्ष्य मृत्यु से पहले इसी जीवन में हमें मिलने वाले कष्टों और अन्यायों को कम करना होता है। अलग-अलग धर्मों में भिन्न-भिन्न तरह की नीतियों पर जोर दिया गया है। उदाहरण के

लिए, बौद्ध धर्म में दूसरों के कष्टों को दूर करने के लिए करुणा बरतने पर जोर दिया गया है। जैन धर्म में अहिंसा पर, जीवों को चोट पहुँचाने से बचने पर जोर दिया गया है। इस्लाम परमार्थ और शरिया का पालन करने पर जोर देता है। ईसाई धर्म भी परमार्थ और भाईचारे पर जोर देता है।

इनमें से कोई भी आदर्श ऐसा नहीं है जो हिन्दू धर्मग्रंथों में न मिलता हो, लेकिन हिन्दू धर्मग्रंथ इन्हें आम तौर पर भक्ति के मुख्य विचार के अधीन ही रखते हैं। भक्ति के सहारे कर्मफल और वर्णाश्रम धर्म के परस्पर सम्बन्ध की सख्ती में ढील लाई जा सकती है। इस विचार का आधार ग्रंथ बेशक *भगवद्गीता* और इसके द्वारा प्रस्तावित भक्ति-योग मार्ग है जिसके साथ वर्णोचित शुभ कर्म जुड़ा है। कष्ट में पड़े भक्तों, खासकर महिला और निम्न वर्ग के लिए, ईश्वर के प्रति इस 'भक्ति अनुशासन' के जरिये जन्मों के लम्बे चक्र से मुक्ति यानी मोक्ष पाने का एक सीधा मार्ग सुझाया गया है। *गीता* में कृष्ण कहते हैं :

> मां हि पार्थ व्यपाश्रित्य येऽपि स्युः पापयोनयः।
> स्त्रियो वैश्यास्तथा शूद्रास्तेऽपि यान्ति परां गतिम्॥ (9.32)

(जो भी मेरी शरण में आते हैं, वे स्त्री, वैश्य, शूद्र या किसी भी अन्य पापयोनि में जन्मे हों, परम गति पाते हैं।)

भक्ति और सामाजिक-राजनीतिक व्यवस्था के मानदंडों के पालन के अन्तर्निहित तनाव उन हिन्दू पौराणिक कथाओं में अधिक स्पष्ट के साथ ही समस्यामूलक भी हो जाता है जो एक तरफ यह बताने की कोशिश करती हैं कि वर्णाश्रम धर्म के मानकों के अनुसार कर्म पुनर्जन्म का निर्धारण करता है, लेकिन साथ यह भी बताती हैं कि भक्ति के आधार पर कर्मफलाधारित व्यवस्था से परे जाना सम्भव है। यह धारणा मुख्यतः *भागवत पुराण* में मिलती है। विष्णु को समर्पित इस ग्रंथ की रचना सम्भवतः 10वीं-11वीं सदी में तमिल क्षेत्र में हुई थी। शायद पहले ही, 15वीं सदी तक तो निश्चित रूप से *भागवत* उत्तर और दक्षिण भारत में वैष्णव धर्म का निर्णायक रूप से सर्वाधिक महत्त्वपूर्ण ग्रंथ बन चुका था।

भागवत पुराण

जन गोपाल ने *भागवत पुराण* में उपलब्ध ध्रुव, प्रह्लाद, जड़भरत की कथाओं की हिन्दी/ब्रज में पुनः रचना की।[5] इनमें से दो कथाओं में नायकों के पिछले जन्मों की

कहानियों के जरिये इस विचार को पुष्ट किया गया है कि कर्मों का फल एक जन्म से दूसरे जन्म तक मिलता रहता है। प्रह्लाद का पिता हिरण्यकशिपु अपने पिछले जन्म में विष्णु का द्वारपाल था और उसका नाम विजय था। विजय ने कुछ ऋषियों को द्वार से प्रवेश नहीं करने दिया था तो उन ऋषियों ने उसे एक राक्षसी के गर्भ से हिरण्यकशिपु नाम से जन्म लेने का शाप दे दिया था। दूसरी कथा के नायक भरत अपने पिछले जन्म में हिरण थे क्योंकि अपने वंश की जिम्मेदारियों को पूरा करने के बजाय वे हिरणी से ज्यादा मोह करते थे। क्षत्रिय राजकुमार ध्रुव की कथा में पिछले जन्म वाली ऐसी बातें नहीं हैं। फिर भी, ध्रुव की माता राजा द्वारा ठुकराए जाने पर उसे यह कहकर सांत्वना देती है कि जिसने अपने पिछले जन्म में दूसरों को तकलीफ पहुँचाई हो उसे कष्ट भुगतना ही पड़ता है। (4.8.17)

भागवत पुराण की कथाओं में कर्म और पुनर्जन्म के विचार की इस तरह जो पुष्टि की गई है उसे *भागवत* में इन्हीं कथाओं में भक्ति के जरिये सीधे मोक्ष प्राप्ति के पक्ष में दिए गए मजबूत तर्कों के साथ देखने की जरूरत है। थॉमस हॉपकिन्स ने 1966 में अपने लेख 'द सोशल टीचिंग ऑफ द *भागवत पुराण*' में बताया है कि *भागवत* निचली जातियों, शूद्रों, और आज जिन्हें अनुसूचित जातियाँ तथा जनजातियाँ कहा जाता है उन सबके मोक्ष प्राप्ति के अधिकार के पक्ष में किस तरह तर्क देता है। दूसरे शब्दों में, *भागवत* निचली जातियों के नेक लोगों के सांसारिक कष्टों के सन्दर्भ में दैवीय न्याय के सिद्धान्त की *भगवद्गीता* के मुकाबले ज्यादा निश्चित एवं प्रत्यक्ष तरीके से अनदेखी करता है। *भागवत* के अनुसार, मोक्ष उचित आचरण के साथ-साथ विष्णु और उनके अवतारों में भक्ति के जरिये हासिल किया जा सकता है। एक उद्धरण देकर हॉपकिन्स ने इस बात को रेखांकित किया है कि *भागवत* के अनुसार ब्राह्मण मोक्ष के जितने अधिकारी हैं उतने ही निचली जातियों में जन्मे लोग भी हैं। यहाँ वक्ता भक्त राक्षस प्रह्लाद है, जिसके बारे में हम आगे चर्चा करेंगे :

> जिस श्वपच, अधम व्यक्ति का मन, वचन, कर्म, उद्देश्य और जीवन विष्णु के चरण कमलों पर केन्द्रित है उसे मैं उस विद्वान ब्राह्मण से श्रेष्ठ मानता हूँ जो उपरोक्त 12 गुणों से सम्पन्न है मगर विष्णु के चरणों से विमुख है। उपरोक्त अधम व्यक्ति तो अपने कुल को तार देता है मगर जिसका अहंकार बड़ा है वह ऐसा नहीं कर सकता।[6]

अपने लेख में हॉपकिन्स ने इस तथ्य पर पर्याप्त जोर नहीं दिया है कि *भागवत* भी चार वर्णों के इर्द-गिर्द केन्द्रित मानव समाज के उच्चता क्रम का बार-बार बचाव करता है। यह बचाव केवल कथाओं के जरिये ही नहीं किया गया है बल्कि

उन कथाओं से जुड़े उपदेशपरक अध्यायों में भी मिलता है। उदाहरण के लिए, *भागवत* में प्रह्लाद की कथा समाप्त होते ही पूरा एक अध्याय (7.11) उपयुक्त सामाजिक तथा धार्मिक कर्तव्यों, और चारों वर्णों तथा संकर जातियों (अन्त्यजों और 'अन्तेवसायियों') (7.11.30) के आर्थिक कारोबार पर नारद मुनि के प्रवचन को समर्पित है। दूसरे शब्दों में, *भागवत* में प्रचलित मर्यादाओं पर भारी पड़ने वाली भक्ति की शक्ति के रेखांकन के साथ ही उन्हीं मर्यादाओं के पक्ष में उपदेश भी बहुतायत से मिलते हैं।

भागवत की कई धार्मिक कथाओं की सन् 1500 से देशभाषाओं में पुनर्प्रस्तुति की जाने लगी। उत्तर भारत में, ये पुनर्प्रस्तुतियाँ प्रायः हिन्दी/ब्रज में की गईं। शेल्डन पोलोक, क्रिश्चियन नोवेत्ज़्के और दूसरे विद्वानों ने भारत में लिखित दस्तावेजों तथा साहित्य की देशभाषाओं में प्रस्तुति की ऐतिहासिक प्रक्रिया शुरू करने में शासकों की भूमिका पर विचार किया है।[7] पोलोक का मुख्य दावा यह है कि शासकों ने ही इस प्रक्रिया में पहल की, इस मामले में वे कन्नड़ को प्रमुख उदाहरण के रूप में लेते हैं। नोवेत्ज़्के का कहना है कि मराठी में यह शुरुआत मुख्यतः धार्मिक लेखकों ने की, जिनमें *लीला चरित्र* (सन् 1278) के लेखक और *ज्ञानेश्वरी* (सन् 1290) के लेखक ज्ञानदेव प्रमुख हैं। पोलोक और नोवेत्ज़्के, दोनों कबूल करते हैं कि देशभाषाओं में लिखने का फैसला राजनीतिक तथा सामाजिक पहलुओं से काफी महत्त्वपूर्ण था, शुरुआत चाहे शासकों ने की हो चाहे संतों, भक्तों और अन्य धार्मिक लेखकों ने। खास तौर से नोवेत्ज़्के का यह भी कहना है कि 'देशभाषाकरण को दैनन्दिन जीवन में लागू किये जा रहे सत्ता के मुहावरों की सामाजिक समीक्षा की प्रक्रिया के तौर पर समझना चाहिए।' (2019 : 92) नोवेत्ज़्के द्वारा चर्चित रचनाओं में यह सामाजिक समीक्षा गैर-कुलीन वर्गों का पक्ष लेती दिखती है, इसलिए वे इस पक्षधरता को देशभाषाकरण की प्रक्रिया में ही अन्तर्निहित मान लेते हैं । कुछ हद तक यह सच हो सकता है, लेकिन उत्तर भारत में देशभाषाओं में के प्रारम्भिक पाठों में सामाजिक तथा राजनीतिक दृष्टिकोणों की व्यापकता मिलती है। यहाँ रूढ़िवादी भी हैं और समतावादी भी। तुलसीदास भी हैं और कबीर भी।

भागवत की कथाओं की देशभाषाओं में पुनर्प्रस्तुति को जब हम देखते हैं तो पता चलता है कि उनमें समाहित सामाजिक सन्देश दो तरह के हैं। एक तरह के सन्देश ऐसे हैं जो भक्ति के प्रभाव में अपेक्षाकृत उदार वर्णाश्रम धर्म का समर्थन करते हैं, तो दूसरी तरह के सन्देश ऐसे हैं जो पारम्परिक सामाजिक उच्चता क्रम के पूरे विचार का ही विरोध करते हैं। मोटे तौर पर, ये दो खेमे क्रमशः सगुणी और निर्गुणी रचनाकारों द्वारा की गई पुनर्रचना के अनुरूप हैं। *भागवत* की कथाओं की

देशभाषाओं में अधिकतर पुनर्प्रस्तुतियों का पर्याप्त अध्ययन नहीं किया गया है, इस अन्तर पर और शोध करने की जरूरत है। एक प्रकट अन्तर यह है कि कबीर और रैदास सरीखे निर्गुणी रचनाकारों ने कृष्ण के बारे में उन कथाओं का उल्लेख (कम-से-कम सकारात्मक उल्लेख) करने से आम तौर पर परहेज किया है, जो सगुणी रचनाकारों की पसन्दीदा हैं। एक महत्त्वपूर्ण अपवाद विरह भाव वाले पद हैं। इस विषय पर चर्चा आगे की गई है। निर्गुणी पाठों में कृष्ण की अनुपस्थिति कोई आश्चर्य की बात नहीं है क्योंकि इन रचनाकारों ने अवतारवाद या भगवान के साकार रूपों की उपासना का निर्णायक रूप से ना सही, लेकिन आम तौर से विरोध ही किया है।

यहाँ *भागवत* की जिन कथाओं (प्रह्लाद, ध्रुव, और भरत) पर चर्चा की गई है उनकी आरम्भिक आधुनिक उत्तर भारत के रचनाओं में देशभाषाओं, ज्यादातर ब्रज भाषा, में पुनर्रचना की गई है। ये रचनाएँ रैदास (प्रह्लाद), मधुकरदास (ध्रुव), मुरलीदास (ध्रुव), शशिनाथ माथुर (ध्रुव), और गुरुदास (प्रह्लाद) द्वारा की गई हैं।[9] इन तीनों कथाओं की पुनर्रचना जन गोपाल ने की है। इनकी संक्षिप्त पुनर्रचना राघवदास (सन् 1720) की *भक्तमाल* में भी की गई है। कबीर, रैदास, सिख गुरु अमर दास, रज्जब, और भीखा साहब सरीखे निर्गुणी कवियों ने भी अपने गीतों में राक्षस कुल के भक्त प्रह्लाद का बार-बार उल्लेख किया है।[10]

देशभाषाओं में पुनर्रचना और जन गोपाल

इन तीनों कथाओं के *भागवत* वाले रूपों में भी, नायक प्रायः वर्णाश्रम के सामाजिक मानदंडों से मौलिक रूप से अलग हैं। प्रह्लाद विष्णु के पवित्र नाम के प्रति अपनी भक्ति के कारण राक्षस राजकुमार होने के अपने वंशीय कर्तव्यों की उपेक्षा करता है। युवा राजकुमार ध्रुव अपने अपमान के जवाब में राजसी महल त्याग कर वैरागी जीवन जीने वन की ओर चल देता है। भरत राजपाट त्याग कर वैरागी बन जाता है जहाँ एक युवा हिरण के मोह में पड़ने के कारण मृत्यु के बाद वह हिरण के रूप में जन्म लेता है। अन्ततः उसका पुनर्जन्म ऐसे ब्राह्मण के रूप में होता है जिसे 'जड़'—मूर्ख माना जाता है लेकिन अन्ततः वह राजा रहूगण का पुरोहित बन जाता है।

देशभाषाओं में पुनर्रचना के बाद ये तीन कथाएँ उत्तर भारत में 15वीं सदी के बाद इतनी लोकप्रिय क्यों हो गईं? इसकी सबसे आसान व्याख्या यह है कि आरम्भिक आधुनिक काल के उत्तर भारत में इस्लाम से मिल रही चुनौती के कारण निचले और मझोले कुछ जातीय समूहों के लिए सामाजिक और भाषायी रूप से

उदार हिन्दू धर्म के विकास का अवकाश बना, जो विभिन्न धार्मिक पंथों के रूप में उभरा। इन पंथों में से कुछ का नेतृत्व ब्राह्मणों के हाथ में था, तो कुछ का नहीं।[11] पुरुषोत्तम अग्रवाल (2009) ने दावा किया है कि इस प्रक्रिया ने उत्तर भारत में 'देशज आधुनिकता' का निर्माण किया, जिसे वे खासकर रामानन्द और कबीर के विचारों और प्रभावों से जोड़ते हैं।

रामानन्द और कबीर के नेतृत्व में उनके गैर-ब्राह्मण शिष्यों से जुड़े भक्ति आन्दोलन के लिए मैंने अन्यत्र 'जाति मुक्त हिन्दू धर्म' (नॉन कास्ट हिन्दूइज़्म) शब्द का प्रयोग किया है।[12] कम-से-कम उत्तर भारत में इस 'जाति मुक्त हिन्दू धर्म' का अधिकांश विभिन्न निर्गुणी पंथों से बना था, इसमें ईश्वर के साकार रूपों की उपासना से इनकार करते हुए निराकार ईश्वर की उपासना पर बल दिया गया है। वैसे, इस 'जाति मुक्त हिन्दू धर्म' की दो दूसरी विशेषताएँ मुझे ज्यादा महत्त्वपूर्ण लगती हैं। पहली यह कि 'जाति मुक्त हिन्दू धर्म' से जुड़े सभी पंथों के सारे संस्थापक गैर-ब्राह्मण थे और उनके अधिकतर अनुयायी आज 'ओबीसी' कही जाने वाली जातियों से हैं। अन्य कुछ अनुसूचित जातियों एवं जनजातियों से जुड़े थे। दूसरी विशेषता यह कि इन पंथों के साहित्य में दर्ज धार्मिक विचार या तो वर्णाश्रम धर्म के उच्चता क्रम को खुलकर खारिज करते थे या उस पर न्यूनतम ध्यान देते थे।

आज उत्तर भारत के जो पारम्परिक धार्मिक समूह इस जाति मुक्त हिन्दू धर्म का पालन मुख्यत: वैष्णव पंथ से प्रभावित निर्गुण विधान के साथ करते हैं, वे हैं कबीर पंथ, दादू पंथ, रैदास के अनुयायी, और अब गैर-हिन्दू हो चुका सिख पंथ। इनमें गोरखनाथ के अनुयायी शैव नाथों को भी शामिल किया जा सकता है।[13] सगुण ईश्वर के उपासक होते हुए भी सगुणपरक सामाजिक लोकाचार की उपेक्षा करने वाले समूहों में कृष्णभक्त मीराबाई के अनुयायियों को भी जाति तथा लिंगभेद के बारे में प्राय: उदार विचारों की दृष्टि से जाति मुक्त हिन्दू धर्म का पालन करने वालों में गिना जा सकता है।[14] दूसरी ओर, आजकल के रामानन्दी विष्णु के साकार रूप के उपासक हैं और वर्णाश्रम धर्म के सामाजिक रूप से रूढ़िवादी समर्थक हैं।[15]

जन गोपाल ने प्रह्लाद की कथा के अपने ब्रज संस्करण में, जो कि सीधे-सीधे *भागवत पुराण* पर आधारित है, प्रह्लाद के राक्षस गुरुओं को बार-बार 'विप्र' श्रेणी का बताया है, और उनके ब्राह्मणवादी उपदेशों को प्रह्लाद की विष्णु-भक्ति के विपरीत बताया है। चूँकि प्रह्लाद दानवराज हिरण्यकशिपु का पुत्र था इसलिए उसके राक्षस गुरु उसे मुख्यत: क्षत्रिय राजवंश के अनुकूल शासन कला सिखाने पर जोर देते थे। प्रह्लाद की भक्ति और उसके ब्राह्मण गुरुओं द्वारा क्षत्रिय शासनकला की

शिक्षा के बीच अवधारणात्मक तनाव की बातें *भागवत* में प्रह्लाद की कथा में भी पाई जाती हैं। इसके पहले *विष्णु पुराण* में बताया गया है कि प्रह्लाद के राक्षस गुरु *सामवेद* का वाचन किया करते थे लेकिन उसमें यह नहीं बताया गया है कि वे प्रह्लाद को वास्तव में क्या शिक्षा देते थे।[16] जन गोपाल और *भागवत,* दोनों इस सवाल का स्पष्ट जवाब देने से कतराते हैं कि प्रह्लाद को राजसी क्षत्रिय राजवंशीय माना जाए या जाति विहीन राक्षस। *भागवत* में कही गई कथा से *प्रह्लाद चरित* में कही गई कथा इस मामले में बिलकुल अलग है कि जन गोपाल प्रह्लाद के राक्षसी शरीर को, या कहें कि निचली जातियों के सभी लोगों के शरीर को प्रदूषित मानने से साफ इनकार करते हैं।[17]

उदाहरण के लिए, *प्रह्लाद चरित* के बिलकुल शुरू में तीन छंदों (1.2-4) में जन गोपाल चार वेदों और वर्णाश्रम धर्म का अनमने ढंग से उल्लेख करते हैं। ऐसा करते हुए वे उपासना-विधियों के अन्तर का जरूर उल्लेख करते हैं, लेकिन श्रेणी, शुद्धता या पेशे में अन्तर पर कोई बल नहीं देते, बल्कि मुसलमानों के लिए भी मोक्ष-प्राप्ति सम्भव मानते हैं :

> च्यारि जुगनि के च्यारौ बेदू। रुघ जुजु सांम अथरबन बेदू॥
> बाबन अषिर वोऊँ कारा। तीनि लोक बहु बिधि विसतारा॥
> च्यारी बरण च्यारूं आसरमां। तिन के कहीये नाना धरमां॥
> ऐक त जोग ऐक जिग दिढावै। ऐक तीरथ बरतन सूं चित लावै॥
> ऐक त कहै दांन पुन नीकौ। ऐक त कहै उधार करि जीव कौ॥
> हिन्दू तुरक कहैं राहा दोई। सतगु[र] मिलै तौ ऐकै होई॥
>
> (चार युगों के लिए चार वेद हैं—*ऋग्वेद, यजुर्वेद, अथर्व* और *सामवेद*। बावन अक्षरों के माध्यम से ओंकार की ध्वनि तीनों लोकों में अनेक विधियों से व्याप्त है। चार वर्ण हैं, चार ही आश्रम जिनसे विभिन्न धर्माचरण सम्बद्ध हैं। कोई योग साधता है तो कोई यज्ञ। कोई तीर्थ व्रतादि में चित्त रमाता है, कोई दान-पुण्य में। कोई जीवात्मा के उद्धार की बात करता है, हिन्दू, मुसलमान अलग-अलग राह बताते हैं। असल में सद्गुरु तो दोनों राहें एक ही हो जाती हैं।)

आगे चलकर जब इन्द्र देव नारद मुनि से पूछते हैं कि प्रह्लाद जैसा असुर विष्णु का भक्त कैसे बन गया, तब नारद का उत्तर भी इसी तरह का तर्क प्रस्तुत करता है। यहाँ जन गोपाल सभी प्राणियों की समानता पर जोर देते हैं और बलपूर्वक

कहते हैं कि मनुष्य ऊँचा या नीचा केवल आचरण के आधार पर ही माना जा सकता है। यह तर्क *भागवत पुराण* में दिए गए 'श्वपच भी भक्ति का अधिकारी' तर्क से भी आगे जाता है। *प्रह्लाद चरित* (2 : 21-24) में जन गोपाल के नारद कहते हैं :

तब नारद बोल्यौ सुनि सुरपति। ऊँच नीच हरि नांही त्रपति॥
ऊँच नीच सो क्रंम कहावै। हरि जन हरि भजि हरि ही समावै॥
ऊँच नीच कूं ज्यौ बिष देवै। षाइ दोन्यूं म्रिति ही लेवै॥
फुनि ज्यूं नौका बैठै कोई। ऊँच रु नीच तिरै सोइ सोई॥
ज्यूं हरि कै कुल कौ नहीं कारन। अन्तिज बिप्र भजै ता तारण॥
जदिप ऊँच लघु तन हूं नांहीं। पंच तत करि सबै बनांहीं॥

(सुरपति सुनिए, त्रिलोकीनाथ हरि के यहाँ ऊँच-नीच का भेद नहीं है। मनुष्य ऊँचा या नीचा तो कर्म से होता है। जो हरि को भजता है, वह हरिजन बनकर हरि में ही समा जाता है। विष का प्रभाव ऊँचे-नीचे पर एक-सा होता है, नौका में बैठने पर दोनों ही पार उतरते हैं। जन्माधारित ऊँच-नीच निराधार है। हरिभजन ब्राह्मण को भी तारता है, अन्त्यज को भी। सभी शरीर तो पंचतत्त्व से बनते हैं, इसमें ऊँचा-नीचा क्या?)

जन गोपाल भक्ति और वर्ण के बीच के सम्बन्ध के बारे में अपने विचार एक पद में जोरदार तरीके से रखते हैं। यह पद कई स्रोतों में पाया जाता है। जन गोपाल कहते हैं—

जोलों जाति स्वभाव लिये।
कहा भयो जे माला पहरी। कहा भयो जु तिलक दिये॥ टेक॥
जौलूं विप्र न तजत बंभनिंयां। बैंस्य न छाडत बांनिं॥
जोलों षत्री षड्ग न त्यागैं। तोलों भगति न जानी॥ 1॥
जोलों जात भगत नहीं तोलों। भगति रु[18] जाति विचारे॥
द्वै घोरां द्वै नाव बैठ करि। कौने पायो पारे॥ 2॥
जो न पत्यावो भागवत पूछो। संत जनन की रीति॥
हास अनन्य वर्ण तें न्यारो। हरि सुमिरन सूं प्रीति॥ 3॥
नारद विषय कहत नारायन। मिलों न कुल के भाइ॥
जन गोपाल प्रेमवश माधो, ब्रह्म चंडाल न जाइ॥ 4॥[19]

(जब स्वभाव में जातिभेद बसा हो, तब माला फेरने या तिलक लगाने से क्या फायदा? जब तक ब्राह्मण ब्राह्मणत्व, क्षत्रिय क्षत्रियत्व और वैश्य वैश्यत्व न छोड़े तब तक भक्ति की बात व्यर्थ ही है। ये दोनों साथ-साथ नहीं चल सकतीं। दो घोड़ों या दो नावों की सवारी करके कोई अपने गंतव्य तक नहीं पहुँचता। मेरी बात नहीं माननी, तो संतों की रीति भागवत से ही सुन लो। हरि के भक्त सभी वर्णों से न्यारे होते हैं। बिलकुल स्पष्ट बात है कि नारायण जाति-कुल के आधार पर नहीं मिलते। जन गोपाल का कथन है—ब्रह्म तो प्रेम के वशीभूत है। उसने ब्राह्मण और चांडाल नहीं बनाए हैं।)

ज्यूसेपे मारिया दा गार्गनानो का ईसाई-हिन्दू संवाद

भारतीय उप-महाद्वीप के दो अन्य प्रमुख धर्मों, इस्लाम और ईसाई धर्म में भिन्न सामाजिक वर्गों में पुनर्जन्म के स्थान पर मनुष्य के लिए एक शाश्वत नियति, स्वर्ग या नरक की कल्पना की गई है। इस दैवीय न्याय को धुर समतामूलक सामाजिक तथा राजनीतिक आन्दोलनों के साथ ही सख्त रूढ़िपंथी सामाजिक तथा राजनीतिक आन्दोलनों के अनुरूप भी पाया गया है। यहाँ हम उदाहरण के रूप में उस पाठ पर नजर डालेंगे, जो उपयुक्त सामाजिक व्यवस्था के निर्माण के लिए ईसाई धर्म के आशयों के काफी रूढ़िवादी दृष्टिकोण को आगे बढ़ाता है।

यह पाठ है—'जवाब-सवाल क्रिश्चन और एक हिन्दू के मो ईमान के ऊपर', जिसे हिन्दुस्तानी में एक इतालवी कापुचिनी मिशनरी ज्यूसेपे मारिया दा गार्गनानो (1709-1761) ने लिखा था।[20] मारिया ने यह पाठ 1751 में उत्तर-पश्चिम बिहार में बेतिया के राजा को पेश किया था। इस काल्पनिक संवाद का मकसद ईसाई धर्म को हिन्दू धर्म से श्रेष्ठ बताना था। इस कारण लेखक के लिए यह बताना जरूरी था कि हिन्दू धर्म में बड़ी कमजोरियाँ क्या हैं और ईसाई धर्म की बड़ी विशेषताएँ क्या हैं। उनके तर्कों में, जाति प्रथा और पुनर्जन्म के विचारों पर हमले के साथ ही आर्थिक-राजनीतिक श्रमविभाजन पर आधारित सामाजिक उच्चता क्रम का समर्थन भी मौजूद है।

हालाँकि ईसाई धर्म का उत्तर भारत पर उतना प्रभाव नहीं था जितना इस्लाम का था, लेकिन यूरोपीय ईसाई मिशनरियाँ इस क्षेत्र में 18वीं सदी के आरम्भ से ही सक्रिय थीं। दक्षिण भारत में ईसाई धर्म का इतिहास बेशक ईसा की आरम्भिक शताब्दियों से शुरू होता है और गोवा तथा समुद्रतटीय महाराष्ट्र में 16वीं तथा 17वीं

सदियों में पुर्तगाली प्रभाव से ईसाई मिशनरियों की सक्रियता की दूसरी लहर आई। मारिया जिस कापुचिन मिशन से जुड़ा था वह पुर्तगालियों के समर्थन से नहीं शुरू हुआ था बल्कि उसे 'प्रोपेगैंडा फाइड' नामक जमात के जरिये सीधे वैटिकन से पैसे मिलते थे। मारिया और उनके उत्तराधिकारी, खासकर मार्को डेल्ला टोंबा बेतिया में किसी तरह मिशनरी की स्थापना करने में सफल हो गए थे।

यूरोपीय ईसाई मिशनरियों के सामने सबसे पेचीदा समस्या हिन्दू समाज की जाति प्रथा में अपनी ही जाति में विवाह करने की प्रथा को लेकर थी। जाति से सम्बद्ध व्यवहारों और प्रथाओं को लेकर ईसाई मिशनरी रॉबर्टो नोबिली (1577-1656) और गोंकालो फर्नांडीस (1541-1619) के बीच हुआ संघर्ष सर्वविदित है।[21] अपनी ही जाति में विवाह करने की प्रथा हिन्दू के आधार पर जाति-बिरादारी के मुखियाओं को ईसाई धर्म अपना चुके लोगों के बच्चों के जाति के भीतर वर या वधू चुनने पर प्रतिबन्ध लगाने का अधिकार मिल जाता था। एकमात्र व्यावहारिक समाधान यह था कि पूरी जाति ही धर्मान्तरण कर ले या एक अथवा ज्यादा जातियों से ईसाई बने लोग एक नई ईसाई जाति बना लें। मारिया के उत्तराधिकारी मार्को डेल्ला टोंबा (1726-1803) के प्रोत्साहन पर इस विकल्प को बेतिया में अपना लिया गया।[22] बेतिया के ईसाइयों की यह जाति आज भी वहाँ मौजूद है।

दूसरी ओर, हिन्दू जाति व्यवस्था के कारण पैदा होने वाली व्यावहारिक मुश्किलों का अर्थ यह नहीं था कि मिशनरियाँ ज्यादा समतामूलक सामाजिक व्यवस्था का समर्थन कर रही थीं। मारिया ने अपने 'संवाद' में जिस ईसाई दैवीय न्याय के विचार को प्रस्तुत किया है उसके अनुसार, इस दुनिया का राजनीतिक तथा आर्थिक जीवन उपयुक्त तरीके से चलाने के लिए मजबूत सामाजिक तथा आर्थिक उच्चता क्रम जरूरी है। मारिया का दैवीय न्याय का विचार हिन्दू धर्म में दैवीय न्याय के विचार से अगर भिन्न है तो मृत्यु के बाद के जीवन के सन्दर्भ में। मृत्यु के बाद पुनर्जन्म की कोई सम्भावना नहीं होगी। मृत्यु के बाद सभी मनुष्य को सांसारिक जीवन में उसके नैतिक तथा धार्मिक आचरण के आधार पर समान रूप से परखा जाएगा और या तो स्वर्ग भेजकर पुरस्कृत किया जाएगा या नरक भेजकर दंडित किया जाएगा। 'संवाद' में, ईसाई कहता है—

> सभ आदमी जो दुनीआ मो पैदा होता है—कीसी को (जन्म के समय) पुन्य नहीं था—सभ बराबर थे—लेकिन दुनीआ का भलाई के वास्ते परमेस्वर ने कीसी को राजा क(र)ता है—कीसी को परजा करता है—बाजे बषतवर बाजे कंगाल करता है—लेकन सभ आदमीओं को बचन दीआ

> है कि सभों को अपनी कमाइ माफीक मुकती मो सुष देगा की नर्क मो दुष देगा—नहीं देकेगा कवन राजा था—कवन रइअती था—कवन बषतवर कवन कंगाल था—जो कंगाल आदमी नेक कमावैगा सो मुकुती पावैगा—और राजा पाप कमावैगा सो नर्क पावैगा...जो कंगाल आदमी अपना हाल मो परमैस्वर का हुकुम माफीक चलैगा—तो मउआती पीछु भीस्त मो ऐतना बड़ा इमान(ईनाम) पावैगा जेतना सभ सो बड़ा पातसाह पाऐ सकै।[23]

जाहिर है कि मारिया को लगता है कि इस जन्म में असमानता और मृत्यु के बाद समानता के इस मॉडल को स्वीकार्य बनाने के लिए केवल कर्मफल और पुनर्जन्म पर आधारित दैवीय न्याय विधान का ही नहीं बल्कि इस विचार का खंडन करना भी जरूरी है कि 'सभ आदमीयों के लिलार मो अपना-अपना कर्म ब्रह्मा सो लिषा जाता है।'[24]

जैसा कि हम ऊपर नोट कर चुके हैं, लॉरेंस बाब (1983) ने पाया था कि दैनन्दिन जीवन की व्याख्याओं में भारतीय लोग आम तौर से अपने दुखों के लिए पिछले जन्म के कर्मों को नहीं बल्कि भाग्य या नियति को या दूसरों के कुकर्मों को जिम्मेदार ठहराते हैं। ज्यूसेपे मारिया भाग्य-निर्भरता से यह निष्कर्ष निकालता है कि इससे नैतिक शून्यवाद जन्म लेता है। भगवान की उपासना करने या लक्ष्य हासिल करने के प्रयासों या नैतिक आचरण की क्या जरूरत है जब हरेक महत्त्वपूर्ण बात ललाट पर ब्रह्मा ने लिख ही दी है।

जहाँ तक कर्म और पुनर्जन्म सम्बन्धी विचार की बात है, मारिया इस पर सीधे हमला नहीं कर सकता क्योंकि मृत्योपरान्त जीवन के बारे में मान्यताओं को न सिद्ध किया जा सकता है, न असिद्ध। वैसे, ठीक यही बात बेशक मारिया के अपने मृत्योपरान्त जीवन के बारे में विश्वासों पर भी लागू होती ही है। ऐसे हमले के बजाय मारिया का दावा है कि दुनिया में व्याप्त जरूरी सामाजिक असमानताओं को कर्मफल नहीं बल्कि सामाजिक व्यवस्था के लिए अनिवार्य ईश्वरीय व्यवस्था माना जाए। संवाद में ईसाई कहता है—

> तुम तो दुरुस्त नहीं बुझतै हौ। जो तुम मानोगे—की आदमी ने सुजन्म की कुजन्म पावता ऐ अगीली जन्म का कमाइ का षातीर—कीस वास्ते आदमीवो का जुदा जुदा नसीब का कारण और नहीं है—सीवाए संसार का भलाइ। कीस वास्ते संसार का भलाइ के षातिर चाहीऐ—की संसार का अंस सभ बराबर न होऐ—लेकन ऐक दुसरा सो बड़ा हुआ चाहीऐ—और

एक आदमी दुसरा आदमी का हुकुम के ताबै रहा चाहीऐ—कीस वास्ते जो सभ आदमी राजा होते—तो राजा का रइअती कवन होगा—जो सभ बषतवर होते तो कवन बषतवर का खीजमती करैगा।[25]

मृत्योपरान्त जीवन की ज्यूसेपे मारिया द्वारा प्रस्तुत कल्पना पर भी बेशक तार्किक तथा दार्शनिक आपत्तियाँ उठाई जा सकती हैं। लेकिन 'संवाद' के हिन्दू को यह मौका कतई नहीं दिया जाता कि ये आपत्तियाँ उठा सके। इस मामले में सबसे उल्लेखनीय बात शायद वह तार्किक विरोध है जो 'ललाट पर लिखे' (भाग्यवाद) के मूल में मौजूद, सर्वसमावेशी ईश्वरीय सर्वज्ञता और मनुष्य की स्वतंत्र इच्छा की धारणा के बीज अनिवार्यत: मौजूद है। इस मसले से कई ईसाई चिन्तक जूझते रहे हैं, जैसे *पैराडाइज़ लॉस्ट* में जॉन मिल्टन।[26]

गौर करने वाली बात यह भी है कि मारिया के 'ईसाई-हिन्दू संवाद' में ईसाई धर्म को जिस तरह प्रस्तुत किया गया है वह उसका ऐसा सरलीकृत संस्करण है, जिसमें उन कई धर्म-सिद्धान्तों को छोड़ दिया गया है जो उसे इतने सपाट ढंग से हिन्दू धर्म के विपरीत रखने के रास्ते में मुश्किलें पैदा करते हैं। जाहिर है कि मारिया की मिशनरी जैसी दूसरी मिशनरियों ने ईसाई मत का ऐसा न्यूनतम रूप जानबूझकर प्रस्तुत किया ताकि ताजे-ताजे ईसाई बने हिन्दू किसी उलझन में न पड़ें। इसीलिए ईसाइयत के 'मूल पाप' (ओरिजिनल सिन) जैसे मूलभूत सिद्धान्त को छोड़ दिया गया, क्योंकि इसकी व्याख्या सभी मनुष्यों पर लागू होने वाले सार्वभौम कर्मफल के रूप में भी की जा सकती है। इसी तरह ईसाई 'त्रिदेव—ट्रिनटी' का सिद्धान्त छोड़ दिया गया, क्योंकि जैसा अनेक लोगों ने रेखांकित किया है, यह सिद्धान्त ईसाइयत के सख्त एकेश्वरवादी मत होने के दावे के विरुद्ध जाता है। 'वर्जिन' मेरी की मृत्यु के बाद उन्हें देवी का दर्जा दिए जाने पर भी ऐसी ही आपत्ति की जा सकती है।

दैवीय न्याय की मुख्य ईसाई अवधारणा से सीधे सम्बन्धित दो अन्य ईसाई धर्म-सिद्धान्तों की भी ज्यूसेपे मारिया के 'संवाद' में जानबूझकर अनदेखी की गई है। इनमें एक दूसरी-तीसरी सदियों में अधिक प्रभावी था, लेकिन इसे पूरी तरह खारिज कभी नहीं किया गया—अन्तिम निर्णय के दिन मनुष्यों के शारीरिक रूप से पुनरुत्थान का सिद्धान्त। यहाँ पुनर्जन्म का विचार निहित माना जा सकता है, भले ही यहाँ मनुष्य किसी अन्य योनि में नहीं, सीधे स्वर्ग या नरक में भेजा जाएगा। दूसरा—पापमोचन स्थान (पर्गेटरी) का सिद्धान्त—दैवीय न्याय के बारे में मारिया द्वारा प्रस्तुत निर्भ्रान्त, सुस्पष्ट अवधारणा में जटिलता उत्पन्न करता है। यह विचार सन् 1150 तक पूरी तरह विकसित नहीं हुआ था। इसके अनुसार, स्वर्ग के अधिकारी

व्यक्तियों (जो न तो पूरी तरह से संत थे, न पूरी तरह से पापी) की आत्माओं पर ईश्वर के अन्तिम फैसले को लागू किए जाने से पहले उन्हें अपने पापों का शोधन करना होगा। चूँकि इन आत्माओं के शीघ्र स्वर्गलाभ का रास्ता उनके जीवित मित्रों और परिजनों द्वारा की गई प्रार्थनाओं और चर्च को दिये गए दान के जरिये बनाया जा सकता था, इसलिए पापमोचन-प्रक्रिया ने वास्तव में अमीर और प्रभावशाली लोगों के लिए स्वर्ग-प्रवेश ज्यादा आसान और त्वरित बना दिया। लेकिन मारिया इसी बात को नकार देते हैं।[27]

मारिया के 'संवाद' का काल्पनिक असहाय हिन्दू इनमें से किसी मामले पर कुछ नहीं कह पाता।

दैवीय न्याय के विचार का खंडन

धर्म के समाजशास्त्र पर अपनी टिप्पणियों में मैक्स वेबर कहते हैं कि धार्मिक विचार की एक महत्त्वपूर्ण धारा, जो कम-से-कम यहूदी धर्म और इस्लाम में स्पष्ट दिखती है, दैवीय न्याय (मृत्यु के बाद पुरस्कार और दंड) के विचार का गम्भीरता से खंडन करने का अहसास कराती है :

> चूँकि मनुष्य ईश्वर की सर्वव्यापकता के परिप्रेक्ष्य में संसार की अपूर्णता की असाध्य समस्या पर चिन्तन करता रहता है, इसलिए एक परिणाम अपरिहार्य है—अलौकिक ईश्वर और निरन्तर नये पाप के जाल में उलझे मनुष्य के बीच कल्पनातीत रूप से विशाल नैतिक अन्तर की अवधारणा। यह अवधारणा इस अन्तिम सैद्धान्तिक निष्कर्ष तक पहुँची, जो *बाइबिल* के एक महत्त्वपूर्ण खंड 'बुक ऑफ जॉब' में दर्ज है—सर्वशक्तिमान रचयिता ईश्वर को उसके द्वारा रचित जीवों के सभी नैतिक दावों से परे माना जाना चाहिए, उसके उपदेशों को मनुष्य की समझ के लिए अगम्य माना जाना चाहिए। इस तरह उभरते दृष्टिकोण का दूसरा पहलू यह है कि अपने प्राणियों पर ईश्वर की सम्पूर्ण सत्ता असीमित है और इसलिए मानवीय न्याय की कसौटी को उसके आचरण पर कतई नहीं लागू किया जा सकता। इस मान्यता के विकास के साथ दैवीय न्याय के विचार को लेकर समस्या पूरी तरह समाप्त हो गई।[28]

ईश्वर का व्यवहार और उसका न्याय अक्सर अगम्य और मनुष्य की समझ से परे है, यह विचार लगभग सभी धर्म-व्यवस्थाओं में पाया जाता है (भले ही

बहुत प्रकट और प्रबल रूप से न दिखे)। यहूदी और ईसाई धर्म में यह विचार छिपे हुए या अगोचर ईश्वर (लातीनी मुहावरे में ड्यूस एब्सकांडिटस—deusabsconditus) के विचार से गहरे जुड़ा है। यह मुहावरा *बाइबिल* में संकलित ईसाया 45.15 के लोक-प्रचलित ('वल्गेट') अनुवाद से लिया गया है। ईसाई *न्यू टेस्टामेंट* में इस विचार का एक जीवन्त उदाहरण सलीब पर लटकाए जाते समय यीशु की कातर गुहार है—'मेरे प्रभु, मेरे परमात्मा, तुमने मुझे त्याग क्यों दिया?'[29] सेंट जॉन क्राइसोस्टोम और मार्टिन लूथर सरीखे ईसाई विचारकों ने ड्यूस एब्सकांडिटस को अपने ईश्वरविषयक धर्मसिद्धान्तों में महत्त्वपूर्ण स्थान दिया है।[30] लेकिन ज्यूसेपे मारिया के ईसाई-हिन्दू संवाद ने इस विचार की पूरी तरह अनदेखी की है, शायद इसलिए कि इतने निराशावादी विचार को धर्मान्तरण करने वाले नये सम्भावित लोग कबूल नहीं करेंगे।

भक्ति, विशेषकर वैष्णव भक्ति, आधारित हिन्दू धर्म में गोपियाँ इस अगोचर—ड्यूस एब्सकांडिटस कृष्ण से इतना प्रेम करती हैं कि वे उनका साथ पाने के लिए अपने पति और परिवार तक को त्यागने को तैयार हैं। ईसाई *बाइबिल* के *ओल्ड टेस्टामेंट* में जिस अंश को 'द सॉन्ग ऑफ सोलोमन' या 'द सॉन्ग ऑफ द सॉन्ग्स' के रूप में जाना जाता है उसके पदों 5.2 से 6.3 तक की थीम भी विरहिणी गोपियों के दुख की-सी ही है। 'हार्परकॉलिन्स बाइबिल कमेंटरी' (मई 2000 : 472) के टीकाकार का कहना है कि 'द सॉन्ग ऑफ द सॉन्ग्स' भी मनुष्य का प्रेम गीत ही है। जेसुइट विद्वान फ्रांसिस एक्स. क्लूनी (2014) 'द सॉन्ग ऑफ द सॉन्ग्स' को हिन्दू 'विरहिणी' गीतों की तरह लाक्षणिक कविता मानते हैं। अपने अध्ययन 'हिज़ हाइडिंग प्लेस इज डार्कनेस : अ हिन्दू-कैथोलिक थिओपोएटिक्स ऑफ डिवाइन एब्सेंस' में 'द सॉन्ग ऑफ द सॉन्ग्स' के बाइबिल सम्बन्धी पाठ की तुलना दक्षिण भारत की उस हिन्दू रचना—तिरुवायमोली से करते हैं जिसमें गोपियों का वर्णन किया गया है।

गोपियों का विलाप सूरदास, मीराबाई, तुलसीदास सरीखे हिन्दी के पूर्व-आधुनिक कवियों और कबीर, दादू, जन गोपाल सरीखे निर्गुणी कवियों के कई विरह गीतों का मानक आधार रहा है। इन गीतों में कवि परित्यक्त प्रेमिका की भूमिका में आकर निष्ठुर प्रेमी—भगवान—से वापस लौट आने की गुहार लगाता है। जन गोपाल द्वारा रचित यह मार्मिक पद (क्रमांक 6) देखें :

हों दरस पियासी मुझ काहे न दिषावे।
हरि निमोही हीया को दरद न आवै॥ टेक॥

जल बिन मीन तलफ तन त्यागै। दया रहित जान संग न लागै॥
ज्यो रवि कमल सनेह बधावे। जल बिछुरै रवि ताहि जलावे॥ 1॥
पिव पिव करत पुकारत डोलै। जलधर निठुर निमष नहिं बोलै॥
तलफत जरत पुकारत बीती। कठिन गोपाल प्रेम रस रीती॥ 2॥

(मैं दर्शन पाने के लिए तड़प रही हूँ, लेकिन निर्मोही हरि के दिल पर कोई असर ही नहीं पड़ता। जल के बिना मछली तड़प-तड़प कर प्राण त्याग देती है, निर्दयी जल परवाह नहीं करता। जल में रहते जो कमल सूर्य के प्रति इतना स्नेह दिखाता है जल के सूखते ही वही सूर्य उसे जला देता है। पपीहा पुकारता रहता है, निष्ठुर बादल कोई परवाह नहीं करता। मेरी भी जिन्दगी तड़पते, जलते, पुकारते बीत गई है। बहुत कठिन है गोपाल से प्रेम करना; या जन गोपाल कहते हैं, बहुत कठिन है प्रेम करना।)

जैसा कि वेबर ने कहा है, ईश्वर को अगोचर, भक्तों के दुखों के प्रति उदासीन, और अन्ततः अगम्य बताना वास्तव में तर्काधारित दैवीय न्याय को धर्मशास्त्रीय रूप से खारिज करना, या कम-से-कम बेहद संदिग्ध बनाना है। किसी दैवीय नियंत्रण के अभाव में कर्मफल और पुनर्जन्म पर आधारित दैवीय न्याय भक्ति के माध्यम से मोक्ष जैसे बचाव के रास्तों के बावजूद समस्यामूलक, अनिश्चित तंत्र ही बनकर रह जाता है। आशा की किरण केवल प्रच्छन्न, अगोचर ईश्वर तक सीमित रह जाती है, जो शायद कभी प्रकट हो जाए। लेकिन भविष्य के किसी जीवन में या स्वर्ग में पुरस्कार के वादे की निश्चितता तो समाप्त हो ही जाती है। हमारे भाग्य में क्या लिखा है, यह हम नहीं जान सकते।

ईश्वर की प्रकृति और उसके न्याय के बारे में निश्चित तौर पर यह घोर निराशावादी दृष्टिकोण हिन्दू या दूसरे धर्मों में मौजूद दैवीय न्याय के अधिक आशावादी नियमों की जगह व्यवहार में कभी नहीं ले सकता; हालाँकि इसके फलस्वरूप ईश्वर और उसकी इच्छा की अबोधगम्य रहस्यमयता के बारे में कड़ी चेतावनी भक्तों के मन में जरूर पैठ जाती है।

सार संक्षेप

यहाँ हमने दिखाने की कोशिश की है कि दैवीय न्याय के हिन्दू विचार के विभिन्न रूपों में इतिहास ने कितने परिवर्तन किए, यह भी दिखाने की कोशिश की है कि

दैवीय न्याय के इस हिन्दू विचार पर कैसे हमले किए गए और उसकी तुलना ज्यूसेपे मारिया दा गारगानो के काल्पनिक ईसाई-हिन्दू संवाद में प्रस्तावित दैवीय न्याय के ईसाई विचार से किस तरह की गई।

'मानव-धर्म-शास्त्र अर्थात् *मनुस्मृति, भागवत पुराण* में, और दादूपंथी जन गोपाल की रचनाओं में उपलब्ध—दैवीय न्याय के हिन्दू विचार के इन तीन रूपों को यहाँ रेखांकित किया गया है। दैवीय न्याय के इन विचारों में एक तत्त्व—सामाजिक गतिशीलता और उच्चता क्रम—ऐसा है जो तुलना का प्रमुख बिन्दु प्रस्तुत करता है। *भागवत* और ज्यूसेपे मारिया, दोनों के विचार जन गोपाल के विचार से स्पष्टतया विपरीत हैं। *भागवत* और मारिया, दोनों निचली श्रेणी के पेशों में लगे लोगों के लिए मोक्ष की सम्भावना को स्वीकार करते हैं लेकिन समता और पेशागत गतिशीलता को मृत्योपरान्त तक स्थगित करने के साथ ही। पापमुक्त लोग मारिया के अनुसार स्वर्ग के अधिकरी हैं, पापियों को तो नरक जाना ही है। *भागवत* के अनुसार कर्मानुसार उच्चतर या निम्नतर योनि में जीवनयापन के बाद मनुष्य अन्ततः मोक्ष प्राप्त कर सकता है। निहितार्थों पर ध्यान दें तो कहा जा सकता है कि ज्यूसेपे और *भागवत,* दोनों वर्तमान जीवन में निम्नोन्मुख गतिशीलता की सम्भावना स्वीकार करते हैं। राजा, पुरोहित या व्यापारी चोर बन सकते हैं। हिन्दू दैवीय विधान के अनुसार कोई वैरागी भी बन सकता है या किसी तरह के आपद्धर्म का पालन कर सकता है। लेकिन ज्यूसेपे मारिया या *भागवत* उच्चोन्मुख गतिशीलता को वैध मान लें, इसकी कोई सम्भावना नहीं—यीशु और कबीर के बावजूद।

एक बनिया दुकानदार परिवार के जन गोपाल के लिए स्थितियाँ इतनी आसान नहीं थीं। पुनर्जन्म को स्वीकार करते हुए भी उन्होंने पूर्वजन्म के कर्मों के आधार पर पूर्वनिर्धारित सामाजिक हैसियत या पेशे का वह विचार नकार दिया, जिसका प्रस्ताव दैवीय न्याय की हिन्दू अवधारणा करती है। कबीर और दादू के विचारों का पालन करते हुए जन गोपाल मानते थे कि हर एक के अन्दर एक दैवी चमक है; और सभी में अन्तर्निहित ब्रह्म ही सारे भौतिक अस्तित्व का आधार है। इस कारण, जन गोपाल के अनुसार सामाजिक और पेशागत उच्चता क्रम पिछले जन्म के कर्मों या समाज की व्यावहारिक जरूरतों से नहीं तय होता। लेकिन वे इससे तो इनकार नहीं कर सकते थे कि व्यवहार में व्यक्ति की हैसियत मुख्यतः इस बात से तय होती है कि उसका जन्म किस तबके के परिवार में हुआ है, और अंशतः इस बात से कि उसका पेशा क्या है, क्योंकि वह जिस हिन्दू समाज का है उसमें यही प्रमुख सामाजिक मानदंड था। फिर भी, जन गोपाल को उम्मीद थी

कि विष्णु (या उनके अवतारों) के रूप में परमात्मा के प्रति प्रेम तथा भक्ति और ईश्वर के इस रूप द्वारा प्रस्तावित नैतिक आचरण तथा सद्भावना के आधार पर समाज को एकजुट रखा जा सकता है।

पिछले जन्म के कर्मों से तय होने वाले सामाजिक और पेशागत उच्चता क्रम की वैधता का जन गोपाल द्वारा नकार खासकर धार्मिक मामलों के लिए सच था। जन गोपाल के दादू पंथ जैसे समूहों के लिए, धार्मिक अनुष्ठानों और शिक्षा पर ब्राह्मणों को एकाधिकारी नियंत्रण हासिल नहीं था। ऐसी सोच ने तुलसीदास सरीखे रूढ़िवादी हिन्दुओं को परेशान कर दिया था। *रामचरितमानस* के उत्तरकांड में (दोहा 99) वे कहते हैं :

बादहिं सूद्र द्विजन्ह सन हम तुम्ह ते कछु घाटि।
जानइ ब्रह्म सो बिप्रवर आँखि देखावहिं डाटि॥

(शूद्र ब्राह्मणों से बहस करते हैं कि 'हम तुमसे कुछ घट कर हैं क्या?
आँख दिखाकर डाँटते हैं कि 'ब्राह्मण तो वह है जो ब्रह्म को जाने।')

इसके विपरीत जन गोपाल की स्पष्ट घोषणा है :

ब्राह्मण अन्तिज ऐक रस। कनक भिंन नहीं होइ॥
जन गुपाल जगदीस कै। यूं कुल कारण नहीं होइ॥

(*प्रह्लाद चरित*, 2.29)

(ब्राह्मण और अन्त्यज दोनों एक से हैं। जैसे किसी भी रूप में हो, स्वर्ण स्वर्ण ही रहता है। इसी तरह भगवान के यहाँ भी कुल के आधार पर भेद नहीं किया जाता।)

सन्दर्भ

1. ल्यूक्रेटियस, 2007, लिब्रोस पृ. 1, 110-15 और 3, 670-74
2. इस अध्याय का एक संस्करण लॉरेंजन ने इससे पहले इतालवी जर्नल *केरवान* (2020) में प्रकाशित किया था। निबन्ध का वर्तमान संशोधित संस्करण उस जर्नल के सम्पादक की अनुमति के बाद प्रकाशित किया जा रहा है।
3. वेबर 1967, पृ. 275-76, दक्षिण एशिया के हाल के बहुत कम शोधकर्ताओं ने दैवीय न्याय की अवधारणा और इस पर वेबर के विमर्श का इस्तेमाल किया है। उनमें से एक हैं लॉरेंस बाब 1983, पृ. 163-81

4. देखें *छान्दोग्य उपनिषद* 4.15.2 और 5.10.1-7, सबसे आरम्भ के दो उपनिषदों में से दूसरे, *बृहद-अरण्यक उपनिषद,* 6.2.2 में भी इन दो पथों का उल्लेख किया गया है हालाँकि कम विस्तार से।
5. देखें *भागवत पुराण,* 1971, क्रमश: खंड 7, 5 और 4, जन गोपाल *ध्रुव चरित्र* पर अपनी निर्भरता तब स्पष्ट कर देते हैं जब वे कहते (1.2) हैं, "यह कथा *भागवत पुराण* के चौथे अध्याय में कही गई है।" वैसे, जन गोपाल ने ध्रुव, प्रह्लाद, जड़भरत की कथाओं की जो पुनर्रचनाएँ की है उनमें ऐसे कई पद हैं जो *भागवत* पर प्रत्यक्ष निर्भरता का संकेत देते हैं।
6. *भागवत पुराण,* 7.9.10, हॉपकिन्स 1966, पृ. 17
7. देखें नोवेत्ज़्के, 2012 और 2019 और पोलोक, 2009
8. कबीर के कृष्ण विरोधी और अवतार विरोधी गीतों, खासकर जो *कबीर-बीजक* में हैं, पर लॉरेंजन, 2021 में विचार किया गया है। इस विषय पर प्रारम्भिक चर्चा के लिए देखें लॉरेंजन 1987ए।
9. ये नाम जोधपुर के राजस्थान ओरिएंटल रिसर्च इंस्टीट्यूट में पांडुलिपियों के सूचीपत्र खंड 3 और 4 (मेनारिया 1974 और 1978) से, और जयपुर पैलेस लाइब्रेरी (बहुरा 1976) के सूचीपत्र से लिये गए हैं। इन अभिलेखागारों में जन गोपाल लिखित हिन्दी चरितों की पांडुलिपियाँ सबसे ज्यादा संख्या में मौजूद हैं। जहाँ तक हमें ज्ञात है, दूसरे पाठों में से किसी का प्रकाशन नहीं किया गया है। अग्रदास (रामानन्द की आध्यात्मिक परम्परा के सगुणी/ ब्राह्मण लाइन के) के चरितों की जन गोपाल के चरितों के साथ दिलचस्प तुलना की जा सकती है।
10. प्रह्लाद की कथा के बारे में इन कई निर्गुणी सन्दर्भों में से कुछ के लिए देखें—लॉरेंजन 1996, पृ. 15-35
11. यद्यपि इस बिन्दु पर ज्यादा विस्तार से कहने की जरूरत नहीं है, लोकप्रिय पौराणिक धर्म के शुरुआती उभार को कुछ हद तक श्रमण संतों और खास कर बौद्धों द्वारा कुलीनवादी वैदिक या ब्राह्मणवादी धर्म की आलोचनाओं से बचाव का फल माना जा सकता है।
12. विशेष तौर पर देखें, लॉरेंजन 1987ए।
13. यहाँ उन धार्मिक समूहों को शामिल नहीं किया गया है जिनकी स्थापना 20वीं या 21वीं सदी में की गई और जो सामाजिक रूप से प्रगतिशील होने का दावा करते हैं।
14. इस विषय के लिए देखें, *परिता मुक्ता,* 1994
15. रामानन्दी पंथ का एक बड़ा हिस्सा शुरू में आज के उसके अनुयायियों के मुकाबले सामाजिक रूप से अधिक क्रान्तिकारी था। इस विषय पर विशेषकर देखें, फान डेर फीर, 1989
16. *विष्णु पुराण* 1989, पृ. 17, 48
17. *भागवत* के रचनाकार को मुसलमानों के बारे में शायद ही जानकारी रही हो, लेकिन उसमें ईसाइयों या जैनों के लिए भी मोक्ष की सम्भावना नहीं बताई गई है, जबकि इन समूहों के बारे में रचनाकार (सम्भवत: दक्षिण भारतीय) को जानकारी रही होगी।
18. यहाँ 'रु' के स्थान पर 'ना' बेहतर पाठ है। तब अर्थ होगा—'विचार भक्ति का करना चाहिए जाति का नहीं।' लेकिन यह पाठ उपलब्ध चार पाठों में से केवल एक में पाया जाता है।
19. देखें इसी पुस्तक में पद संग्रह, क्रमांक 8
20. सम्पादन और अंग्रेजी अनुवाद, लॉरेंजन, 2015

21. विशेषकर देखें, जुपानोव, 1999
22. देखें, लॉरेंजन, 2003, पृ. 15-20
23. लॉरेंजन, 2015, पृ. 235, इसकी तुलना जेम्स ज्वायस की कृति 'अ पोर्ट्रेट ऑफ द आर्टिस्ट ऐज़ अ यंगमैन' में नरक पर दिए गए प्रसिद्ध व्याख्यान के इस अंश से कीजिए—"महान सम्राट, महान सेनापति, शानदार आविष्कारक, विद्वानों में भी बड़ा विद्वान होने का क्या लाभ हुआ? ईश्वर के न्याय सिंहासन के आगे सभी एक जैसे हैं। वह अच्छे को पुरस्कार देगा, और दुष्ट को दंड।"
24. लॉरेंजन, 2015, पृ. 149, 214
25. लॉरेंजन, 2015, पृ. 235
26. मिल्टन के *पैराडाइज़ लॉस्ट* (पृ. 3, 111-119) में ईश्वर कहता है कि आदम और हव्वा नहीं "...आरोप लगा सकते हैं अपने रचयिता, या अपने भाग्य पर,/ पूर्वनियति को नकार कर /अपनी इच्छा.../ उन्होंने खुद तय की/ यह उनका अपना विद्रोह, मेरा नहीं/ अगर मुझे पूर्वज्ञान था, / तो इसका उनकी गलती पर प्रभाव नहीं पड़ा,/ सिद्ध है पूर्वज्ञान का न होना।" दूसरे शब्दों में, मिल्टन दावा कर रहे हैं कि पूर्वज्ञान स्मृति जैसा है। ईश्वर जानता है कि क्या होने वाला है लेकिन वह उसे करता नहीं। (मिल्टन 2005, पृ. 84)। इस तर्क के दुर्भाग्य से मतलब यह निकलता है कि ईश्वरीय पूर्वज्ञान उस घटना की स्मृति भर है जो अभी घटी ही नहीं है।
27. सार्वभौमिक अन्तिम फैसले और शहादत के बारे में ईसाई विचारों के लिए देखें, ब्राउन, 2015 और ले गॉफ, 1981
28. वेबर, 1964, पृ. 142-43
29. मार्क, 15.34, जॉन एस. हॉली ने मुझे बताया है कि यीशु के शब्द सीधे साम 22 से लिये गए हैं।
30. यद्यपि *बाइबिल* के विषय में हमारा ज्ञान इतना नहीं कि इस दावे का दस्तावेजीकरण कर सकें, लेकिन यह दावा विशेषज्ञों के बीच सहमति पर आधारित तो लगता है। 1518 के अपने प्रसिद्ध 'हाइडलबर्ग मुकदमे' में मार्टिन लूथर इसाया (45.15) में दर्ज ड्यूस एब्सकांडिटस अंश को सीधे उद्धृत करते हैं। लूथर कहते हैं कि अगोचर ईश्वर के बारे में हम जो कुछ जान सकते हैं वह सलीब पर यीशु की पीड़ा के बारे में अपनी जानकारी के जरिये ही जानते हैं। देखें, लूथर 2018, पृ. 40

अध्याय 4

जड़भरत चरित्र

यह पाठ राजस्थान प्राच्य विद्या संस्थान की पांडुलिपि संख्या 11583 (यहाँ A) और राजस्थान शोध संस्थान की पांडुलिपि संख्या 8633 (यहाँ B) से लिया गया है। B से लिये गए पद संकेतित हैं। पद क्रमांक सम्पादकों द्वारा दिये गए हैं, और केवल A से लिये गए पदों पर लागू होते हैं। B में पदों को क्रमांक नहीं दिये गए हैं। बरती गईं चार अन्य पांडुलिपियों (C, D, E और F) को पाद-टिप्पणियों में तभी इंगित किया गया है, जबकि उनके और हमारी मुख्य पांडुलिपियों के पाठ में महत्त्वपूर्ण अन्तर हैं। इन अन्तरों में से जो अर्थबोध की दृष्टि से बेहतर हैं, उनका उपयोग भी अंग्रेजी अनुवाद और हिन्दी व्याख्या में किया गया है।

यद्यपि B का पाठ कई स्थानों पर A से बेहतर है, किन्तु A के लेखन-वर्ष (1635 ई.) का अपना महत्त्व है। *प्रह्लाद चरित्र* और *ध्रुव चरित्र* के लिए बरती गई पांडुलिपियों की तुलना में *जड़भरत चरित्र* की विभिन्न पांडुलिपियों के पाठ में बहुत कम अन्तर है।

बरती गईं पांडुलिपियाँ

पांडुलिपि A : राजस्थान प्राच्य विद्या संस्थान। पांडुलिपि संख्या 11583, यह संस्थान के जयपुर अभिलेखागार में है। इसमें जन गोपाल कृत *ध्रुव चरित्र* और *प्रह्लाद चरित्र* भी उपलब्ध हैं। इसका रचनावर्ष 1693 वि. यानी 1635 ई. दिया हुआ है। इसमें दिया गया *जड़भरत चरित्र* B में दिये गए से कुछ छोटा है। इस पांडुलिपि में ब और व में अन्तर करने के लिए पांडुलिपिकार ने बिन्दु (.) का उपयोग किया है। व के नीचे यदि बिन्दु है तो उसे ब पढ़ा जाना है, यदि नहीं है तो व। बिन्दु पर ध्यान दिये बिना वांछित अक्षर (व या ब) का अनुमान करना कठिन है। अनेक स्थानों

पर अक्षरों को पढ़ पाना दुष्कर है। हमने अक्षर कोष्ठक में तभी रखे हैं, जबकि अभिप्रेत अक्षर तक पहुँचना पांडुलिपि की जर्जरता के कारण असम्भव ही हो गया हो। ऐसी स्थितियों में कोष्ठक में रखे गए अक्षर सामान्यतया B से लिये गए हैं।

पांडुलिपि B : राजस्थान शोध संस्थान, जोधपुर। पांडुलिपि संख्या 8633। इस बृहत् पांडुलिपि में संकलित रचनाओं में से कई निरंजनपंथ से सम्बद्ध हैं। संस्थान के कैटलॉग के अनुसार यह सम्भवत: अठारहवीं सदी की है। यद्यपि इसमें वे सारे पद मौजूद हैं, जो हमने बरते हैं, लेकिन हमने उन्हीं का इस्तेमाल किया है जो हमारी मुख्य पांडुलिपि A में नहीं मिलते।

पांडुलिपि C : राजस्थान प्राच्य विद्या संस्थान संख्या 14741। संस्थान के कैटलॉग के अनुसार यह बृहत् पांडुलिपि उन्नीसवीं सदी की है। इसमें दादूपंथ, निरंजनपंथ और नाथपंथ से सम्बन्धित अनेक रचनाएँ हैं।

पांडुलिपि D : जयपुर सिटी पैलेस पुस्तकालय संख्या 904। तिथि सूचना नहीं है।

पांडुलिपि E : दादूपंथ के मुख्य मठ, नरैना में सुरक्षित इस अत्यन्त बृहत् पांडुलिपि का लेखन-काल तय करने का कोई साधन नहीं है।

पांडुलिपि F : कालेवार्त की 'फिल्म 2' पांडुलिपि, तिथि नहीं है। (देखें, कालेवार्त और दि ब्राबंदेर, 1993: 30-31)

श्रीरामाय नमः ॥ जदभरथ चरितः ॥

गुर गोब्यंद हि [बंदि] कै। फुनि बंदौ सब साध॥
भगति कथा बरनन करौं। हरि गुन स्यंध अगाध॥ 1॥
निर्पति परीषत सौं कही। सुष मुष अंम्रित साषि॥
भगति भेद भगवंत कौ। सो तत्त्व हिरदै राषि॥ 2॥

श्रीराम को प्रणाम कर जड़भरत चरित्र आरम्भ करते हैं।

गुरु गोविंद दोनों को प्रणाम करके, सभी साधुओं को प्रणाम करके मैं भक्ति की यह कथा सुना रहा हूँ। हरि के गुण अगाध हैं।[1]

यह अमृत साखी शुकदेव ने राजा परीक्षित को सुनाई थी। भगवद्भक्ति का रहस्य हृदय में धारण करते हुए इसे सुनो।

प्रगट जगत रिष भयौ औतारा। सुर नर मुनि सब करत बिचारा॥
परम[2] पबित्र बंस अति सोई। सुमिरन मात्र मुक्ति जन होई॥ 3॥
रिषभदेव सौ पुत्र बषांणैं। उतिम मध्यम कनिष्ठ जानौं॥
नौ जोगेस्वर हरि मधि जाई। और इक्यासी करम समाई[3]॥ 4॥

दस राजा जेठे जस गावं। भर्थ षंड कहिये तिहि नांउं॥
लक्षि[4] बरस लौं कीनों राज। माया[5] [त्या]गी नाहीं काज॥ 5॥

जगत में ऋषभदेव के अवतरित होने के बाद देवों, मुनियों, मनुष्यों सभी ने सोचा कि यह वंश तो परम पवित्र हो गया, इसके नाम स्मरण मात्र से मुक्ति मिल जाएगी। ऋषभदेव को छोटी-बड़ी सभी बातों का ज्ञान था, उन्होंने अपने सौ पुत्रों को सभी बातें समझाईं। उनके पुत्रों[6] में से सबसे बड़े भरत के बाद के नौ तो योगी, नौ भक्त हो गए, इनके सिवा इक्यासी और थे। भारत खंड का नाम भरत के नाम पर ही पड़ा है। उन्होंने मल्ल-योद्धा की-सी दृढ़ता से लम्बी अवधि तक शासन किया।

भरथ षंड कीनौं नव अंस। भ्राता राज करै तिहि बंस॥
पुत्र राज दे चल्यौ नरेस। जाइ बस्यो तहां उतम देस॥ 6॥
गंडिक कै तटि बैठौ जाइ। गुरु गामि राम चरण चित लाइ॥
भगति जोग अरु [पू]रण ध्यांनु। माया [झूठ] ब्रह्म के ज्ञांनु॥ 7॥
विधि संजोग न मेट्यौ जाइ। निहिक्रम कौं क्रम लाग्यो आइ॥
मजनु करन गए ज ते प्रांनु[7]। म्रिग छौंना बहि लाग्यो जानु[8]॥ 8॥
देष्यो निर्पति आपनैं नैंन। अति अनाथ बालक यहु ऐन॥
त्रिषवंत ग्रीषम रिति षरी। अति अधीर मृगी अनसरी॥ 9॥
द्यौंस तीसरै पायो नीरु। आहि गुरबनी दुषित सरीरु॥
अति आतुर ह्वै जल पैं आई। मानौं रंक नवै निधि पाई॥ 10॥

भरत ने भारत खंड के सिवा नौ खंड और करके अपने नौ भाइयों को दे दिए।[9] फिर वे अपने पुत्र को राज देकर किसी उत्तम स्थान[10] में निवास करने चले गए। गंडक नदी के तट पर उन्होंने तपस्या की, गुरु के निर्देश पर राम के चरणों में चित्त लगाया, भक्ति, योग और ज्ञान की साधना की और यह जाना कि ब्रह्म सत्य, माया मिथ्या है। किन्तु विधि का विधान टलता नहीं है। दिनचर्या के अनुसार, भरत एक दिन स्नान करने गए, वहाँ उन्हें एक मृग-शावक दिखा। उसे गर्भ में धारण किये ले हिरणी तीन दिन से प्यासी गर्मी में तड़प रही थी, नदी देखकर उसे ऐसा लगा जैसे किसी रंक को नव निधियाँ मिल गई हों।[11]

गई न त्रषा तुक्ष जल पीयो। पीछै सिंघ बोलि दुष दीयो॥
सिंघ त्रास तैं कूदी धाई। ग्रभ मुच्यो जल मैं पर्‍यो आई॥ 11॥
म्रिगी गीरत न देह संभारी। परी म्रित[12] [ह्वै] पैली पारी॥
देषि न्रिप अति संसौ भयो। ग्यांन ध्यान सब बीसरि गयो॥ 12॥

मिर्ग छौंना बालिक अरु अनाथ। माता म्यर्तक और नहीं साथ॥
प्रांण वबाच॥[13]
मोह कारौं तौ बिगरै काज। छड्यौ सकल प्रिथी कौ राज॥ 13॥
पुत्र पउत्र अरु भ्राता मितु। त्यागी त्रिया जु सेवै [नि]तु॥
कठिन संकला काटि अनंत। अब क्यूं बंधौं सूत कै तंत॥ 14॥
बृक्त ह्वै करि बंधै सनेह। बार बार दुष पावै देह॥
मन वबाच॥
म्रिग मरै तौ लागै पाप। जीव दया कौ अधिक संताप॥
बंधन दया कहै सब साध। दया बिना नहीं भगति[14] अराध[15]॥ 15॥

वह अपनी प्यास बुझा भी नहीं पाई थी कि किसी सिंह की दहाड़ सुनकर भयभीत हो गई, उसका गर्भपात हो गया, नवजात शिशु जल में गिर पड़ा, भयभीत हिरणी उसे वहीं छोड़ भागने के लिए कूदी। यह देखकर सारा ज्ञान-ध्यान भूल राजा विचलित हो गए। यह मृग छौना अनाथ हो गया है। माँ मृत है कोई और है नहीं। राजा ने स्वयं से कहा, इसका मोह किया तो उस काम (तपस्या) में विघ्न होगा जिसके लिए मैंने पृथ्वी का राज छोड़ दिया है। नित्य सेवा करने वाली स्त्री, पुत्र-पौत्र, बंधु-बांधव सभी को मैं छोड़ आया हूँ। सम्बन्धों की अनंत कठिन शृंखला तोड़ चुका हूँ, अब क्यों (मृग-छौने के मोह के) सूत के धागे से बँधूँ? लेकिन, फिर उनके मन ने कहा, इस मृग-शावक के मरने का पाप मुझे लगेगा। जीव दया का यही तो सन्ताप है कि एक तरफ तो साधु इसे बन्धन बताते हैं, दूसरी तरफ़ दया के बिना भक्ति सध ही नहीं सकती।

नेह दया बंधन संसारा। आत्म दया सभ गति बि[चा]रा[16]॥ 16॥
जीव सीव ऐकै करि देषौ। आत्म बिनां और नहीं पेषौ॥
काम बिगरै आपनौं। संत पराये काज॥
माया मोह म्रिग स्यौं बंध्यौ। जन गोपाल तजि राज॥ 17॥
मृग छौंना निर्प लीयो उठाई। जीवत बिति[17] स करौ उपाई॥
अजया जु थ तहां ले जाइ। अस्थन पां करावै ताहि[18]॥ 18॥
बासुर निसा बिसरि गयो ग्यानु। कब तिनु त्रै करै यहु ध्यांन॥
फुनि त्रिन चरै करै जल पानु। पुत्र पिता ज्यूं प्रेम समान॥ 19॥
अति सुंदर सोभित तानी षारै। राजा संग मृग नित चारै॥
ऐसी भाति करै प्रितिपाल। बासुरि निसा जामु गति काल॥ 20॥

नेह, दया संसार के बन्धन हैं। चिन्ता केवल आत्म-गति की करनी चाहिए। किन्तु, संत तो परहित के लिए अपना ही काम बिगाड़ लेते हैं। जन गोपाल कहते हैं कि अपना सारा राज-पाट जो छोड़ आए थे, वे भरत मृग-शावक के मोह-बन्धन में फँस गए। उन्होंने वह शावक उठा लिया, और उसकी जीवन-रक्षा के जतन किये। उन्होंने एक बकरी पाली, उसी के थन का दूध पीने की आदत मृग-छौने को डाली। दिन-रात उस शावक का ध्यान रखने लगे, ज्ञान बिसर गया, ध्यान इसी पर लगा रहता था—शावक को घास खिलाने, पानी पिलाने में ही वे लग गए। भरत के लिए हिरणी का वह बच्चा बेटे के समान हो गया। वह बहुत सुन्दर दिखने लगा, राजा दिन-रात हर पल उसके साथ रहने लगे।

ऐक म्यांन्य द्वै षडग मांहि। द्वै घोड़ा चढ़ि पहुंचै नांह्य॥
एक षंभु क्यूं बंधै[19] गयंद। एक नगरी नहीं दोई निरंद॥21॥
एकै मन कहूं लै लाइ। के माया कै हरि गुण गाइ॥
एक दिना आई म्रिग डार। पसु पसु मिलि भयौ इकसार॥22॥
आत्म [दृ]ष्टि निर्पति अति ग्यांनी। देह दिष्टि पसु एक न जानी॥
बाई चढ़त पसु गयो पुराय। राजा कौ चित लीयो चुराय॥23॥
गत अहार तज्यौ जल पांन। मृग नांही मेरे प्रांन[20]॥
आतुर भयो धरनि कौं बूझै। मोहि बताई तोहि नहीं सूझै॥
चंद सूर पवन लै जाय। सब जांनै तू कहि समाझाय॥24॥
देव दयंत न्रिपति कीयो नास। सुर नर नाग लोक क विलास॥
हा म्रिगु हा म्रिगु करत बिहाइ। काल घरी पुनि पहुंची आइ॥25॥

एक म्यान में दो तलवारें नहीं रह सकतीं। दो घोड़ों की एक साथ सवारी नहीं की जा सकती। एक खम्भे से दो हाथी नहीं बाँधे जा सकते, एक नगर के दो राजा नहीं हो सकते। मन तो एक ही है, माया में लगा लो या हरि के गुण गाने में। एक दिन हिरणों का झुंड आया, और (भरत का) मृग-शावक भी उनमें शामिल हो गया।[21] राजा को आत्मा का ज्ञान तो बहुत था, लेकिन शरीर के बारे में, पशुओं और प्राणियों के बारे में वे कुछ नहीं जानते थे। मृग-शावक तो हिरणों के झुंड के साथ हवा हो गया, राजा का चित्त साथ में चुरा ले गया। राजा ने तो अन्न-जल ही त्याग दिया, 'मृग नहीं गया, मेरे प्राण ही चले गए।' वे धरती, चाँद, सूरज, पवन सभी से पूछने लगे कि तुम्हें सब पता है, बताओ मेरा छौना कहाँ गया। भरत ने देवों-दानवों पर विजय पाई थी, सुर,नर, नाग सभी लोकों के विलासों का भोग किया था, लेकिन

अब वे हाय मृग, हाय छौना का विलाप करते फिरते रहते थे। ऐसी ही दशा में उनका अन्त समय आ गया।

महा प्रचंड काल चलि आयो। नर तन तज्यो मृग तन पायो॥
जा मति सा गति कहैं सयांनैं। वेद पुरांन सुमृत्य मन मानैं॥ 26॥
जागति कीजै जौ अभ्यासा। सोवत हू ताहू मैं बासा॥
भरथ हि समि को साहिसी। बढ्यो अपर बल जोग॥
जन गोपाल बंध्यो दया। तिरै [कौंन] बिधि लोग॥ 27॥
गिरी काल्यंजर म्रिग कौ बास। जब लग ग्रभि रहे दस मास॥
ग्रभ [तजत त्या]गे पित मात। दाध्यौं दूधन दही सिरात॥ 28॥
दया [करत हूं] भयो कुरंग। अबन[22]क[रैं] वाहू[23] [कौ संग]॥
[तब ही देस तज्यौ] तत काल। बहुरि न बीधौ[24] [माया जाल]॥ 29॥
[मात पि]ता कौ नहीं अन्दोह। जानि तज्यो सब माया मोह॥
जैसैं सती सबन कूं जांनैं। सत गहै तौ झूठ प्रवांनैं॥
[जा]ति सुमरु[25] [ग्या]न मन मां[हि]। भगति बीज पलटै कहुं नांहि॥ 30॥

महा-प्रचंड काल की जकड़ में आने के बाद भरत ने अगला जन्म हिरण का ही पाया। जागृति में जिसका अभ्यास करेंगे, वही नींद में भी साथ रहेगा। अन्त समय तक चित्त में जो रहेगा, वही सामने आएगा, ऐसा वेद, पुराण, स्मृति सभी में कहा गया है। भरत बहुत साहसी थे, योग ने उनका बल और बढ़ा दिया था, लेकिन जन गोपाल, दया-माया के बन्धन में फँसकर भला कौन पार उतर सकता है? भरत का पुनर्जन्म कालिंजर पर्वत में हिरण-वंश में हुआ। वे माँ के गर्भ में दस मास रहे; जन्मते ही माता-पिता को त्याग दिया। (यह वैसा ही था) जैसे कोई जले दूध को दही से ठीक करने की कोशिश करे। (वे सोचते थे) दया-माया के कारण मैं हिरण बन गया। अब मुझे किसी का मोह नहीं पालना। वे कालिंजर छोड़कर चले गए। उनके (हिरण) माता-पिता ने भी चिन्ता नहीं की, वे भी जानते थे कि भरत ने माया-मोह त्याग दिया है। जैसे सती सब कुछ जानती है, असत्य को त्याग कर (परवारे रखकर) सत्य को ग्रहण करती है, वैसे ही भरत भी फिर कभी माया के फेर में नहीं पड़े। पूर्वजन्म की स्मृति बची हुई थी, भक्ति का बीज नष्ट नहीं हुआ था।[26]

दिन पषि[27] बरष अन्तरा होइ। कंन क कलंक टै[28] सुध सोइ॥
निमष न बिसरै रांम गोब्यंद। देह मृग जीव आहि नरिंद॥ 31॥
भुंम्य पर्यो ति न करै अहार। छानि पीवै जलु ग्यांन बिचारु॥
मृग आव कब पूरन होई। कर्म बंधन हरि का[टै] सोई॥ 32॥

जहाँ पूरब जनम तपस्या करी। मृग देह तिहि ठाहर परी॥
बहुरि बिपर घरि जनम्यौ जाइ। रिष जड़भरथ नांउ तिहि पाइ॥33॥
पंडित पिता अरु माता दोइ। [नौ भ्रा]ता बहनी इक होइ॥
पिता पढैवै पढै न सोइ। [आत्म ग्यांन] देह जढ होइ॥34॥
विदा छडि अवि[दया पढौं]। [गजतैऊ]तरिकहाषरपरचढौं॥
राम [बौराई जांनै रांम]। [बौरा] लोक कहै बेकांम॥35॥

पहली पंक्ति का अर्थ अस्पष्ट। एक पल के लिए भी उन्होंने राम को नहीं भुलाया। देह मृग की होते हुए भी उनका जीव राजा का ही रहा। वे तृणाहार करते थे, जल मिल जाने पर पी लेते थे, लेकिन उनके चित्त में ज्ञान सदा ही बना रहता था। वृद्धावस्था आने पर हरि ने कर्मबन्धन काट दिया, उनका निधन हो गया। जहाँ पूर्वजन्म में तपस्या की थी, मृगदेह वहीं छोड़कर भरत ने ब्राह्मण कुल में जन्म लिया। यहाँ (उन) ऋषि को जड़भरत नाम मिला। उनके माता-पिता दोनों ही विद्वान थे। नौ भाई, एक बहन थी। पिता ने उन्हें पढ़ाने के प्रयत्न किए, लेकिन भरत ने पढ़ाई नहीं की। आत्मज्ञान उन्हें था, लेकिन देह से वे जड़ ही थे।[29] वे मानते थे कि (सच्ची) विद्या छोड़कर (जगत की) अविद्या क्यों प्राप्त करूँ? हाथी छोड़ गधे की सवारी क्यों करूँ? राम को जानने वाले भरत लोगों को बौराए हुए—जड़—लगते थे।

तब तैं पित पेम घटिकीयो। और पुत्र तिन स्यूं चित दीयो॥
बासी कूसी षुरचनि दैंही। रिषि अंमृत लौं भोजन ल्यैं ही[30]॥36॥
पुत्र सोग तैं उपजी षई। सुत की मति ऐसी क्यौं भई॥
कहूं पिता सूं अपनौं ग्यांन। बहुयौं मृग ह्वैहूं अजांन[31]॥
पिता मरत माता संग कीयौ॥37a॥
पुत्र जढ क्यूं राष्यौ हीयौ।
जौ माता सूं कहूं सयांन। त्यूं त्यूं छूटै हरि कौ ध्यांन॥
अपनैं पाप पुनि जीव तिरै। कौंन समारै कौंन समरै॥
सुत आभार सौ कि कौं दीयो॥ 37b॥
काठ षाइ भरता संग कीयौ॥
बासी षुसी ष्युरचन दैंही। रिष अमृत करि भोजन लेही॥
जैसें अगनि स्वाद नही करै। भार अठारा बंदन बरै॥
क्रिषि टहल करवांवैं जाइ। आग्या बिन देइ न पाइ॥37cd॥
बैठें ठाढें सुमिरन करै। सोवत जागत हिरदै धरै॥38॥

चेतन सुरति सयांने भारी। जग सूं रहै मौंन ब्रत धारी॥
कहै न सुनैं नांव ल्यौ लागी। देह ब ही मन बैरागी॥
भाई[32] भगति हरि कूं भजै। तजै बिस्व गुन नांम[33]॥
जन गोपाल यं पाइये। अन्तरजामी राम॥ 39॥
गुंड[34] देस देबी अधिकारु। सो राजा सेवग अग्या कारु॥
देवी आठैं चैती देई। चठै महिनैं मानस लेई॥ 40॥

पिता का प्रेम घट गया। बासी, बचा-खुचा भरत को खाने के लिए दिया जाता था। वे उसे अमृत की तरह ग्रहण करते थे। पिता दुखी थे कि पुत्र ऐसा जड़ हो गया है, भरत सोचते थे कि पिता को कैसे बताऊँ कि मुझे अपना पूर्वजन्म स्मरण है, कैसे मोह के कारण मुझे हिरण पैदा होना पड़ा था। पिता का निधन हो गया, माता सती हो गईं, यह कसक अन्त समय तक बनी रही कि हमारा पुत्र ऐसा जड़ कैसे हो गया? (उधर भरत सोचते थे) माता को सब बता देता तो (उनका मेरा दोनों का) हरि-स्मरण ही छूट जाता। हर जीव अपने पाप-पुण्य के अनुसार ही जाता है। कौन किस को याद करता है? (भरत के भाई) बिना एक भी पैसा दिए भरत से खेतों में काम कराते थे। भरत की चेतना तो सुरतिमय हो गई थी। जगत के प्रति उन्होंने मौन धारण कर लिया। नाम में उनकी लौ लग गई। न किसी से कुछ कहते थे, न किसी की सुनते थे। मन देह से विरक्त हो गया। जन गोपाल, विश्व के गुणावगुण से ऐसी विरक्ति के साथ सतत हरि-स्मरण से ही अन्तर्यामी राम की प्राप्ति होती है।

गौड़ देश का राजा देवी का भक्त है। चैत्र की अष्टमी को वह देवी को बलि अर्पित करता है। इसके लिए चैत्र की छठ को कोई मनुष्य पकड़ा जाता है।[35]

मा[स द्यौं]स लौं मौटौ कीजै। पांचा अ[म्र]त भोजन दीजै॥
तेल फुलेल अरु ताते पांनी। केसर्य च[दन चरचै] जांनी॥ 41॥
पाट पटंबर वोढन दैंही। ह्वै परश्न देवी तब लैही॥
अठै देवी प्रगट होइ। कुटंब सहत राजा जाइ सोइ॥ 42॥
काढि षडग चर्न तलि धरै। देबी हुकम साट नृप करै॥
श्रोनित पीवै प्रश्नी होई। राजा परजा सब सुषु होई॥
राजा केचर ढूंढत फिरही। कर्म संजोग आइ जीव परही॥ 4 = 43॥
रिष जडभर्थ बसे होते षेत। गऐ पकरि ले मूंध अचेत॥
जाइ निर्प्रति स्यों बीनती कीनी। भलौ पुरुष पसु आंन्यों बीनी॥ 5 = 44॥
न्हवाइ राजा बहुरि सार करवाई। जैसी भाँती प्रसंन ह्वै माई॥
गई सप्तमी आठैं आई। पूजा बिधि राजा करवाई॥ 6 = 45॥

फिर एक महीने तक खिला-पिला कर उस मनुष्य को मोटा किया जाता है, अमृत समान भोजन दिया जाता है। तेल-फुलेल, गर्म पानी, केसर चन्दन आदि से उसे नहलाया-सजाया जाता है। रेशमी वस्त्र उसे ओढ़ाए जाते हैं। देवी प्रसन्न होकर बलि ग्रहण करती है। अष्टमी तिथि को वह प्रकट होती है। राजा कुटुम्ब सहित वहाँ जाता है। अपना खड्ग निकालकर देवी-चरणों में रखता है, और देवी का आदेश होने पर (बलि के लिए लाए गए मनुष्य का) गला काट देता है। देवी रक्त-पान करके प्रसन्न होती, राजा-प्रजा सन्तुष्ट होते हैं। राजा के सिपाही बलि के लिए उपयुक्त पात्र खोज रहे थे। कर्म का संयोग कि जीव उनके पड़ गया। ऋषि जड़भरत खेत में अचेत से बैठे थे, राजा के सिपाहियों ने उन्हें उठा लिया। उन्हें राजा के सामने उपयुक्त बलि-पशु के रूप में पेश किया। (जड़भरत को) नहलाकर, सार-सँभाल की गई, ताकि माता प्रसन्न हो। सप्तमी बीतने पर, अष्टमी आने पर राजा ने पूजा-विधि की तैयारी की।

ड्रगा पाठ अग्यारी ही करही। कनक छत्र सर उपरि धरहीं॥
षीर षांड पकवान करवाई। वहु [भो]जन अंछ्या मन भाई॥ 7 = 46॥
कुंटंब सहत राजा चलि आयौ। परजा लो[क दूरी बौ]रायौ॥
आनि पूजारै पाती दीन्ही। माथैं [बांदि बांदि] निर्प लीनी॥ 8 = 47॥
नमसकार राजा जब कीनौं। काढि षडग चरननि तलि दीनौं॥
बेगि हि वाहि[36] पुरष पसु ल्याये। हस्त हस्त जडभरथ जु आए॥ 9 = 48॥
देबी जब देष्यौ जडभर्थू। काढि षडग लीयो अप[37] हाथू॥
कोपि षडग राजा सर दीयौ। कुंटंब मारि अरु श्रोणिति पीयौ॥10 = 49॥
भगत द्रोह तै बिगर्यौ काज। पूजा करत गयौ सब राज॥
देब्योबाच॥
राम राम मोहि पाप लगायो। यहु हरि भगत भलौ पसु पायौ॥
हूं तौ हरि भगति की दासी। साषत कै गलि मेल्हौं पासी॥11 = 50॥

दुर्गा सप्तशती[38] का पाठ किया गया। स्वर्णछत्र मंडित हो राजा वहाँ आया। खीर-खांड आदि पकवान, भाँति-भाँति के स्वादिष्ट भोजन तैयार किये गए। राजा कुटुम्ब सहित (देवी के मन्दिर) पहुँचा, दूर खड़ी प्रजा उत्साह से पागल हो रही थी। पुजारी ने राजा को पत्र-पल्लव दिये, राजा ने उन्हें श्रद्धापूर्वक माथे लगाया, (देवी को) प्रणाम किया, अपना खड्ग देवी के चरणों में रखा। बलिपशु (जड़भरत) को नहला-धुलाकर जल्दी से लाया गया, जड़भरत हँसते-हँसते आए। उन्हें देखते ही देवी ने खड्ग अपने हाथ में ले लिया। कुपित देवी ने राजा का वंशसहित वध कर दिया,

रक्तपान किया। बोलीं, राम, राम (यह राजा तो) हरिभक्त की बलि चढ़ाकर मुझ पर ही पाप चढ़ाने चला था। मैं तो हरिभक्तों की दासी सरीखी हूँ, शाक्तों को फाँसी दे दूँगी।

बारह वरस सेइ फलु दैउं। चूक परै तौ सरबस लैउं॥
स्वार्थ अर्थ करै मम सेवा । सुषी प्रसन ह्वै देबी देबा[39] ॥ 12 = 51॥
भगति द्रोह ठाहर कहूं नाही । तीन्यौं लोक फिरै जग मांही॥
अष्ट दसा तीन्यूं पुर जाई ॥
दुरबा[सा] की साषि सुनाई । अन्ति भये हरि [दा]स सहाई॥13 = 52॥
संत सरन छूट्यौ सब जाई ।
हरि ज[नु] समि अन्तर नहीं । जन गोपाल इहि भांति॥
ज्यूं आभूषन कनक के देबी । अन्ति एक ही जाति॥ 14 = 53॥
तब देबी पकरे रिष के पाय । हूं सर्नागति मोहि छुडाय॥
ए अज्ञान नही जानैं भेव । तुम कृपाल देवनि के देव॥15 = 54॥
(भर्थ कहै तब बकसूं तौहि । जीव न संतावै बचन दै मोहि॥
अब आगैं जीव संतांऊँ सोई । अब कै भक्त बकसि हौ मोहि॥
तब जढभरथ दया मन धरी । कनक डंड जब देवी करी[40] ॥)
भरथ चक्रवति फुनि मृग राज । अब जड[भ]रथ मुक्ति कै काज॥
अन्त देह तजि पूर्ण कांम । मुक्ति भये भजि आतम राम॥ 2 = 55॥

बारह वर्ष सेवा करने पर मैं फल देती हूँ, चूक होने पर सर्वस्व ले भी लेती हूँ। स्वार्थ के लिए पूजा करने पर भी देवी-देवता प्रसन्न ही होते हैं। लेकिन भक्त-द्रोहियों के लिए तीनों लोकों में कहीं भी जगह नहीं है, दुर्वासा की कथा यही बताती है कि अन्ततः भगवान ने भक्त की कैसी सहायता की।[41] देवी ऋषि (जड़भरत) के पाँव पड़कर कहने लगीं, मैं शरणागत हूँ। मुझे बचा लो। यह (राजा) अज्ञानी था, आपका भेद समझ नहीं पाया। भक्त (महिमा में) भगवान सरीखे ही होते हैं। जन गोपाल कहते हैं, स्वर्णाभूषण अन्ततः स्वर्ण ही तो होते हैं। भक्त (भरत) ने कहा, क्षमा तभी मिलेगी, जब वचन दो कि आगे से किसी जीव को सताओगी नहीं। देवी ने पुनः क्षमायाचना करते हुए ऐसा वचन दिया, तो भरत ने दयापूर्वक उन्हें क्षमादान कर दिया।

भरत चक्रवर्ती राजा थे, फिर मृग बने, अब वे मुक्ति की राह पर थे। आत्मा-राम की साधना कर उन्होंने मुक्ति पाई भी।

निद्या अस्तुति ऐक न जांनैं । मांने अमांनि चित नहीं आनै॥
तब बांह पकरि देवी लै जाई । पहलै असथिलि गई पठाई॥

दै प्रक्रमां बंदन कीनौं । जनम सुफल तुम दरसन दीनौं॥
अपुमृत्य दर्यौ न कर्यौ अनंदु । जैसौ सुष तैसौ दुष दंदु॥ 3 = 56॥
साध राछ्याइ है[42] बिचारु । ज्यूं पूजक त्यूं मारनाहा[रु]॥
भ्राता कहै भरथ जड़ आयौ । सकल कुटंब देषण कौं आयो[43]॥ 4 = 57॥
ऐक कहै जु इहां ही राषै । बिसरि जाय तब दुष सुष भाषै॥
यह तौ करै नही रष वारी । सब ले जाहू कधरौ उतारी॥
पान्यों छा[क] उहा पहुंचावै । वै हरि भगत बहुत सुष पावैं॥
जैसैं षेती [बिझु]का भाइ । जानैं नही भाजि सो जाई॥ 5 = 58॥
निर्पति रघुगुन बरौ नरेस । सी[ष]न चल्यौ ग्यांन उपदेस॥
कपिल देव पैं कासी जांऊँ । लै उपदेस तजूं गृह ठांऊँ॥
बैठि पालिकी[44] निकस्यौ [आ]इ । थक्यौ कहार चल्यौ नहीं जाइ॥ 6 = 59॥
निर्पति कह्यौ बेगारी[45] लाउ । पुष्टि सरीर सबल सौ पाउ॥
रिष जड़भर्थ पयादे लाये । कंधा पालकी दै स चलाये॥ 7 = 60॥

वे निन्दा-स्तुति, मान-अपमान के परे चले गए थे। देवी ने उन्हें बाँह पकड़कर उठाया, और उनके घर छोड़ दिया।[46] (जाते समय देवी ने) भरत की परिक्रमा कर प्रणाम किया, कहा कि तुम्हारे दर्शन से जन्म सफल हो गया। भरत को मृत्यु-अपमृत्यु का भय भी नहीं रह गया था। साधु जन सभी की रक्षा करते हैं, सुख-दुख, सम्मान-अपमान में समत्व ही उनका भाव था। साधु जन सभी की रक्षा करते हैं, उनकी पूजा करने वाला हो, या उन पर आक्रमण करने वाला। (घर वापस आने पर) भरत के भाई कहने लगे जड़भरत वापस आ गया, सारा कुटुम्ब उन्हें देखने आया। किसी ने कहा, इसे यहीं रहने दो। सुख-दुख बाद में पूछ लेंगे। दूसरे ने कहा, यह तो (खेतों की) रखवाली तक नहीं कर पाता, जाने दो जहाँ भी जाए। कुछ लोगों ने भोजन-पानी की व्यवस्था की, यह देख हरि-भक्तों को सुख हुआ। (लोगों ने भरत से कहा) तुम तो पहचाने नहीं जाते, एकदम बिजूका (पंछी भगाने के लिए खेत में खड़ा किया गया पुतला) जैसे लग रहे हो।

राजा रघुगुन बड़े राजा थे। काशी जाकर मुनि कपिल से आत्मज्ञान प्राप्त करने के इरादे से वे पालकी में बैठकर घर से निकले।[47] उनकी पालकी उठाने वाले कहारों में से एक के थक जाने पर राजा ने कहा कि पुष्ट, बलवान शरीर वाले किसी को बेगार करने के लिए लेकर आओ जो इस कहार की जगह ले सके। सिपाही जड़भरत को पकड़ लाए।

रिष की दृष्टि चरननि जीव मांही। नीच ऊँच देषै कछु नांही॥
कहै कहार बुरौ बेगारी। हंम या तै दुष पायो भारी॥ 8 = 61॥
पर्दा षोषि[48] देषे नृप नैंनां। राजा ताहि सुनाऐ बैनां॥
कहै निर्पति अति दुबलु अंगा। परयौ नही काहू कै संगा॥
अबहौ सीष दौं यहु जानै[49]। भै बिन प्रीति न कहैं सयांनै॥ 9 = 62॥

जड़भरथ उवाच

रिष जड़भरुथ कहै सुनि राजा। दुबल पुष्टि देह किहि काजा॥
मन मोटौ ताहि सष्या दीजै। साधन इहै और क्या कीजै॥ 1 = 63॥
जैसैं हरैं तुरंगम चौर। लै आवै राजा पैं भोर॥
सूरी चोर तुरंगम दीजै। नीति अनीति बिचार रु कीजै॥
कौंण चलैं अरु कौंण चलावै। का कौ बोझ कौंन सिर आवै॥
अहंन त्वं कछु देषि बिचारी। राजस बुधि दूरि करि न्यारी॥
ममिता अहं [भा]र सिर मरिये। ग्यान विचार्य दू[रि किन] धरिये॥
ग्यांन बुधि मिथ्या संसारू। सतगुर भाषै सति बिचारू॥
जौ तुम चलै [ग्यान] कै काजा। परहारि पुत्र [कलित्र धन] राजा॥ 2 = 64॥
बारी षेत ग्यांन कहुं बागा। [पटण हाट क]हौ किंहि जागा॥
कूदि निर्पति तब बंदन कीनौं। बडौ अपराध मानि मनि लीनौं॥ 3 = 65॥

भरत नीचे देखते हुए, ध्यान रखते हुए चल रहे थे कि पाँव तले कोई जीव न आ जाए। उन्होंने (या किसी अन्य कहार ने) कहा कि यह बेगार बहुत बुरी, हमें अत्यंत दुखी करने वाली प्रथा है।[50] पालकी का पर्दा खोल राजा ने भरत को डाँटा, कितने कमजोर अंग हैं, किसी से कदम ही नहीं मिला पा रहे हो। यह समझ लो कि अभी तुम्हें सबक सिखा दिया जाएगा। ज्ञानी लोग कहते ही हैं कि भय बिनु होइ न प्रीत। जड़भरत बोले, "राजा सुनो, शरीर का दुर्बल-सबल होना नहीं, मन का प्रबल होना महत्त्वपूर्ण है। देह साधन मात्र है। (अनुशासन तो मन का ही करना चाहिए) देह घोड़े और मन उसे भगा ले जाने वाले चोर के समान है, राजा के सामने लाए जाने पर दंड घोड़े को नहीं, चोर को ही दिया जाता है। (सोचना चाहिए) कौन चलता है, कौन चलाता है। किसका बोझ कौन अपने सिर उठाता है। मैं कौन हूँ, तुम कौन हो, राजसी बुद्धि से जरा हटकर इस पर विचार करो। ममत्व (यानी मोह) के बोझ से मुक्ति (सच्चे) ज्ञान से ही मिलती है। सद्गुरु की वाणी और सच्चे विचार से संसार के मिथ्या ज्ञान से मुक्ति मिलती है। (सच्चे) ज्ञान के मार्ग पर सांसारिक सम्बन्धों के बन्धन तोड़कर ही चला जा सकता है।"

यह सुनकर राजा भरत के चरणों में गिर पड़ा, अपने अपराध के लिए क्षमायाचना की।

ता तैं [राज][51] स नीकौ नाही। तिरन चल्यौ बूडौ भौ माही॥
आराध्या किं बिरोध्यां पावै। [श्र]प हिं [बिष] चंदन कत लावै॥ 4 = 66॥
अम्ब ब्रिष कौ डेलौ बावै[52]। वो फल देइ न बैर बिचारै॥
तपति हरै अरु छाया करई। वहु सुत धार वैर् पहरई॥ 67॥
आसन दे राजा बैठारै। करि डंडौत र चन[53] पछारे॥ 68॥
चरन पकरि रा जा रह्यौ। को भवान समझाइ॥
दत नारद सनकादिका। जन गोपाल सुष भाय॥ 6 = 69॥

भरत कहते रहे—"राजा जो नेक राह पर नहीं चलते, वे भवसागर में डूब जाते हैं। आराधना हो या विरोध, भक्त अप्रभावित रहते हैं, जैसे साँपों के लिपटे रहने पर भी चंदनवृक्ष उनके विष से अप्रभावित रहता है। आम के पेड़ को ढेला मारने पर भी वह वैर नहीं मानता, फल ही देता है, बहुत वैर करने वाले को भी छाया देता है।"

राजा ने भरत को आसन पर बैठाकर उन्हें दंडवत प्रणाम किया। उनके चरण धोए। पाँव पकड़कर कहा, "आप दत्तात्रेय, नारद हैं? या सनकादि ऋषियों में से एक? कृपया बताएँ।"

रिष जड़भरथ उवाच

कारन [नांव प्रकास्यो राजा। कहि कारिज बुझत मम काजा॥
[का]रिज भंजन [कारि]ज[54] मा[टी]। [का]रिज झूठ कुलाल [की आंटी]॥ 70॥
[प्र]थी आप तेज बायु[55] [आकासूं]। [पं]च त[त तहां प्रांन निवासूं]॥
कारिज प्रगट कारन दूरी। [जो] चीन्है सो पावै मूरी॥ 71॥

ऋषि जड़भरत बोले—मेरे या किसी के भी नाम (आशय व्यक्तित्व से है) रूपी कार्य को समझने के लिए कारण समझना जरूरी है। कार्य तो मिट्टी है, भ्रम है। सत्य तो कारण ही है। पृथ्वी, जल, अग्नि, वायु और आकाश—ये पाँच तत्त्व ही जीवन रूपी कार्य के कारण हैं। कार्य (जीवन) पास दिखता है, और कारण दूर। ये कारण (पंचतत्त्व) शाश्वत हैं, जबकि कार्य यानी प्राणी मात्र का जीवन क्षणभंगुर। जो व्यक्ति यह बात समझ ले, उसे जीवन की औषधि मिल जाती है।

[पहलैं] भरथ चक्रवित भयौ। भरथ षं[ड] बाटि तिहि दीयौ॥
मृग मोह तैं मृग तन पायो। [ताहि] तजि ज[डभरथ] कहायो॥ 72॥

पहले भरत चक्रवर्ती सम्राट बने, उन्होंने भरत खंड का विभाजन कर (अपने पुत्रों में) बाँट दिया। मृग-शावक के मोह में वे मृग योनि में जन्मे, जिसे छोड़कर जड़भरत कहलाए।

जड़भरत चरित यहाँ स्पष्टतया सम्पूर्ण हो गया है। इसके बाद की निम्नलिखित दो पंक्तियाँ केवल पांडुलिपि A में मिलती हैं, लेकिन बहुत ही अस्पष्ट, दुर्बोध लिखावट में। इनके बाद कुछ पांडुलिपियों में मिलने वाले उपदेशपरक कथनों, संस्कृत श्लोकों और ब्रजभाषा में सारे चरित के सार-संक्षेप की व्याख्या हमने नहीं की है, यद्यपि इसे नीचे दे दिया गया है। यह सार-संक्षेप हमारी मुख्य पांडुलिपि A में नहीं मिलता।

संस्कृत श्लोक केवल दो पांडुलिपियों B और C में मिलते हैं—

उपजोग्या [x] भर [xxxxxx]गी। राजा की मति हरि स्यौं लागो॥
जानि अजांनि छ[xxxx]कोई। पा[x]क कै गुण प्रगट होई ॥ 4 = 73 ॥

इतने मांहि ग्यांन बिचारहु राजा। सतसंगति करि सारौ काजा॥
रैंन बसे तहां पहरै जागे। नृपति भोर प्रति उतर माँगे॥
कहि [श्लो]क गऐ रिष त्यागी। राजा की अतिसै लै लागी॥

श्लोक

आसा हि बदते लोका। कर्मणं बहु चिंतते॥
आवष्या न जांनामिं। त्स्मात जाग्रत हो राजेश्वरा॥

चौपई

आसा पासि जग तल पटांनां। काल क्रम भै दुष न जांनां॥
आवष्या जानैं न गंवांरा। ता तैं जागे रांम पियारा॥

श्लोक

जन्म दुषं जुरा दुषं। नित दुष पुनः पुनः॥
संसार - सागर महा - दुषं। त्स्मात जाग्रत हो राजेश्वरा॥

चौपई

जन्म दुष मरते दुष भारी। नित दुष दीसै संसारी॥
हरष सोग दुष बारंबारा। ता तैं जागै रांम पियारा॥

श्लोक

कामं क्रोधं तथा लोभं। देही बसते त्सकरा॥
ग्यांन षरग प्रहारानां। त्स्मात जाग्रत हो राजेश्वरा॥

चौपई

कांम दुष क्रोध दुष पावै। लोभ दुष कछु कहत न आवै॥
माया मोह दुष संसारा। ता तैं जागै रांम पियारा॥

श्लोक

माता नास्ति पिता नास्ति। नास्ति बंध सहोदरं॥
अर्थ द्रब ऐवं नास्ति। त्स्मात जाग्रत हो राजेश्वरा॥

चौपई

माता नास्ति पिता पुनि भयौ। बंध सहोदर आपन गयौ॥
पुत्र कलित्र दुष संसारा। ता तैं जागैं रांम पिया[रा]॥

श्लोक

दुष नास्ति सुष नास्ति। नास्ति मांनां अमांनयौ॥
षुध्या कारन भोजन नास्ति। त्स्मात जाग्रत जाग्रतं॥

चौपई

अर्ब षर्ब हाथी घर मोरा। भूमि भंडार न बिभौ थोरा॥
आंषि मूंदि देषै तिहि बारा। ता तैं जागै रांम पियारा॥
करि उपदेस गया रिष राई। राजा के मनि प्रीति बढाई॥
डेरा छाडि गएे बनवासा। गुर गोबिंद सूं बाढी प्यासा॥
मन ही मन राजा यूं जांनी। कृपा करी अब सारंगप्रांनी॥
[अ]नैंआस गुर मिलीऐ आई। प्रेम प्रीति हरि सूं लै लाई॥
[भाग] बडैं ही पाईये। साधनि कौ सतसंग॥
जन गोपाल जगदीस कौ। तन मन लाग्यो रंग[56]॥ 74॥

संत मिले कारज भऐ। अनंत जीव भऐ पार॥
अति गंभीर जगत्रहै। ता मैं संत अधार॥
समद परोहन जे चढे। ते ते उतरे पार॥
संत परोहन जगत के। षेय उतारन न[57] हार॥

ज्यूं पारस अंग परस तां। लोहा कंचन होइ॥
यूं साधू सतसंग तैं। क्रम काटैं सिधि होइ॥
मलीयागर अंग परस तैं। सीतल भऐ भुयंग॥
यूं तपति मिटै जीव की जलणि। जो कीजै सतसंग[58]॥
सो कहा पटंतर दीजीऐ। देबे कूं कछु नांहि॥
गुण अनंत प्रमति नही। साधू संगति मांहि॥

॥इति जड़भरत चरित ग्रंथ सम्पूर्ण॥

सन्दर्भ

1. यह चरित्र *भागवत पुराण* (5.4-13) में दी गई कथा पर आधारित है। *विष्णु पुराण* के अध्याय 13-14 में भी जड़भरत की कथा लगभग इसी रूप में मिलती है।
2. परम के स्थान पर प्रेम शब्द भी सम्भव है।
3. पांडुलिपि B—क्रम क मांहि। C और E में भी यही।
4. पांडुलिपि B, C, E —बत, (वर्ष) आशय दीर्घावधि से ही है।
5. पांडुलिपि B, E, मलवत; पाठ C, मलवल. मलवत (मल्ल की भाँति) बेहतर अर्थ देता है।
6. देखें *भागवत पुराण* 5.4; 5.5। ज्येष्ठ पुत्र भरत के बाद के नौ भाई 'प्रधान' कहे गए हैं। 'प्रधान' नौ बाद के नौ भाई *भागवत* में 'महाभागवत' कहे गए हैं। योगी या योगेश्वर शब्द वहाँ नहीं बरता गया है। बाकी इक्यासी, *भागवत* के अनुसार वेदज्ञ थे और निरन्तर "पुण्यकर्म करने के कारण ब्राह्मण हो गए थे" (*भागवत*, 5.4. 9-13.)
7. ज ते प्रांनु के स्थान पर पांडुलिपि B और C में थे प्रात है, जो कि बेहतर पाठ है।
8. पांडुलिपि B, C, और E में गात (प्रात के साथ तुक मिलाते हुए)
9. *भागवत पुराण* (11.2.19) के अनुसार भी भरत से छोटे नौ भाई नव खंडों (द्वीपों) के शासक थे।
10. *भागवत पुराण* (5.7.8-10) के अनुसार, भरत चक्रनदी (गंडक) के किनारे पुलहाश्रम (हरिहर क्षेत्र) चले गए थे। गंडक नदी नेपाल और बिहार में बहती हुई पटना के निकट गंगा में मिल जाती है।
11. *भागवत पुराण* (5.7.1) के अनुसार, नदी तट पर बैठे भरत ने तीन मुहूर्त्त तक ओम जाप करने के बाद मृगी को देखा था।
12. पांडुलिपि B, C, में मृतक; E, म्रितक।
13. पांडुलिपि A, D और F में परम वबाच
14. पांडुलिपि B और C में ब्रह्म।
15. पांडुलिपि B, C, D, E में अगाध।
16. पांडुलिपि A में इस पंक्ति का क्रम 16 दिया गया है। जाहिर है कि पांडुलिपि B से ली गई अगली पंक्ति किसी कारणवश पांडुलिपि A में छूट गई है।

17. पाठ B, C, जीवन बृति; पाठ D, जीवन ब्रति; पाठ E, जीवन ब्रिति।
18. पाठ B, E, धाइ; C, D, धाई।
19. पाठ B, C, उभै
20. यह पंक्ति पांडुलिपि A में नहीं है।
21. *भागवत* और *विष्णु पुराण* की कथा में हिरण कहीं भागता नहीं, बल्कि स्वाभाविक मृत्यु को प्राप्त होता है।
22. पाठ A में यहाँ 'अब' जाहिर है कि गलती से दोहराया गया है।
23. पाठ B, काहूं; C और E, काहू ; D, काहु।
24. पाठ B, बंध्यौ; C, बधौं; D, बीधौ; E, बंधू।
25. पाठ B, सुमरन; C, सुमिरन; E, सुमिरण।
26. *भागवत* (8.8.10) के अनुसार भरत हिरण माता-पिता को त्याग कर पुलह ऋषि के आश्रम में वापस आ गए थे, और वहीं उन्होंने अन्ततः "शरीर का आधा भाग गंडकी के जल में डुबोए रखकर मृगशरीर त्याग दिया था।"
27. पाठ B, C, D, E, पछि।
28. पाठ B, कन क कलंक कटै; C, कन कलंक कटै; D, कनं क कलंक टै; E, कनं क कलंक कटै।
29. *भागवत पुराण* (5.9.1-5) के अनुसार भरत के भाई उनके पिता की बड़ी पत्नी के थे, बहन सगी थी। यहाँ भरत की माता को विदुषी नहीं बताया गया है।
30. यह पंक्ति हमारी मुख्य पांडुलिपि (A) में नहीं है, लेकिन अन्य पांडुलिपियों में मिलती है।
31. इस पंक्ति और 'बैटे ठाढें, सुमिरन करै' के बीच की पंक्तियाँ पांडुलिपि B.C और D में मिलती हैं। आशय यही है कि पिता के साथ ही माता का भी निधन हो गया और भरत उपेक्षित, अपमानित जीवन जीते रहे। पांडुलिपि कुल मिलाकर भागवत (5.9.6-9) के अधिक निकट है।
32. Texts B, C, D, and E, भाव।
33. Texts B, C, मांन; E, नांम; F, कांम।
34. Texts B, C, D, गौंड; E, गुंड।
35. जन गोपाल की बलि चढ़ाने का यह प्रसंग *भागवत पुराण* (5.9.12-20) जैसा ही है, लेकिन जन गोपाल इसमें अनेक महत्त्वपूर्ण परिवर्तन करते हैं। सबसे महत्त्वपूर्ण यह कि *भागवत* के विपरीत जन गोपाल की बलि चढ़ाने का प्रयत्न 'निम्नकुलोत्पन्न' डाकुओं के सरदार द्वारा नहीं, बल्कि गौड़ देश (बंगाल) के राजा द्वारा किया जाता है।
36. Texts B, C, D, E, बेगि न्हवाइ, बेहतर पाठ
37. Texts B, C, D, अपनैं, बेहतर पाठ
38. पूरा नाम नहीं दिया गया है, किन्तु आशय यही प्रतीत होता है।
39. आशय बहुत स्पष्ट नहीं है। पाठ E और F में दूसरी पंक्ति नहीं है।
40. देवी से वचन लेकर उन्हें क्षमादान की ये पंक्तियाँ पाठ B और C से
41. अपने क्रोधी स्वभाव के लिए विख्यात दुर्वासा ने जब भक्त अम्बरीष को सताया तो भगवान ने सुदर्शन चक्र दुर्वासा के पीछे लगा दिया। अम्बरीष से क्षमायाचना करके ही दुर्वासा प्राण बचा पाए।

42. पाठ B, परछ्या यह; C, प्रछ्या यह; D, परकहाइ है, E, परछ्याइ है।
43. पाठ B, C, ध्यायौ; D, E, धायौ।
44. पाठ B, चढि चौडोरि रु; C, चढि चौडौरि रु; D, चढि चौडोर रू; E, वैठि पालिकी।
45. पाठ B, C, D, बेगारी; E, वेहारी. पाठ A में व के नीचे बिन्दी का ना होना संकेत करता है कि इसे ब भी पढ़ा जा सकता है।
46. देवी द्वारा भरत को उनके घर वापस छोड़ आने का उल्लेख भागवत में नहीं है।
47. *भागवत पुराण* (5.10-13) में राजा का नाम रहूगण बताया गया है।
48. पाठ C, परदा षौलि; D, परदा षोलि
49. पाठ B, C, ज्यूं मांनैं; D, ज्युं जांनै; E, ज्यौं जांनैं
50. *भागवत पुराण* (5.10.1) में भी उल्लेख है कि भरत बेगार (विष्टि) के लिए बलपूर्वक पकड़े गए थे, लेकिन वहाँ बेगार के बारे में वे (या कोई अन्य कहार) कोई शिकायत नहीं करता। यह बहुत स्पष्ट नहीं है कि बेगार को बहुत दुखदायी भरत कह रहे हैं या कोई अन्य कहार, लेकिन इसमें तो कोई सन्देह नहीं कि कहला जन गोपाल रहे हैं।
51. पाठ में यह शब्द सम्भवत: राय लिखा गया है, लेकिन अन्य चार पाठों में राज ही है।
52. पाठ B, C, D, E, डारै।
53. Texts B, C, रु चरन; D, रू चरन; E, चरन, बेहतर पाठ
54. Text B, D, कारन; C, कारज; E, कारण।
55. Texts B, C, D, E, बाइ।
56. पाठ A और E में जड़भरत-चरित्र यहीं समाप्त हो जाता है।
57. यह 'न' अनावश्यक प्रतीत होता है, पाठ C और D में है भी नहीं।
58. यहाँ केवल पाठ D में दादू स्तुति के दो दोहे और जोड़े गए हैं—

    जलती बलती आतमा। साध सरोवर जाई॥
    दादु पावै राम रस। सुष में रहै समाय॥
    दादु गुर प्रसाद तैं। जे कुछ कहिये ग्यांन॥
    जन गोपाल हरि सुमीरिये। धरिये पुरण ध्यान॥

अध्याय 5

ध्रुव चरित्र

यह पाठ हिन्दी साहित्य सम्मेलन की पांडुलिपि (क्रमांक 1900, यहाँ 'पांडुलिपि A') से लिया गया है। इस पाठ में अक्षर सुवाच्य हैं। जो पांडुलिपियाँ हमने देखी हैं, उनमें से इसका पाठ कुल मिलाकर श्रेष्ठतम है। राजस्थान के बाहर के अभिलेखागारों में प्राप्त होने वाली चन्द पांडुलिपियों में से एक यह भी है। हमारे पास इसकी फोटोकॉपी है, जो बनारस हिन्दू यूनिवर्सिटी के स्व. प्रो. शुकदेव सिंह से प्राप्त की थी। अन्य पांडुलिपियों में प्राप्त पाठों की तुलना हमने इसी पांडुलिपि से की है। पांडुलिपि G का उपयोग हमने कम ही किया है।

पांडुलिपि A : हिन्दी साहित्य सम्मेलन (हिंसास) क्रमांक 1900। इसका सम्बन्ध रामसनेही पंथ की शाहपुरा शाखा से है। तिथि नहीं दी गई है, लेकिन इसका रचनाकाल सत्रहवीं-अठारहवीं सदी (ईस्वी) प्रतीत होता है।

पांडुलिपि B : राजस्थान ओरिएंटल रिसर्च इंस्टीट्यूट, क्रमांक 16। तिथि—1718 वि. (1661 ई.)

पांडुलिपि C : राजस्थान ओरिएंटल रिसर्च इंस्टीट्यूट,जयपुर, क्रमांक 74। तिथि अज्ञात। कैटलॉग में दिए अनुमान के अनुसार विक्रम की अठारहवीं सदी।

पांडुलिपि D : राजस्थान ओरिएंटल रिसर्च इंस्टीट्यूट,जयपुर, क्रमांक 9771

पांडुलिपि E : जयपुर पैलेस पुस्तकालय, क्रमांक 3657, तिथि—1811 वि. (1754 ई.)

पांडुलिपि F : राजस्थान ओरिएंटल रिसर्च इंस्टीट्यूट, जोधपुर, क्रमांक 11583। यह सम्भवत: दादूपंथी पांडुलिपि 1693 वि. (1636 ई.) की है। अन्य पाठों की तुलना में इसमें ध्रुव चरित्र बहुत संक्षिप्त आकार का है। कारण यह नहीं कि जन गोपाल का ध्रुवचरित्र था ही इतना संक्षिप्त, बल्कि यह कि पांडुलिपि शायद अधूरी है।

पांडुलिपि G : राजस्थान ओरिएंटल रिसर्च इंस्टीट्यूट, जयपुर, क्रमांक 11647। इस पांडुलिपि की तुलना अन्य पाठों से तभी की गई है जब कहीं अन्यत्र संतोषजनक पाठ नहीं मिला।

पांडुलिपि H : एक अन्य प्राचीन, किन्तु तिथिहीन पांडुलिपि जयपुर से प्राप्त। फोटोग्राफ डब्ल्यू.एम. कालेवार्त। उन्होंने इसे फिल्म 2 नाम दिया है। (कालेवार्त, डि ब्राबांदरे 1980: 30-31)।

पाठभेद सूचित करने वाले फुटनोट वहीं लगाए गए हैं, जहाँ पांडुलिपि A के अलावा अन्य पांडुलिपियों का पाठ कुछ विशेष है, या जहाँ अन्य पाठ A के पाठ से बेहतर लगे।

अथ ग्रंथ ध्रुब चरित्र लिष्यते

दोहा

सिव बिरंचि सनकादिका। सुष नारद प्रह्लाद॥
ध्रुव की कथा बरनन करूँ। तुम सब कौ परसाद॥ 1॥
यो भागवत कथा भई। चतुरथ सकंध सुगाइ॥
सुष रुषि परीषत नृप सूं। नीकां कही सुनाइ॥ 2॥

चौपई

गुर गोबिंद प्रणांम करीजे। मन बच करम चरण चित दीजे॥
रांम भगति कौ प्रारम्भ होई। गुपत बात समझाऊँ सोई॥ 3॥
सत जुग त्रेता द्वापर गया। सत[1] जुग आवागमन जु भया॥
पांडब राज परीषत दीन्हौं। कलि प्रबेस पृथी परि कीन्हौ॥ 4॥

अब ध्रुव चरित्र लिखते हैं।

हे शिव, ब्रह्मा, सनक आदि ऋषिगण, शुकदेव, नारद एवं प्रह्लाद, आप सब की कृपा से अब मैं ध्रुव की कथा कह रहा हूँ।

यूँ यह कथा *भागवत* के चतुर्थ[2] स्कन्ध में है। वहाँ शुकदेव ऋषि ने परीक्षित को यह कथा विस्तारपूर्वक सुनाई है।

गुरु, गोविन्द दोनों को प्रणाम करके, मनसा, वाचा, कर्मणा उनके चरणों में ध्यान लगा दें। यहाँ मैं रामभक्ति के आरम्भ की गुप्त कथा समझाऊँगा।

सतयुग, त्रेता और द्वापर युग के जाने के बाद, कलियुग का आगमन हुआ। पांडवों ने परीक्षित को राजपाट सौंप दिया। पृथ्वी पर कलियुग ने प्रवेश किया।

कलिजुग उवाच

कलिजुग कहै परीछत राजा । यांहां नहीं तुम्हारौ काजा॥
बासर गयौ निसा पुनि आई । झूंठ कपट बरतैगौ भाई॥ 5॥

राजा उवाच

राजा कहै जुध करि भाई। उभै षडग क्यूं म्यांन समाई॥
कलि जुग कहै जुध क्यूं कीजै। ठौर बताइ अरु डेरौ दीजै॥ 6॥
तिहि राजा पै डेरा माग्यौ। सरणांगत कहौ कौनै त्याग्यौ॥
बेसां दूत पसु हंता भाई। सुरापानि ता गेह कराई॥ 7॥

कलिजुग उवाच

च्यारि ठौर बासौ दीयौ। सो हम सीस चढाइ अरु लीयौ॥
को ईक ठौर तौ उतिम पांऊँ। तिहि ठां असथिर सदां रहांऊँ॥ 8॥

राजा उवाच

तब राजा कह्यौ माँगि लै सोई। जो तेरे मन इछा होई॥
तब राजा पासि कनिक लीयौ मागीं। कलि की छांहां सुमति नहीं जागी॥ 9॥
आषेटक राजा बनि जाई। कनक छत्र सिर ऊपरि भाई॥
तिहि राजा कौ मन भरमायौ। त्रषाबंत है दुष दिषायौ॥10॥
समिक आश्रम राजा आयौ। तब तिहि आदर मांन न पायौ॥
म्रितक सरप गलै लैं मेल्यौ। सुक्रत मांह अनल गह भेलौ॥11॥
देह दसा आश्रम[3] गुण भूलै। सुष सागर मै मुनि बर झूलै॥
जैसौ सरप पौहौप की माला। यह क्रत करि बहुरे भूपाला॥12॥

कलियुग ने कहा—सुनो राजा परीक्षित, अब तुम्हारा यहाँ कोई काम नहीं। (तुम्हारा) दिन बीत गया, अब (मेरी) रात आ गई है। मैं अब सब ओर झूठ और कपट फैला दूँगा।

राजा बोले—आओ, युद्ध करते हैं। एक म्यान में दो तलवारें कैसे रह सकती हैं?

कलियुग ने कहा—युद्ध क्यों किया जाए। तुम तो मुझे वह स्थान बता दो, जहाँ मैं निवास कर सकूँ। उसने राजा से घर माँगा। शरणागत को भला कौन त्यागता है? सो, कलियुग का निवास हुआ वेश्यावृत्ति, जुए, मांसाहार और मदिरापान में। कलियुग ने कहा, आपके दिए चारों स्थान सर माथे, लेकिन मुझे स्थायी निवास भी तो चाहिए।

राजा ने कहा कि जो भी तुम्हारे मन में इच्छा हो, उसे माँग लो। कलि ने राजा से स्वर्ण (में स्थायी निवास) माँग लिया। कलि की छाया ऐसी पड़ी कि राजा की भी सुमति जागृत नहीं हुई। सोने का छत्र धारण किए राजा आखेट के लिए वन गए, प्यास के मारे विकल-चित्त भटकते हुए वे ऋषि के आश्रम जा पहुँचे। वहाँ उचित सम्मान न मिलने से क्रुद्ध राजा ने तपस्यारत ऋषि के गले में मृत सर्प डाल दिया। ऐसा करते ही उनके सभी पुण्य जलकर राख हो गए। मुनि को तो अपनी देहदशा का ज्ञान ही न था। वे तो सुख सागर में तिरने लगे, मानो गले में सर्प नहीं फूलों की माला पड़ी हो। यह कार्य करके राजा लौट गए।

तब ही श्रंगी रिषि सुधि पाई। सो चलि पिता कैं आश्रम आई॥
चलि आश्रम दरसन हूं पांऊँ। अति दुष भयौ सो आतुर जांऊ॥ 13॥
तब श्रंगी रिषि सुत आयौ। देष्यौ सरप बहुत दुष पायौ॥
सपत दिवस मैं तषक षाई। बिन अपराध सिज्या किन पाई॥ 14॥
जब राजा सिर छत्र उतार्यौ। ग्यान ध्यांन मन मांहि बिचार्यौ॥
कबन क्रत करि हूं गेह आयौ। भरत बंस कूं कलंक लगायौ॥ 15॥
माता बहन सुता गम कीजै। कौन भांति जग मांहीं जीजै॥
गाय बिप्र अरु साध सतावै। कैसी भांति उपंमां पावै॥ 16॥
ज्यूं रण मांहीं छत्री भाजी। उलटै सती बहुत बिधि लाजै॥
अभष भषै बिप्र क्यूं मांनै। जती होइ बिनता संग ठांनै॥ 17॥
अब मो कूं मूवां बनि आबै। गुर द्रोही कैसै सुचि पाबै॥
जिन की सेवा भव निसतरीऐ। सो कैसी भांति अबग्या करीऐ॥ 18॥

ऋषि के पुत्र शृंगी ऋषि को पिता की याद आई, वे पिता के आश्रम की ओर चल पड़े। उन्हें आभास हुआ था कि पिता कष्ट में हैं, जाकर उन्हें देखना चाहिए। ऋषि पुत्र शृंगी पिता के गले सर्प पड़ा देख अत्यन्त क्रुद्ध हुए। उन्होंने शाप दिया कि सात दिनों में (राजा को) तक्षक डस लेगा। बिना अपराध कोई भी सजा नहीं पाता।

उधर, राजा ने सर से (सोने का) छत्र हटाया तो उन्हें बोध हुआ कि वे वन में भरत वंश को कलंकित करने वाला कृत्य कर आए हैं। माता, बहन और पुत्री के साथ गमन (सम्भोग) करके कैसे इस जगत में जिया जा सकता है? गाय, ब्राह्मण और साधुओं को सताने वालों की तुलना ऐसे लोगों (अगम्यागमन करने वालों) के सिवाय किसी से नहीं की जा सकती। रण से भागे हुए क्षत्रिय और सती पथ से विचलित स्त्री को लांछन ही मिलता है। अभक्ष्य को खाने वाले ब्राह्मण को ब्राह्मण नहीं माना जाता। यदि कोई योगी स्त्री का संग-साथ करता है, तो उसे योगी नहीं

कहा जाता। अब मेरी मृत्यु अवश्यम्भावी है। गुरु से द्रोह करने वाला पवित्र कैसे कहा जा सकता है। जिनकी सेवा करने से भवसागर पार हो जाता है, उन्हीं की यह अवज्ञा मुझसे कैसे हो गई?

मंत्री उवाच

भरत बंस ध्रुब[4] कुल रासी। अपनौं ग्यांन गहौ अबिनांसी॥
ब्रह्म ससत्र गरभ रष्या कींनीं। थोरी चूक काहा मति दीनीं॥ 19॥
बिगर्यौं काज बहुत दुष पायौ। यूं राजा मन मैं पछितायौ॥
दीयौ श्राप मिटै सो नांहीं। तब रिष मतौ कीयौ मन मांहीं॥ 20॥

संमिक उवाच[5]

अब हम कूं ऐसी नहीं चहीयै। चलौ जाइ अब नृप कूं कहीयै॥
माहा धरम कुल परीषत राजा। तिन कौ कबहूं न होइ अकाजा॥ 21॥
तब संमिक श्रंगी तांहां आए[6]। द्वारपाल राजा हि सुनाए॥
राजा आय डंडबत कीनां। नीची द्रष्टि चरण चित दीनां॥ 22॥
संमिक कहै सुनौ हो राई। भाबी होइ सो मिटै न काई॥
करम किये कौ लागौ पापा। सपत दिबस मैं षैहै सांपा॥ 23॥
करनौ ह्वै सो कीजे सोई। हम कूं दोस न दीजे कोई॥
तब राजा रिष कूं पूछै ऐसैं। मेरौ उधार होइहै कैसैं॥ 24॥
रिष राजा सूं बचन उचारा। तत षिण त्यागौ गेह बिबहारा॥
हरि संतनि सूं प्रीति लगाबौ। ऐसी भांति मोषि तुम पाबौ॥ 25॥

मंत्री ने कहा—आप धर्म-राशि भरत के वंशज हैं। आप अपने अविनाशी ज्ञान को पुनः जाग्रत करें। गर्भ में तो स्वयं कृष्ण ने अपने सुदर्शन चक्र द्वारा, ब्रह्मास्त्र से आपकी रक्षा की थी। एक छोटी सी चूक से इतने व्यथित होने की आवश्यकता नहीं है। (किन्तु राजा की चिन्ता कम न हुई, उन्हें) बिगड़े काम का बहुत दुख और पछतावा था। दिया गया शाप मिटता नहीं, यह सोचकर राजा मन-ही-मन बहुत पछताए।

(उधर) ऋषि ने अपने आप से कहा, यह वांछित नहीं है। परीक्षित वंशपरम्परा से ही महान धार्मिक राजा हैं, उनका अहित नहीं होना चाहिए। राजा को (शाप के बारे में) बता देना चाहिए। (ऐसा निश्चय कर) ऋषि शमीक, शृंगी के संग आए और द्वारपाल से अपने आने की सूचना राजा को भेजी। राजा ने आकर दंडवत प्रणाम किया और लज्जावनत आँखों के साथ चित्त को ऋषि के चरणों में लगा दिया। शमीक ने कहा कि हे राजा सुनो, होनी तो होकर ही रहेगी। तुमने जो कर्म

किया है, उसका पाप तो लगेगा ही। सात दिनों में साँप तुम्हें डस लेगा। जो उपाय तुम कर सको, करो। हमें दोष न देना। राजा ने पूछा, मेरा उद्धार कैसे होगा? ऋषि ने उत्तर दिया, "इसी क्षण गृहस्थ जीवन त्याग कर हरि व संतों की सेवा करो। इसी प्रकार तुम मोक्ष प्राप्त कर सकोगे।"

राजा उवाच

कबन संत कैसैं हूं जांनूं। अब तुम मो सूं कहौ बषांनूं॥
हूं अग्यांन नहीं जानूं भेवा। तुम किरपाल कहौ यह देवा॥26॥

रिष उवाच

व्यास पुत्र नांम सुषदेव। सुनि नृप तोहि बतांऊँ भेव॥
वा कै दरसन तोहि गति होइ। और उपाइ न दीसै कोइ॥ 27॥

राजा उवाच

सुष रुष कैसी बिधि आई। मो कूं सकल कहौ समझाई॥
मेरी म्रतु निकट अब आई। तुम कहौ सो करूं उपाई॥ 28॥

रिष उवाच

बे हरिजन हिरदा की जांनैं। उन तैं काहा बात है छांनैं॥
आराधैं निकटै ही राई। यह मै कह्यौ तोहि उपाई॥ 29॥
जोग जग्य ब्रत बहु बिधि करीऐ। इन सूं नाहीं पार उतरीऐ॥
संत सिरोमणि सुषाचारज सोई। दरसन पाइ परम गति होई॥ 30॥
तब राजा त्यागि बन आयौ। मन केरु चित बिमांन बनायौ॥
तांहां सुष देव कौ आराध कराई। मन बच कर्म सु चित लगाई॥ 31॥

राजा ने कहा—संतों की पहचान आप विस्तार से मुझे बतलाएँ। मुझ अज्ञानी को तो ज्ञात नहीं, आप ही कृपापूर्वक कहें।

ऋषि बोले—सुनें राजा, मैं यह भेद की बात आपको बतलाता हूँ कि ऋषि व्यास के शुकदेव नामक पुत्र हैं। उन्हीं के दर्शनों से लाभ होगा, और तो कोई उपाय मुझे दिखता नहीं। राजा ने कहा—ऋषि शुकदेव से मिलने की विधि कृपया बतलाएँ। मेरी मृत्यु अब निकट जान पड़ती है। आप जो बतलाएँगे, मैं वही करूँगा।

ऋषि ने कहा, वे हरिजन (भगवान के अपने) हैं, उनसे कोई बात छिपी नहीं रहती। राजा, आराध्य तो तुम्हारे निकट ही हैं। मैं तो बस उपाय बता रहा हूँ। योग,

यज्ञ, व्रत आदि कितने भी कर लो, भवसागर पार नहीं होता। किन्तु संत-शिरोमणि आचार्य शुकदेव के दर्शन मात्र से परम गति प्राप्त हो जाती है। तब राजा सब कुछ त्याग करके वन में चले गए। उन्होंने मन को नियंत्रित करके चित्त को शुकदेव के विमान में बदल दिया (पूरा ध्यान शुकदेव पर केन्द्रित कर दिया); मनसा, वाचा, कर्मणा उनकी आराधना शुरू कर दी।

राजा उवाच

मेरै बहु आकुलता होई। तुम क्रपाल परम सुष सोई॥
ज्यूं आराध्यां ईसुर आवै। त्यूं क्रपा करि सुष दरस दिषावै॥ 32॥
सब रिषि मिलि करि आए तांहां। राजा रच्यै सिंघासन तांहां॥
कीरति षंभ नांव तिहि धारा। तांहां न काहू का पैसारा॥ 33॥
कोई ठाढे हजूर रहांहीं। कोई धूंमर पांन करांहीं॥
कोई पबनज नीकै साधै। कोई सूर मंत्र आराधै॥ 34॥
कोई नगण कोई ब्रत धारा। कोई त्रकाल तप करणैंहारा॥
ग्रीषम पंचा अगिनि जरांई। सीत काल जल मध्य रहांहीं॥ 35॥
बरषा सकल सीस पर धारा। मुष मूंनी नहीं सबद उचारा॥
कोई महीनै भोजन करहीं। कोई षट मास अंनम न धरहीं॥ 36॥
कोई कंद मूल षणि षांहीं। कोई पत्र फल गुदर करांई॥
केई ऊरध बाहु रहांई। कैई संजम तप करांई॥ 37॥
बहुत प्रकार मुनि आऐ तांहां। जोजन ऐक सभा है जांहां॥
सिंहासन बैठै नहीं कोई। तब राजा मन चिंता होई॥ 38॥

राजा ने कहा कि मैं अत्यन्त व्याकुल हूँ। आप कृपावन्त हैं, परम सुख देने वाले हैं। जैसे आराधना करने पर ईश्वर प्रकट होते हैं, वैसे ही शुकदेव जी आप भी कृपापूर्वक मुझे दर्शन दें। वहाँ ऋषिगण पधारने लगे, राजा ने एक सिंहासन का निर्माण करवाया, जिसके स्तम्भ कीर्ति के थे, जिसका आधार (हरि का) नाम था। ऐसे सिंहासन तक पहुँचना सबके बस की बात नहीं थी।

(आए हुए ऋषियों में से) कोई लगातार खड़े रहने की साधना करते थे, कोई धुआँ ही पीकर जीने की। कोई हनुमान जी की पूजा करने वाले थे, तो कोई सूर्य का मंत्रजाप करने वाले। कोई निर्वसन थे, तो कोई व्रतधारी। कोई त्रिकालतप करते थे, कोई भीषण ग्रीष्म में आग तापते थे, तो कोई शीतकाल में जल के बीच खड़े रहते थे। कोई वर्षा की धारा के नीचे निरन्तर खड़े रहने की साधना करते थे, तो कोई निरन्तर मौन व्रत की। कोई महीने के महीने भोजन करते रहते थे

(आशय बहुत ज्यादा खाने से है) तो कोई छह-छह महीने मुँह में अन्न का दाना नहीं डालते थे। कोई खोद-खोद कर कंद-मूल खाते थे तो कोई बस फलों के गूदे और पत्तों का आहार करते थे। कोई दोनों बाँहें ऊपर उठाए खड़े रहते थे, कोई हर प्रकार का संयम-तप करते थे।

ऐसी भाँति-भाँति के इतने सारे तपस्वी वहाँ आए कि सभा एक योजन तक फैल गई। किन्तु वहाँ निर्मित सिंहासन पर बैठने का साहस किसी का नहीं हुआ। यह देख राजा चिन्तित होने लगे।

दोहा

तब नृप करणां जांनि कैं। आए व्यास के पूत॥
नगन मगन आनंद मैं। जैसै दत अबधूत॥ 39॥
तन की सोभा कनक सम। लोचन कमल सम जांनि॥
सकल सभा बिचि होइ कैं। बैठे आसंण आंनि॥ 40॥

चौपई

तब राजा मन[7] बिस्मै आई। इन सूं संसय क्यूं करि जाई॥
बय ब्रध विद्या तप स्वांमीं। ग्यांन ब्रध सो अन्तरजांमीं॥ 41॥
इनकी नहीं सनमांन कराई। तुम तौ जांन राइ सुष दाई॥
मान भंग तुम सब कौ कीयौ। अति दीरघ दुष इन कूं दीयौ॥ 42॥

श्री सुष उवाच

सुष नृपति सूं बचन उचारा। ऐ तौ है बिबहारी सारा॥
क्रत करै अपनौं भरि पावै। हरि करणां मन कबहूं न लावै॥ 43॥

राजा उवाच

कछू विभौ नांहीं इन पासा। माया सेती रहै उदासा॥
काहा बिबहार करहैं स्वांमीं। कहौ क्रपा करि अन्तरजांमीं॥ 44॥

तभी, राजा को चिन्तित देख व्यास के पुत्र शुकदेव दत्तात्रेय अवधूत की भाँति निर्वसन, आनन्दमग्न वहाँ पधारे। उनके तन की शोभा स्वर्ण के समान थी, उनके नेत्र कमल की तरह थे। वे पूरी सभा के बीच से होते हुए, आसन पर जा विराजे। राजा मन-ही-मन विस्मित हुए। इन पर कैसे संशय किया जा सकता है? स्वामी (अर्थात् आदरणीय) तो वयोवृद्ध और विद्यासम्पन्न गुरु भी होते हैं, लेकिन अन्तर्यामी

तो वही है जो ज्ञानवृद्ध हो। आप (यानी शुकदेव) ज्ञानवृद्ध हैं, सुखदायी हैं, आप जानते ही हैं कि ये सब लोग (भाँति-भाँति की तपस्या करने वाले) वस्तुत: सम्मान के पात्र नहीं हैं। असल में तो, आप ही ने इनके सम्मान को भंग कर इन्हें बहुत समय से इन्हें दुखी कर रखा है।

शुकदेव बोले, ये सारे व्यवहारी लोग हैं। सारे कर्मकांड, अनुष्ठान केवल स्वार्थ-सिद्धि के लिए करते हैं। हरि के चरणों में मन कभी नहीं रमाते। राजा ने कहा, इन्होंने वैभव त्याग दिया, माया के प्रति उदासीन हैं, फिर भी ये लोग ऐसा सांसारिक व्यवहार, आचरण क्यों करते हैं, आप अन्तर्यामी हैं, आप ही मुझे बताएँ।

श्री सुष उवाच

दोहा

तब सुष नृपति सूं कहै। उन कूं पूछौ जाइ॥
इतनौ कष्ट तुम करत हौ। कहौ सुमुनि किहि भाइ॥ 45॥
तब तिन हीं उत्तर दीयौ। नीकै सुनीयौ लोइ॥
राज श्री अर ऊँच कुल। लोक लहैगे सोइ॥ 46॥

राजा उवाच

चौपई

तब नृप सुष सूं बचन कहाई। पीछै अधोगति पुनि जाई॥
ता तै तुम मोहि कथा सुनावौ। अन आसै मोहि पार लगावौ[8]॥ 47॥

श्री सुष उवाच

दोहा

श्रबणां अब लूं ना सुन्यौ। नां कहूं देष्यौ नैन॥
बेक्ष्मब नरक प्रापति भयौ। अब लूं सुन्यौ न ऐन॥ 48॥
पाप ताहि परसै नहीं। ज्यूं कीट अगार न षाइ॥
जैसै नृप के पुत्र कूं। प्रजा न डंडै काइ॥ 49॥
अति दुरलभ नर देह है। बार बार नहीं पाइ॥
जन गोपाल हरि की भगति। संत चरण चित लाइ॥ 50॥

शुकदेव ने राजा से कहा कि आप यह प्रश्न उन तपस्वियों, श्रेष्ठ मुनियों से ही करें कि वे इतना कष्ट क्यों उठाते हैं। (राजा के पूछने पर तपस्वियों ने उत्तर दिया)

कि हम तपस्या के फलस्वरूप इसी लोक में राज्यश्री और उच्च कुल प्राप्त करेंगे। यह सुनकर राजा ने शुकदेव से कहा, यह सब प्राप्त कर लेने के बाद भी तो अन्त में अधोगति को ही जाएँगे। इसलिए आप मुझे तो ऐसी कोई कथा सुनाएँ जिससे मैं भवसागर पार कर सकूँ। शुकदेव बोले, किसी वैष्णव को नरक जाना पड़ा हो, ऐसा मैंने न तो देखा है, न सुना है। वैष्णव को पाप छू नहीं सकता, जैसे कि कीट अंगार नहीं खा सकता। जैसे प्रजा राजपुत्र को दंडित नहीं कर सकती। नरदेह बहुत दुर्लभ है, बार-बार नहीं मिलती।

जन गोपाल कहते हैं, हरि-भक्ति करने और संतों के चरणों में चित्त लगाने के अलावा और कोई उपाय नहीं है।

श्लोक

दुर्लभो मानुषो देही। देहिनां क्षण भंगुर॥
तत्रापि दुर्लभं मन्ये। बैकूंठ-प्रीय-दर्शने॥51॥

राजा उवाच

सुष सूं कहै परीषत राजा। दरसन देह सरै मम काजा॥
नेरी म्रतु काहा करै प्रांणीं। जोग जग्य गति जाइ न जांणीं॥52॥
तुम सतगुर समांन नहीं कोई। दरसन देह मुक्ति जन होई॥
भिनि भिनि करि कै कथा सुनावौ। करण पुटन इंम्रत रस पाबौ॥53॥

श्री सुष उवाच

सुनौ नृप जो कथा सुनाई। तौ कछू पूजा करौ तुम आई॥
राजा कहै आग्या करौ सोई। जो कछू तुम्हारी अंछा होई॥54॥

राजा उवाच

अस्व गज द्रव्य परगनां गांऊँ। जो चहीयै सो लेउ बलि जांऊँ॥
तब सुष कहै मोहि मन दीजै। और बस्त मेरै काहा कीजै॥55॥
राजा कहै मन मैं दीयौ। तब सुष ता कौ न्हचौ लीयौ॥
दैबी माया तांहां दिषलाई। गैब सरूप जांहां अगिनि जलाई॥56॥
सहर अस्व सब गेह जराई। राजा पास बचन कहै आई॥
अब नृप राज पधारौ द्वारैं। अगनि प्रबेस भयौ है सारैं॥57॥
तब सुष कहै जाउ गेह राई। पीछै ही दुष पाबहु भाई॥
तब त्रप कहै कथा तुम कहौ। मेरे करम सकल तुम दहौ॥58॥

जब नृप कैं प्रतीतिं सु जांनीं। तब सुष कथा कही बषांनी॥
तांहां अगनि नहीं दीसै कोई। राजा कथा सुनौ चित लाई॥ 59॥
तब सुष देव भागवत उचारा। परीषत सुत दोऊ सुननैहारा॥
अबर सभा बैठी ताहां सही। तिन सूं कथा जु न्यारी रही॥ 60॥

मनुष्य की देह दुर्लभ तो है, किन्तु क्षणभंगुर भी है। यह मिल ही जाए तो भी वैकुंठ में प्रिय के दर्शन पाना बहुत कठिन है।

राजा ने शुकदेव से कहा, (भगवान के) दर्शन से ही मेरे काम सधेंगे। मृत्यु समीप हो तो प्राणी कर ही क्या सकता है। योग व यज्ञ से तो गति प्राप्त नहीं होगी। आप जैसा सद्गुरु और कोई नहीं। इस जन की मुक्ति दर्शन से ही सम्भव है। आप मुझे भाँति-भाँति की कथाएँ सुनाएँ, जिससे कि मेरे कानों को अमृतपान का सुख प्राप्त हो। श्री शुकदेव बोले, हे राजा सुनो, कुछ पूजा करो, तो मैं कथा कहूँ। राजा ने कहा कि आपकी जो भी इच्छा हो कहिए, आज्ञा कीजिए। अश्व, हाथी, सोना और गाँव-परगने आप पर सब न्योछावर कर दूँगा। तब शुकदेव ने कहा कि इन वस्तुओं का मुझे क्या करना है, मुझे तो बस अपना मन दे दो। राजा ने कहा कि मैंने आपको मन दिया। तब शुकदेव ने उन्हें कथा सुनाने का निश्चय किया। तब देवी ने माया दिखाई, अप्रकट रहते हुए ही वहाँ (राजा के महल और नगर में) आग लगा दी। सारा नगर, सारे घोड़े, सारे घर जला दिए। तब लोग राजा के पास पहुँचे, "शीघ्र चलें, नगर में अग्नि व्याप्त है। आप आकर (घर) द्वार सँभालें।"

शुकदेव ने भी राजा से कहा कि आप घर जाएँ, अन्यथा बाद में आपको बहुत दुख होगा। तब राजा बोले कि आप कथा सुनाएँ और मेरे सारे कर्मों को आप ही जला दें। (इस तरह) शुकदेव राजा के प्रेम को जानकर कथा कहने लगे, जिसके आरम्भ होते ही अग्नि विलुप्त हो गई। राजा मन लगाकर कथा सुनने लगे।

शुकदेव ने *भागवत पुराण* सुनाना आरम्भ किया। राजा अपने दोनों पुत्रों के साथ बैठे सुन रहे थे। सारी सभा सुन रही थी, किन्तु राजा का सुनना कुछ विशिष्ट ही था।

दोहा

उन सूं क्यूँ न्यारी रही। इन र सुनी क्यूं देव॥
बैठी सकल सभा हुती। यह तुम कहौ जु भेव॥ 61॥
राजा मोषि प्रापति भयौ। सुनि कै ग्यांन सरूप॥
भय भागौ निरभय भयौ। पायौ तत अनूप॥ 62॥

श्री सुष उवाच

भगवत धरम सुनौ सुष पावौ। ग्यांन ध्यांन सूं मन हि लगावौ॥
माया का सुष त्रन सम देषौ। हरि सुमिरण कूं हिरदै लेषौ॥ 63॥
माया तजौ ब्रह्म लौ ल्यावौ। कथा कीरतन हरि गुण गावौ॥
नृप दलीप[9] की साषि सुनाई। उभै महूरत उधरि जाई॥ 64॥

राजा उवाच

उभै महूरथ क्यौं उधरीयौ। कोई जोग जग्य ब्रत करीयौ॥
सो क्रपा करि कहौ समझाई। कौंन मुक्ति पाई उन राई॥ 65॥

श्री सुष उवाच

साध संगति कीनी उन राई। हरि की कथा सुनी चित लाई॥
नि:संदेह संसय नहीं रह्यौ। सो सालोक मुक्ति नृप भयौ॥ 66॥

राजा उवाच

कौण ब्रह्म कैसी तेरी[10] माया। कौन जीव [का क][11] हीयै काया॥
सुरग नरक गति कैसै होई। भागति मुकति समझाबौ सोई॥ 67॥

श्री सुष उवाच

अचल ब्रंह्म चंचल सो माया। अंमर जीव मरै सो काया॥
सरग नरक क्रत करम ते गावै। रांम भक्ति बिनि मुक्ति न पावै॥ 68॥

राजा उवाच

कहौ गुसांईं भक्ति बषांनौ। पूछै माघ जु होइ अयामौ[12]॥
कौन भगति कौंनै फल पायौ। तब सुष ध्रुब इतिहास सुनायौ॥ 69॥

श्री सुष उवाच

सुनि राजा अब भक्ति कहूं तोही। जो तै परसन बूझौ मोही॥
मन बच कर्म कहूं अब ऐसै। जाइ अग्यांन अधारौ[13] तैसै॥ 70॥

जन गोपाल अपने श्रोता/पांडुलिपिक की सम्भावित जिज्ञासा प्रस्तुत करते हैं—कथा तो सारी सभा ही सुन रही थी, फिर राजा के लिए कथा विशिष्ट क्योंकर

हो गई? यह भेद आप मुझसे कहें। (इस जिज्ञासा का समाधान यह है)—कथारूपी ज्ञान सुनकर राजा को मोक्ष की प्राप्ति हो गई। अनुपम तत्त्व पाकर उनका भय जाता रहा, वे निर्भय हो गए।

श्री शुकदेव बोले—भगवत धर्म सुनकर सुख प्राप्त करो, ज्ञान एवं ध्यान में मन लगाओ। माया के सुख को तृण जैसा उपेक्षणीय समझो, हृदय से हरि-स्मरण करो। माया का त्याग कर ब्रह्म में लौ लगाओ। कथा-कीर्तन द्वारा हरि के गुण गाओ। राजा दिलीप की साक्षी देकर शुकदेव ने बताया—दो ही मुहूर्त में (यानी बहुत अल्प अवधि में) दिलीप को जन्म-मरण के चक्र से मुक्ति मिल गई। ऐसी मुक्ति तुम्हें भी मिल सकती है।

यह भी व्याख्या हो सकती है कि जन्म और मृत्यु दोनों के मुहूर्तों से दिलीप मुक्त हो गए। आशय एक ही है—जन्म-मरण चक्र से मुक्ति।

राजा ने कहा—दोनों ही मुहूर्तों से उनका उद्धार कैसे हो गया। क्या उन्होंने कोई योग, यज्ञ या व्रत किया था? कृपा करके समझाकर बतलाएँ। उन राजा को किस प्रकार की मुक्ति प्राप्त हुई।

श्री शुकदेव ने कहा—उन राजा ने साधुओं की संगति की थी। चित्त रमाकर हरि की कथा सुनी थी। उनके मन में किसी भी प्रकार का कोई संशय न रहा था। उन्हें सालोक्य (वैकुंठ-लोक में भगवान के साथ निवास) मुक्ति की प्राप्ति हुई थी।

राजा ने कहा—ब्रह्म कौन है और उनकी माया कैसी है। जीव कौन है और उसकी काया कैसी होती है। स्वर्ग और नरक की प्राप्ति कैसे होती है, अर्थात् कौन स्वर्ग जाता है और कौन नरक। आप भक्ति और मुक्ति के बारे में समझाकर कहें।

श्री शुकदेव ने कहा—ब्रह्म अचल है, माया चंचल है। जीव अमर है, काया मरणशील है, नश्वर है। कर्मों से ही स्वर्ग या नरक की प्राप्ति होती है। राम-भक्ति के बिना मुक्ति नहीं मिलती।

राजा ने कहा—हे गोसाईं आप भक्ति के बारे में विस्तार से बतलाएँ। यह प्रश्न करते-करते मुझे बहुत समय हो गया है। भक्ति है क्या? इसका फल किसने पाया है?

इस जिज्ञासा के समाधान के लिए शुकदेव ने राजा को ध्रुव का इतिहास सुनाया।

श्री शुकदेव ने कहा—राजा, मैं भक्ति-सम्बन्धी आपके प्रश्न का उत्तर देता हूँ। यदि आप मन, वचन और कर्म से भक्ति करें तो अज्ञान का अन्धकार दूर हो जाएगा।

ब्रह्म पुत्र स्वयंभू मुनि राई। ता के पुत्र भए दोइ भाई[14]॥
ता के सुत की कथा सुनांऊँ। प्रियब्रत उत्तानपाद ता नांऊँ॥ 71॥

ब्रह्म बंस जुग[15] बंदन राजा। सुत उत्तानपाद तिहि काजा॥
सुरति सुनीति दोऊ ता कै नारी। बंस रूप कुल गुन अधिकारी॥ 72॥
नृप उत्तानपाद ही श्रुति भावै। सो सुनीति के महलनि[16] आवै॥
उत्तम कुमार सुरति[17] कौ जायौ। ध्रुब सुनीति ग्रभ बेदनि गायौ॥ 73॥
कबहूं क नृप बैठै सिंहासन। चवर छत्र सिर सुषद सुषासन॥
तिहि अबसर ध्रुब तांहां चलि आयौ। बैठे गोद मनोरथ पायौ॥ 74॥
जब हीं ध्रुब बैठण कूं कीयौ। बालक जांनि नृपति सो लीयौ॥
देषि सुरति अति उठी रिसाई। गोद मांहि तै लीयौ छुड़ाई॥ 75॥

सुरति उवाच

नृपति गोद जौपै तोहि भावै। मेरी कूंषि क्यूं न फिरि आवै॥
तूं दुरभागी दुरभागिणि कौ जायौ। गोद माझ क्यूं बैठण आयौ॥ 76॥
तप बिन राज तेज नहीं पावै। अजा कंठ थन दूध न आवै॥
कहै तौ सेर अंन बरजांऊँ। सरभरि करै तौ बौहौत दुष द्यांऊं॥ 77॥
उतिम कुमार तांहां श्रुति नारी। जांहां सुनीति ध्रुब काहा भिषारी॥
गहि ध्रुब मन्दिर बाहिर कीनौं। निंदा बचन बहुत दुष दीनौ॥ 78॥
सब किसाल कैसै सह्यौ जाई। घास चूंन की तऊ न सुहाई॥
रांनी सोच न कीयौ कोई। कठोर बचन कहे निज सोई॥ 79॥

दोहा

बहुत भांति करि दुष दीयौ। रांणीं कीयौ न सोच॥
जन गोपाल मिटि है नहीं। भागि लिषौ भल पोच॥ 80॥

ब्रह्मा के पुत्र स्वयंभू मुनियों के राजा थे। उनके दो पुत्र हुए—प्रियव्रत और उत्तानपाद। उन्हीं की कथा मैं सुनाता हूँ। ब्रह्मवंश के राजाओं की प्रसिद्धि व प्रशंसा युगों से है। उत्तानपाद को राजपाट मिला। उनकी दो पत्नियाँ थीं—सुरति और सुनीति। वे दोनों उत्तम वंश व कुल की थीं तथा रूप व गुण से सम्पन्न थीं। नृप उत्तानपाद को सुरति प्रिय थीं। इसीलिए वे सुनीति के भवन में नहीं जाते थे। सुरति के पुत्र उत्तम कुमार थे। और सुनीति के गर्भ से ध्रुव उत्पन्न हुए, जो वेद की ऋचाएँ गाते थे। एक बार राजा सिंहासन पर बैठे थे। उनके सिर पर छत्र सुशोभित था। चँवर डोलाए जा रहे थे। सब बहुत सुखकारी था। उसी समय ध्रुव वहाँ आकर राजा की गोद में बैठने लगे। राजा ने बालक को गोद में बैठा लिया।

यह देख सुरति क्रुद्ध हो गई, उसने ध्रुव को राजा की गोद से उतार दिया, और बोली—यदि राजा की गोद में बैठने की इतनी ही इच्छा थी, तो मेरी कोख से क्यों नहीं जन्मे? उस अभागी के अभागे पुत्र, तुम गोद में बैठने चले कैसे आए? बिना तपस्या के राजतेज (राजसी ठाट-बाट) नहीं मिलता। बकरी के गले के थन (जैसी ग्रंथि) से दूध नहीं आता। (यदि तुमने मेरी बात नहीं मानी) तो मैं सेर भर अन्न[18] भी तुम्हें नहीं पाने दूँगी। विद्रोह किया तो बहुत दुख दूँगी। राजपुत्र तो सुरति का बेटा उत्तम कुमार ही है। सुनीति के पुत्र की हैसियत तो भिखारी की है। इस तरह के दुखदायी निन्दावचन कहते हुए सुरति ने ध्रुव को हाथ पकड़ महल से बाहर निकाल दिया।

घास की रोटी खाई जा सकती है, लेकिन इतने कसैले वचन कोई कैसे सहे? रानी को अपने ऐसे कठोर वचनों पर कोई पछतावा नहीं था। उसने बिना विचारे ध्रुव को बहुत दुख दिए। जन गोपाल कहते हैं, अच्छा या बुरा भाग्यलेख मिटता नहीं है।

श्री सुष उवाच

रोवत ध्रुब माता पै आयौ। नैननि नीर प्रबाह बढ़ायौ॥
माता कहै पुत्र किन मारे। पांच बरष के बाल कबारे॥ 81॥
काहा अपराध कियौ मरे[19] बाला। ता तैं दुष पावत इहि काला॥
ध्रुव पै रोवत बचन न आवै। बहुत भांति माता समझावै॥ 82॥

ध्रुव उवाच

माता कहौ पिता को मेरौ। बिद्यमांन भरता को तेरौ॥
तुम्हारे पिता नृपति मम भरता। बिधि संजोग बनायौ करता॥ 83॥
पिता जांनि हूं बैठन गयौ। गोद माझ रांनी गहि लयौ॥
दूरि दूरि करि महल निकार्‍यौ। त्रास दई दुरबचन निमार्यौ॥ 84॥
ऐसी भांति बहुत दुष दीनौं। राजा कछू सहाइ न कीनौ॥
ता तैं हूं पूछत हूं तो कूं। कौन सरण सुष होइज[20] मो कूं॥ 85॥

माता उवाच

सुनि सुत तात मात भगवंतू। सजन सनेही भ्राता मिंतू॥
ता बिनि अपनौ और न कोई। लष चौरासी भरमैं सोई॥ 86॥
जिहि प्रभु काढि नरक तैं लीयौ। जल की बिंदु मिनष तन दीयौ॥
जीव अपराधी ताहि न जांनै। संकट पड़ै तबै कछू मांनै॥ 87॥
माता पिता बिषै के संगी। सुत कंन्या जांनै न अनंगी॥
जठर अगिनि मैं जरत उबारैं। गरभ बास संकट सब टारै॥ 88॥

गरभ मोचि जब बाहिर ल्यावै। परसत पवन ताहि बिसरावै॥
बालक तात मांत रस रातौ। तरुण त्रीया जोबन मद मांतौ॥ 89॥
तीजै पहरै बहु चिंत बढ़ांनी। फुनि तन कंप्यौ नैनन पांनी॥
चारूं पहर भक्ति बिन षोऐ। रांम बिमुष नर जुग जुग रोऐ॥ 90॥

शुकदेव ने आगे कहा—ध्रुव रोते-रोते माँ के पास पहुँचे। माँ को देख रोना और तेज हो गया। माँ ने पूछा—किसने मेरे पाँच बरस के बालक को मारा है? ऐसा क्या अपराध मेरे बालक ने कर दिया? ध्रुव पर तो रोने के कारण बोलते भी नहीं बन रहा था। माँ ने उन्हें बहुत समझाया।

ध्रुव बोले—माता मुझे बतलाओ कि मेरे पिता, तुम्हारे विद्यमान पति कौन हैं? (सुनीति ने उत्तर दिया) विधि के संयोग से तुम्हारे पिता और मेरे पति राजा हैं। (यह जानकर ध्रुव ने कहा)—पिता जानकर ही मैं (उनकी गोद में) बैठने गया था। लेकिन रानी ने मुझे गोद से उठा दिया, दुरदुराकर महल से निकाल दिया। बहुत दुख देने वाले निर्मम वचन कहे। मुझे इतना दुख दिया, लेकिन राजा ने कुछ भी नहीं कहा, किया। इसीलिए बताओ, मुझे सुख किसकी शरण में मिलेगा। इस पर माता बोली—बेटा, सुनो, भगवान ही माँ-बाप, भाई-बन्धु, मित्र-स्नेही सब कुछ हैं। उनके सिवा अपना कोई नहीं। हम तो चौरासी लाख योनियों में भटकते रहने वाले जीव हैं। जिस प्रभु ने हमें नरक से उबारा, जल की बूँद से मनुष्य-तन दे दिया, अपराधी मनुष्य उसी को नहीं पहचानता। संकट पड़ने पर ही उसे प्रभु याद आते हैं। माता-पिता तो भोग-विलास के ही साथी हैं। पुत्र-पुत्री भी उस नाम-रूपहीन प्रभु को नहीं पहचानते। पेट की आग (भूख) से भी प्रभु ही हमें बचाते हैं। गर्भकाल से ही सारे संकटों से वे ही हमारी रक्षा करते हैं। गर्भ से मुक्ति दिलाकर वे (प्रभु) ही बाहर लाते हैं, किन्तु जीव बाहर की हवा खाते ही उन्हें भूल जाता है। बालक माता-पिता के स्नेह में डूब जाता है। तरुण होने पर वह स्त्री के यौवन में मत्त हो जाता है। तीसरे पहर में अर्थात् प्रौढ़ होने पर उसे चिन्ता सताने लगती है। उसके पश्चात् यानी चौथे काल में तन काँपने लगता है और आँख से आँसू बहते हैं। इस तरह चारों काल भक्ति के बिना ही खो जाते हैं और राम-विमुख मनुष्य युगों-युगों तक रोता ही रहता है।

बादर छांह वोस कौ पांनीं। रेत भींति जैसौ जग जांनीं॥
गुर बिन ग्यान धूम ग्रह जैसौ। सपनै की सम्पति सब तैसौ॥ 91॥
जैसौ ऐक वोर कौ नातौ। ऐक हाथ तारी न तहां तौ॥
ग्रथ बिन हाट बाट बिन धरणी। रांम बिनां सुत ऐसी करणीं॥ 92॥

देबी देव सबै दुष दाइक। हरि बिन अबर कौन सुष लाइक॥
ता तै अबर कछू नहीं कीजौ। हरि के चरण कमल चित दीजै॥ 93॥

दोहा

सुनि सुत अपनौ को नहीं। एक बिना जगदीस॥
जन गोपाल जपि लीजिये। सब तजि बिस्वा बीस॥ 94॥

ध्रुव उवाच

तुम हरि भक्त उन कैं अभिमांनां। माता मो सूं कहौ बषांनां॥
तुम क्यूं दुषी सुषी क्यूं रांनी। या प्रभु की गति जाइ न जांनी॥ 95॥

इस संसार को बादल की छाँह, ओस के पानी और रेत की दीवार सा समझो। गुरु के बिना मिला हुआ ज्ञान भी धुएँ के घर जैसा, सपने में प्राप्त सम्पत्ति जैसा होता है। राम के बिना सारे सम्बन्ध, सब कुछ इकतरफा ही है। यह सब वैसा ही असम्भव है जैसे एक हाथ की ताली, बहीखाते, हिसाब-किताब के बिना हाट-बाजार और रास्तों के बिना (ऊबड़-खाबड़) धरती। सभी देवी-देवता भी दुखदायी ही हैं। हरि के अलावा कोई नहीं जो सुख दे सके। इसलिए तुम बस एक ही काम करो—हरि के चरण-कमलों में अपना चित्त रमा दो। सुनो, बेटा, कोई नहीं अपना सिवाय जगदीश के। सब कुछ छोड़कर बस उसी को भजो।

यह सब सुनकर ध्रुव बोले—तुम तो हरिभक्त हो, उन पर मान करती हो। फिर यह बताओ कि तुम दुखी और रानी (सुरति) सुखी क्योंकर है? मैं तो प्रभु की यह गति समझ नहीं पा रहा।

माता उवाच

हम अपराधी भक्ति न जांनीं। ता तै दुष पावत है प्रांनीं॥
हरि अर्पण करि दांन न दीयौ। जोग जग्य जप तप नहीं कीयौ॥ 96॥
द्वारै आनि साधु नहीं पूजै। ता तै भऐ रांम तै दूजे॥
सतगुर की सेवा नहीं कीन्हीं। ता तै अपनी भगति न दीन्हीं॥ 97॥
हम सुक्रत कोई नहीं कीयौ। श्रद्धा सूं जल दल नहीं दीयौ॥
प्रम[21] भगति सूं चित नहीं ल्यायौ। अतीत कौ मन हाथ न आयौ॥ 98॥
सुमारग चल्या न कबहूं जांनीं। साधन से या द्वारै आंनी॥
चरण पषालि अचबन नहीं कीयौ। ता तै मलीन हमारौ हीयौ॥ 99॥

इछत राज बहुत दुष पायौ। आंन जनम कौ लह्यौ कमायौ॥
ता तै काहू दोस न दीजै। अपनौ क्रत सब भरि भरि लीजै॥ 100॥
सुनि सुत मूल जीति[22] फल पावै। पात सीचि अरु फल हि गमावै॥
च्यारि पदारथ रिधि सिधि दासी। सेवत चरण कमल अबिनांसी॥ 101॥
भगति मुकति हरि दरसन पईऐ। जौ पै चरण कमल चित लईऐ॥
बालक जांनि ग्यान कह्यौ माता। ध्रुब अनुराग चरण चित राता॥ 102॥

माता बोली—हम लोग अपराधी हूँ, भक्ति करना जानते ही नहीं; इसीलिए दुख पाते हैं। न तो हरि को अर्पित करके दान करते हैं, न ही योग, यज्ञ, जप और तप ही करते हैं। द्वार पर आए साधुओं का सत्कार नहीं करते। इस तरह हम राम से दूर हो जाते हैं। सद्गुरु की सेवा नहीं करते, इसलिए उनसे भक्ति सीख भी नहीं पाते। मैंने स्वयं भी कोई पुण्य-कर्म नहीं किया, श्रद्धापूर्वक जल और पत्ते अर्पित नहीं किये, यानी भगवान की पूजा नहीं की, उनके प्रति प्रेम और भक्ति में चित्त नहीं रमाया। उन अपरम्पार को मन में नहीं बसाया। सुमार्ग पर चलना कभी सीखा ही नहीं। द्वार पर आए साधुओं के पाँव पखारकर उसका आचनन नहीं किया। इसीलिए मेरा हृदय मलीन बना रहा। राजपाट की इच्छा करके बहुत दुख पाया। पूर्वजन्म के कर्मों का फल है यह। इसीलिए इस सबमें किसी का कोई दोष नहीं। अन्ततः सब अपने किए का फल ही पाते हैं। हे पुत्र सुनो! जड़ को सींच करके ही फल प्राप्त होता है। जो पत्तों को सींचते हैं, वे फल गँवा देते हैं। उन अविनाशी के चरण कमलों की सेवा करने पर चारों पदार्थों व ऋद्धि-सिद्धि सभी की प्राप्ति हो जाती है। उनके चरण कमलों में चित्त लगाने पर भक्ति, मुक्ति और हरि-दर्शन सबकी प्राप्ति हो जाती है। माता ने बालक जानकर ज्ञान दिया, और ध्रुव ने अपने चित्त को (भगवान के) चरणों में रमा दिया।

ध्रुव उवाच

काची माटी कौ सब होई। पाकौ बासन मुरै न सोई॥
पहलै हरडै फटकरी लागै। तौ रग[23] आवै भांति न भागै॥ 103॥
दुष बिन ग्यांन न उपजै काऊ। सुष मै सुक्रत राम सहाऊ॥
ध्रुब माता पै अग्या मांगी। हूं बन जाइ रहूं बैरागी॥ 104॥

माता उवाच

माता कहै पुत्र तूं बारौ। सात बरष लूं बन न सिधारौ॥
भूंष प्यास भोजन कांहां माँगै। सीत उसन दारुण दुष लागै॥ 105॥

बन मै सिघ व्याघ्र दुष कहीयै। बीछी सरप कष्ट तन सहीयै॥
बालक जांनि हतै कोई भाई। तब सुत तेरौ काहा बसाई॥ 106॥

ध्रुव उवाच

माता अपनौ ग्यांन बिचारौ। है को भुबन[24] मैं राषनहारौ॥
तुम हीं कह्यौ तात अरु माता। सजन सनेही सदा सगाता॥ 107॥
जो प्रभु गरभ संकट मै राषै। मुक्त जीवन कूं क्यूं तजि नाषै॥
पांइ लागि ध्रुब बाहिर आऐ। राजा पै मंत्री सब ध्याऐ॥ 108॥

ध्रुव बोले—कच्ची मिट्टी से ही सब कुछ बनता है। पकी मिट्टी के बर्तन को मोड़कर नया बर्तन नहीं बनाया जा सकता। पहले अगर हर्र व फिटकरी डाल दी जाए, तभी रंग चोखा होता है और धुलता नहीं। दुख के बिना ज्ञान नहीं मिलता। राम की कृपा से ही सत्कर्मों द्वारा सुख की प्राप्ति होती है। ध्रुव ने माता से आज्ञा माँगी कि वे वन में जाकर वैराग्य धारण करेंगे। माता बोली—बेटा, अभी बच्चे हो। सात वर्ष की आयु होने तक तुम वन न जाओ। भूख-प्यास लगने पर किससे भोजन माँगोगे। सर्दी और गर्मी से तुम्हें असह्य कष्ट होगा। वन में सिंह और बाघ रहते हैं। बिच्छू और साँप भी तन को कष्ट दे सकते हैं। तुम्हें बालक जानकर यदि कोई कष्ट देगा तो तुम वहाँ कैसे रहोगे? ध्रुव ने उत्तर दिया—माँ, तुम खुद अपने ज्ञान पर विचार करो। वन में मेरी रक्षा करने वाला वही है जिसे तुमने पिता भी बताया, माता भी। वही स्वजन, स्नेह करने वाला और सदा का मित्र है। जो प्रभु गर्भ में संकटों से उद्धार करने वाले हैं। ऐसे मुक्तिदाता प्रभु को त्याग कर जीवन क्योंकर नष्ट किया जाए?

(ऐसा कहकर) माँ के चरणों पर माथा रखकर ध्रुव बाहर आए। (उन्हें वन जाता देख) सभी मंत्रीगण राजा के पास दौड़े गए।

दोहा

माता क्यूं पुत्र हि तजै। भयौ ग्यान संकोच॥
भाबी मिटै न सुभ असुभ। जन गोपाल नहीं सोच॥ 109॥

लोग चकित थे कि स्वयं माता ने पुत्र को वनगमन की प्रेरणा कैसे दे दी। यह बात समझ के बाहर है। खैर, शुभ-अशुभ जो कुछ होना बदा है, उसे मिटाया तो नहीं जा सकता। इसलिए जन गोपाल कहते हैं कि व्यर्थ सोच-विचार करके दुखी होना व्यर्थ है।

मंत्री उवाच

बन कूं गमन कीयौ ध्रुब राजा। ता तै हम आऐ तुम काजा॥
आइसु देउ सु बात बिचारै। हम तुमरी आग्या पग धारै॥ 110॥
होम नेम तप तीरथ करीयै। पुत्र काज सिर करवत धरीयै॥
इतनै कष्ट करै सुत पइयै। सो अब जाइ बहुरि पछितइयै॥ 111॥
बेगि कहौ कछू बिलंब न कीजै। जैहै दूरि फेरि किनि लीजै॥
तव राजा राणी कूं बूझै। ध्रुब बन जाइ तोहि काहा सूझै॥ 112॥

रानी उवाच

रांनी कह्यौ दु सेरी देऊ। जैहै काहा बोलि किन लेऊ॥
राजा कह्यौ जाहि ले आवौ। रांणी राष्यौ ध्रुब कौ भावौ॥ 113॥
तब लग ध्रुब दरबाजै आए। ता पीछैं मंत्री सब ध्याये॥

मंत्री उवाच

ठाढे रहौ बुलावै राई। तुम कहिहौ सो करिहै भाई॥ 114॥
द्वै द्वै सेर अंन्न कीयौ राजा। रांनी पठऐ तुम्हारै काजा॥

ध्रुव उवाच

जिहि प्रभु कीयौ सेर तैं दूनौ। ता कै और काहा है ऊँनौ॥ 115॥
हरि मारिग तैं फिरौ न कबहूं। कोटिनि जतन करौ जो तबहूं॥
राजा पै मंत्री फिरि आए। ध्रुब न फिरै नृप बचन सुनाए॥ 116॥

उत्तानपाद उवाच

तव राजा कह्यौ गांव इक दीजै। मानै तबै फेरि ध्रुब लीजै॥
मंत्री ध्रुब कूं गांव सुनावै। तब ध्रुब चरण कमल मन लावै॥ 117॥

ध्रुव उवाच

जौ मै नांम मनोरथ कीनौ। तौ तुम नांम गांम कौ लीनौ॥
सो नाम लेत काहा ह्वैहै भाई। अब मो कूं हरि चरण सुहाई॥ 118॥
फुनि मंत्री राजा पै आए। अति आतुर राजा उठि धाए॥

राजा उवाच

चौथौ अंस अरध सब राजू। ध्रुब अब लेइ सबारौ काजू॥ 119॥

ध्रुव उवाच

पहलै सेर अंन नहीं दीनौ। अब क्यूं नांम गांम कौ लीनौ॥
हरि मारिग तै जो फिरि आंऊँ। सती होइ कित सांग[25] लजांऊँ॥ 120॥
रांणी तबै गोद सूं झार्यौं[26]। तब हीं राजा क्यूं न बिचार्यौं॥
अब सोई करूँ जो प्रभ कूं पांऊँ॥
नहीं तरि जुग मैं मुष न दिषांऊँ॥ 121॥

मंत्रियों ने राजा से कहा—ध्रुव वन चले गए। हम यही बताने आए हैं। आप आज्ञा करें, हम पालन के लिए तत्पर हैं। पुत्र के लिए होम, नियम, तप और तीर्थ किया जाता है। लोग करवट तक ले लेते हैं (प्राण दे देते हैं)। बहुत कष्ट सहकर ही पुत्र की प्राप्ति होती है। वही पुत्र अब जा रहा है। बाद में आप बहुत पछताएँगे। अब देर न करें। यदि वह दूर चला गया तो उसे कैसे लौटा सकेंगे। तब राजा ने रानी से पूछा कि ध्रुव तो वन जा रहा है, तुम्हारी राय में क्या किया जाए? रानी ने कहा—दो सेर अनाज दे दो (भत्ता बढ़ा दो) जाएगा कहाँ? बुला लाओ। राजा ने (मंत्रियों से) कहा कि उसे बुला लाओ। रानी के मन में ध्रुव का यही मोल (दो सेर अनाज, बढ़ा हुआ भत्ता) था।

ध्रुव दरवाजे तक पहुँचे ही थे कि सब मंत्री दौड़े-दौड़े आए, रुक जाओ, राजा बुला रहे हैं। तुम जो कहोगे, वही वे करेंगे। रानी ने भी तुम्हें बुलाया है, तुम्हारा भत्ता बढ़ा दिया गया है। ध्रुव ने कहा—जिन प्रभु के कारण भत्ता बढ़ गया, (एक सेर से दो सेर), उनके यहाँ किस चीज की कमी है? आप कितने भी प्रयत्न कर लें, मैं अब वापस नहीं आने वाला। मंत्रियों ने जाकर राजा को ध्रुव की यह बात बता दी। (सुनकर) उत्तानपाद ने कहा—जाकर ध्रुव से कहो कि हम उसे एक पूरा गाँव देते हैं, लौट आए। मंत्रियों ने जाकर ध्रुव से कहा, लेकिन उनका चित्त तो प्रभु के चरण-कमलों में रम चुका था, बोले—मैंने हरि के नाम-जप का मनोरथ ही किया है, और आप लोग गाँव देने की बात करने लगे। नाम के प्रताप से और जाने क्या-क्या होगा। मुझे तो अब बस हरि-चरण ही सुहाते हैं।

मंत्रियों ने वापस जाकर राजा को यह बताया। अब राजा आतुर होकर दौड़े। ध्रुव से बोले—राज्य का चौथाई, बल्कि आधा हिस्सा ले लो, काम सँभाल लो। ध्रुव ने कहा—पहले तो सेर भर अन्न भी नहीं देते थे, अब गाँव देने की बात कर रहे हैं। हरि के रास्ते से फिर जाना तो वैसा ही होगा जैसे कोई स्त्री सती की वेशभूषा धारण करने के बावजूद सती न हो। जब रानी (सुरति) ने मुझे हाथ

पकड़कर गोद से उतार दिया था, तब आपने क्यों नहीं सोचा? अब तो मैं वही करूँगा, जिससे प्रभु को पा सकूँ, अन्यथा संसार में किसी को मुँह नहीं दिखाऊँगा।

कर सूं कर पकड्यौ जब राजा। सिष्या देत पिता सुत काजा॥
छांडौ मोहि करूं अपघाता। का कौ पिता कौन की माता॥ 122॥
माया मोह बंध्यौ संसारू। हरि बिन कौन उतारै पारू॥
राजा मंत्री सब पचि हारे। हठ करि तब ध्रुब बनै सिधारे॥ 123॥
प्रभु अनांथ के नाथ कहावै। हरि करुणामय बिरद बुलावै॥
दीनदयाल पतित के पावन। सब सुष दे दुष दूरि बहावन॥ 124॥

दोहा

जा नहि[27] कोई ताहि प्रभु। जिहि प्रभु तिहि सब होइ॥
जन गोपाल नारद मिले। हरि की सरभरि सोइ॥ 125॥

तब राजा ने ध्रुव का हाथ अपने हाथ में लेकर कहा, "उपदेश देना पिता का काम है।" ध्रुव बोले, "छोड़ दो मुझे, अन्यथा आत्मघात कर लूँगा। कौन किसका पिता है, कौन माता। सारा संसार माया-मोह की जकड़ में है। पार उतारने वाला हरि के अलावा कोई नहीं।"

राजा, मंत्री सब हार गए, ध्रुव वन चले ही गए। अनाथों के नाथ प्रभु ही हैं। इसीलिए उन्हें करुणामय कहते हैं। वे दीनदयाल, पतित-पावन दुखों को दूर कर, सबको सुख देते हैं।

जिसका कोई नहीं, उसके प्रभु होते हैं। जन गोपाल कहते हैं कि ध्रुव की भेंट हरि जैसे ही महिमावान नारद से हुई।

नारदोवाच

नारद ध्रुब कूं बचन सुनायौ। जैहै कांहां कांहां ते आयौ॥
तेरे मात पिता कुटुंब कांहां भाई। भूलि परौ काहे बन जाई॥ 126।

ध्रुव उवाच

आबन ज़ाबन ठौर नहीं जांनूं। सत्य स्वरूप पिता न पिछांनूं॥
तब लग यह जीव भूल्यौ कहीऐ। गुर प्रसाद कहै सो लहीऐ॥ 127॥
पूरब कथा प्रथम सब भाषी। माता उभै बात नहीं राषी॥
चलत जु राजा लोभ दिषायौ। सब तजि हूं हरि सरणै आयौ॥ 128॥
उत्तानपाद सुत ध्रुब मम नांमूं। कहन सुनन कूं बचन सुनाऊँ॥
अपनौ नाम प्रकासौ देवा। हूं बालक नहीं जांनूं भेवा॥ 129॥

नारद ने ध्रुव से पूछा, “कहाँ से आए हो, कहाँ जाना है? तुम्हारे माता-पिता, कुटुम्बी कहाँ हैं? यहाँ वन में कैसे भटक पड़े?”

ध्रुव ने उत्तर दिया, “आना-जाना, पता-ठिकाना मैं कुछ नहीं जानता। जब तक सच्चे पिता की पहचान न हो, तब तक जीव भटका ही रहता है। मार्ग गुरु की कृपा से ही मिलता है।” उन्होंने नारद को अब तक की सारी कथा सुना दी—“दोनों माताओं की बात मैंने नहीं मानी, चलते समय पिता ने लोभ भी दिखाया, मैं सब कुछ छोड़कर हरि की शरण में आ गया हूँ। उत्तानपाद का बेटा हूँ, ध्रुव मेरा नाम है। देव, मैं बालक हूँ, आपको नहीं पहचानता, अपना नाम बताएँ।”

नारदोवाच

नारद नांम गांम कहूं नांहीं। गो दोहन बिचरूं ज[28] मांहीं॥
तब ध्रुब प्रणांम दंडवत कीना। अंकमाल नारद भरि लीनां॥ 130॥
प्रेम अंस करि सींचै सोई। त्रिबिधि ताप तन की सब षोई॥
चलि ध्रुब तोहि फेरि लै जांऊँ। राजा पै सनमान बढ़ाऊँ॥ 131॥
प्रेम अंस करि सींचै सोई। त्रिबिधि ताप तन की सब षोई॥
चलि ध्रुब तोहि फेरि लै जांऊँ। राजा पै सनमान बढ़ाऊँ॥ 131॥
रांनी करै तुम्हारी सेवा। अग्याकारी उत्तम देवा॥
तुम बालक तात मात सुष देषौ। तरुण त्रीया पुनीत करि लेषौ॥ 132॥
पुत्र राज दैब नै[29] सिधारौ। सब राजनि की साषि बिचारौ॥
सिंह व्याघ्र बन जंबुक भाई। भूत पिसाचनि देषि डराई॥ 133॥
षुध्या त्रषा तोहि अति ही सतावै। सीत उसन दारुण दुष पावै॥
अबर हू जीव बहुत दुष दाई। तांहां बालक की काहा बसाई॥ 134॥

दोहा

बहुत भांति करि भै कह्यौ। ध्रुब कै निश्चै रांम॥
जन गोपाल निरभै भयौ। हरि सारे सब कांम[30]॥ 135॥

नारद बोले, “नाम नारद है, गाँव-ठिकाना कोई नहीं। सारे संसार में गोदोहन (विचरण) करता घूमता रहता हूँ।” सुनते ही ध्रुव ने दंडवत प्रणाम किया, नारद ने उन्हें हृदय से लगा लिया। उन्होंने ध्रुव को प्रेमाश्रुओं से सींचकर उनके तीनों ताप दूर कर दिए, और बोले, “चलो, ध्रुव वापस चलें। मैं साथ चलकर तुम्हारे पिता से बात करूँगा, तुम्हें मान दिलाऊँगा। रानी तुम्हारी सेवा करेगी। राजकुमार उत्तम

तुम्हारा आज्ञाकारी अनुचर होगा। तुम बच्चे हो। तुम्हें माता-पिता के सुख का ध्यान रखना चाहिए, तरुण होने पर विवाह के बारे में सोचना चाहिए। पुत्र जन्म होने के बाद उसे राज देकर, (वृद्धावस्था में) वन-गमन की बात सोचनी चाहिए। सभी राजा ऐसे ही करते हैं। वन में सिंह, व्याघ्र, गीदड़ आदि भयानक पशु ही नहीं, भूत-पिशाच भी रहते हैं। भय के साथ ही तुम्हें भूख-प्यास भी सताएगी। सर्दी-गर्मी से तुम भारी कष्ट पाओगे। अन्य प्राणी भी परेशान करेंगे। तुम बच्चे हो, वन में क्या बस चलेगा तुम्हारा?"

नारद ने वन के खतरों के बारे में तरह-तरह से ध्रुव को समझाया, लेकिन ध्रुव का राम के प्रति निश्चय तो दृढ़ हो चुका था। वे निर्भीक थे कि उनके सारे काम तो भगवान स्वयं ही सँभाल लेंगे।

ध्रुव उवाच

ध्रुब नारद सूं बिनती कीन्हीं। हूं बड़ भागी अब मैं चीन्हीं॥
इह अबसर तुम्ह दरसन पायौ। धंन्य जनम जननी भल जायौ॥ 136॥
ज्यूं लागत लाइ मेघ कूं पावै। रोगी मरत धनंतर धावै॥
काग दबनि ले गहै भुजंगा। भब बूडत नव का ह्वै संगा॥ 137॥
ऐसी बिधि जु अनुग्रह कीन्हौ। भांति भांति अपनौ करि लीन्हौं॥
माता पिता कौन किस केरौ। अंध कूप ग्रह माहा अंधेरौ॥ 138॥
पुत्र कलत्र सरै जो काजा। तौ कित राजा छांडै राजा॥
राज नरक दोऊ इक संगा। करै अनीति भगति सूं भंगा॥ 139॥
ता तै गुर ऐसी न दिढावौ। दींन जांनि हरि भक्ति बढाबै॥
मो कौ गुरु उपदेस जु दीजै। मन बच करम अपनौ करि लीजै[31]॥ 140॥
ज्यूं भूंषे कूं भोजन भावै। त्रषाबंत जल बिन दुष पावै॥
ज्यूं अपुत्र घर पुत्र पिपासा। ज्यूं हरि कारण ध्रुब षरौ उदासा॥ 141॥
चात्रक स्वांति बूंद कूं डोलै। पीय पीय करै आंन नहीं बोलै॥
जैसै चंद कमोदनि भावै। रबि के उदै कमल बिगसावै॥ 142॥
गाय बिनां बछ तालाबेली। ज्यूं बछा बिन गाय अकेली॥
आरतिवंत सनेही आवै। ज्यं ध्रुब मगन रांम गुन गावै॥ 143॥

दोहा

करि प्रनांम ध्रुब परि रहे। गहि नारद के पांइ॥
दीन बछल हरि दास है। जन गुपाल जस गाय॥ 144॥

ध्रुव ने कहा—"बड़भागी हूँ कि आपके दर्शन हो गए। जननी द्वारा मुझे जन्म देना सार्थक हो गया। यह तो ऐसे हो गया जैसे पौधा रोपते ही बादल आ जाएँ। मरते रोगी को धन्वन्तरि वैद्य मिल जाएँ। (किसी को डसने के लिए तत्पर) सर्प को कौवा दबोच ले। भवसागर में डूबते को नाव मिल जाए। इसी विधि से आपने मुझ पर अनुग्रह किया है। भाँति-भाँति से मुझे अपना लिया है। हे गुरु, मुझे उपदेश दें, मन, वचन, कर्म से मुझे अपनाएँ।[32] माता-पिता कौन किसका होता है? गृहस्थ जीवन तो अंधे कुएँ की भाँति है। पुत्र, पत्नी से ही यदि जीवन की सार्थकता हो, तो अनेक राजा राज-पाट त्याग क्यों देते? राजकाज और नरकवास एक से ही हैं। राजकाज में निहित अनीति भक्ति को भंग करती है। सो, मुझ दीन पर कृपा करें, हरि के प्रति मेरी भक्ति को दृढ़ करें।"

जैसे भूखे को भोजन की, प्यासे को पानी की, निस्संतान को पुत्र की चाह होती है, वैसे ही ध्रुव हरि की कामना मन में लिये उदास (बेचैन) थे। जैसे चातक को स्वाति की बूँद के सिवाय, पिया पिया पुकारने के सिवाय कुछ नहीं सुहाता, जैसे कुमुदिनी चन्द्रमा और कमल सूर्य देखकर खिल उठते हैं; जैसे बछड़ा गाय के लिए बेचैन रहता है, जैसे विरही व्यथित रहता है, वैसे राम की चाह में मग्न ध्रुव उनका गुणगान कर रहे हैं।

ध्रुव नारद को प्रणाम कर उनके चरणों में लोट गए। हरि के भक्त दीनवत्सल होते हैं। जन गोपाल हरि के गुण गाते हैं।

चौपई

नारद ध्रुब के मन की जांनीं। भूत भबिष्य बर्तमान पहिंचांनी॥
तब ध्रुब कूं दीनौ उपदेसू। जिहि बिधि जांनै संकर सेसू॥ 145॥
मूल मंत्र हरि नांम दिढायौ। राति दिवस इकतार पढायौ॥
श्रबण कीरतन सुमरण भाई। चरण सेय अरु तन मन लाई॥ 146॥
बंदन करि दासात भावै। द्रढ बिसवास तैं सषा कहावै॥
अरु आतमा समरपण कीजै। नवधा भक्ति प्रेम मन दीजै॥ 147॥
मन पवनां ले उनमन लावौ। माथैं हाथ धरत सुष पावौ॥
दसमैं द्वार लगाई तारी। परचै ब्रंह्म अगिनि प्रजारी॥ 148॥
हिरदौ नाभ कवल तुम सोधौ। ग्यांन ध्यांन करि मन प्रतिबोधौ॥
अरध उरध षट कमल प्रकासै। अन्तरजांमीं तिन मै बासै॥ 149॥
आसन ध्यान कहै जम नेमूं। प्राणायांम प्रगट है प्रेमूं॥
श्रवण नैन नासा मुष इंद्री। पांचूं स्वाद नारि अति निंद्री॥ 150॥

नारद ध्रुव के मन की बात तो समझ ही गए, उन्हें भूत, वर्तमान और भविष्य का बोध भी हो गया। जैसे शंकर ने शेष से उपदेश पाया, वैसे ही नारद से ध्रुव ने।[33] नारद ने हरि के नाम का मूलमंत्र ही ध्रुव को दिया।[34] इस मंत्र की साधना नारद श्रवण, कीर्तन, और स्मरण के माध्यम से दिन-रात कराते थे। ध्रुव भी तन-मन से नारद की चरण सेवा करते हुए अभ्यास कर रहे थे।

हरि के प्रति समर्पण से दास्यभाव, श्रद्धा से सखाभाव साधते हुए, आत्मसमर्पण करते हुए नवधा भक्ति करनी चाहिए। मन को उन्मन में लगाना चाहिए, ध्यान मस्तक (जहाँ ब्रह्मरन्ध्र, दसवाँ द्वार स्थित माना जाता है) पर रहना चाहिए। दसवें द्वार पर चेतना केन्द्रित करने से (साधक की चेतना में) ब्रह्म प्रकाशित होता है। हृदय और नाभि में स्थित कमलों को शुद्ध कर ज्ञान-ध्यान के जरिये चित्त का प्रबोधन करने से देह के अधोभाग से ऊर्ध्वभाग तक स्थित वे सारे कमल खिल जाते हैं, जिनमें अन्तर्यामी का वास है। आसन, ध्यान, यम, नियम, प्राणायाम (आदि)[35] के माध्यम से हरि के प्रति प्रेम प्रकट होता है। श्रवण, नेत्र, नासिका, मुख आदि पाँच ज्ञानेन्द्रियों से प्राप्त होने वाले स्वाद और नारी के प्रति काम-वासना पर कड़ा नियंत्रण रखना चाहिए।

काम क्रोध छांडै अहंकारा। ता तै श्री हरि रह तन न्यारा॥
राजस अहं छांडि दे ममता। कुल अभिमान तजि भजौ हरि रमता॥151॥
दींन होइ हरि के गुन गावौ। ऐसी भांति बेगि प्रभु पावौ॥
सतगुर यह उपदेस जु दीन्हौं। माथैं मांनि मांनि ध्रुब लीन्हौं॥152॥

दोहा

ज्यूं सुषेत वीरज बयौ। बरषा भई अघाइ॥
जन गुपाल सु फल फलै। निरफल कदी न जाइ॥153॥

काम, क्रोध और अहंकार त्यागकर, मन को तन के स्थान पर हरि की साधना में लगाना चाहिए। राजसी अभिमान, (किसी वस्तु या व्यक्ति के प्रति) ममत्व के भाव और कुलाभिमान से मुक्त होकर, (स्थान विशेष के मोह से मुक्त होकर) भ्रमण करते हुए हरि पर ध्यान लगाना चाहिए। दीनभाव से हरि के गुणगान करने से उनकी प्राप्ति शीघ्र ही हो जाती है। नारद ने ध्रुव को यही उपदेश दिया, ध्रुव ने इसे सर-माथे लिया।

अच्छे खेत में बीज बोया जाए, उसे अच्छी वर्षा मिले तो फसल भी अच्छी मिलती है। ऐसी स्थिति में बीज कभी निष्फल नहीं होता।

नारदोवाच

हरि मारग बहु अन्तर भाई। कै हरि कै हरि दास सुहाई॥
पहलै तन मन फुन संसारू। माता पिता कुटम परबारू॥ 154॥
पुत्र कलत्र धन सम्पति राजू। पाचूं मद त्यागै सरै सब काजू॥
इन कूं जीति चलै जो कोई। तब देवन तै अन्तर होई॥ 155॥
रिधि सिधि दै अरु मन बोहरावै। मानि बडाई चित्त लगावै॥
जरै गडै बूडै उडि जाई। पर काया परवेस कराई॥ 156॥
और पराये मन की जांनै[36]। चलि करि जाइ जांहां मन मांनै॥
भूलै ताहां चतुर अर ग्यांनीं। सोऐ तजै भक्ति जिन जांनीं॥ 157॥
जौ कोऊ रहै रांम ल्यौ लाई। इंद्रासन तैं इंद्र डराई॥
इंद्र अपसरा देइ पठाई। छल बल करि डहकावै जाई॥ 158॥
जो जन राषै हरि कौ भाऊ। जा[37] कौ काज न बिगरै काऊ॥
गुर गोबिंद सहाइक जा कै। तीनूं ताप न व्यापै ता कैं॥ 159॥
सिष्या दै नारद जु सिधाऐ। तब ध्रुब चलि मधपुरी आऐ॥
दिढबै राग परम गुर ग्यांन। परमेस्वर सौं लागौ ध्यांन॥ 160॥

दोहा

इहि बिधि बन मैं बास करि। निहचल चित्त लगाय॥
जन गुपाल हरि भगति सूं। सनमुष सदा सहाय॥ 161॥

नारद बोले, "हरि का मार्ग अलग प्रकार का है, जिसे या तो हरि जानते हैं, या उनके भक्त। तन, मन, संसार, माता-पिता, कुटुम्ब-परिवार, पुत्र-पत्नी, धन-सम्पत्ति, राज-पाट—पंचेन्द्रियों के इन सुखों को त्यागने वाले के सारे काम सध जाते हैं। उसमें और देवताओं में अन्तर नहीं रह जाता।[38] ऋद्धि-सिद्धि से मन बौरा जाता है; (दुनिया की) बड़ाई हासिल करने में लग जाता है। लेकिन मरने के बाद देह जलाने, गाड़ने या बहा देने के जरिये समाप्त हो जाती है, जीव दूसरी काया में प्रविष्ट हो जाता है। अपने (इस जीवन के) मन को भुलाकर वह नया मन अपना लेता है, उसी के अनुसार चलने लगता है। चतुर और ज्ञानी लोग भी भूल कर जाते हैं, भक्ति त्याग देते हैं। जब भी कोई राम में लौ लगाता है, इन्द्र को अपने आसन का डर लगने लगता है। वह अप्सरा भेजकर, छल-बल करके साधक को बहकाने की चेष्टाएँ करने लगता है। (लेकिन, इन चेष्टाओं से) हरि के प्रति भक्ति-भाव रखने वाले का कोई काम बिगड़ता नहीं। गुरु और गोविन्द उसके सहायक होते हैं, तीन ताप उसे नहीं व्यापते।"

नारद शिक्षा देकर चले गए, ध्रुव मधुपुरी आ गए। अपने परम गुरु से प्राप्त ज्ञान के आधार पर उन्होंने परमात्मा में ध्यान लगाया।

इस प्रकार ध्रुव वनवास करते हुए चित्त को निश्चल करने की साधना करते रहे। हरिभक्ति से उन्हें सदा सहायता मिलती रही।

श्री सुषदेव उवाच

नारद उक्त भजन मन धारौ। मन बच क्रम गोबिंद बिचार्यौं॥
सदाचार संतन जो कीयौ। थोरे मांहे रीझि प्रभु लीयौ॥ 162॥
तपस्या जाइ करीहै ऐसैं। सो अब बरणि सुनांऊँ तैसै॥
बहुत कसौटी करी अधिकाई। ते सब कहूं सुनौं चित लाई॥ 163॥
अंन तजि कंद मूल फल षाऐ। तेऊ तजे पत्रनि तब आऐ॥
पत्र तजे तब जल आहारू। जल छाड्यौ तब पबन अहारू॥ 164॥
पबन तज्यौ इंद्रासन डोल्यौ। तब हीं इंद्र कोप करि बोल्यौ॥
दैबी माया लई बुलाई। अब तुम ध्रुब कौ डहकौ जाई॥ 165॥
तपस्या अति मृत[39] मंडल होई। मेरौ लोक लेत है सोई॥
है कोई वा के तपै डिगावै। तौ मेरौ लोक रहन जु पावै[40]॥ 166॥

शुकदेव ने कहा—नारद के बताए भजन को मन में धारण करके, मन, वचन, कर्म से गोविन्द का ध्यान करते हुए जो संत सदाचरण करते हैं, वे थोड़े ही प्रयत्न में प्रभु को रिझा लेते हैं। (ध्रुव ने) जैसी तपस्या की, मैं अब उसका वर्णन करता हूँ। मन लगाकर सुनो, कैसी-कैसी कसौटियों पर वे खरे उतरे। पहले उन्होंने अन्न छोड़ कन्द-मूल-फल खाना शुरू किया, फिर उन्हें भी छोड़ केवल पत्तों का आहार करने लगे, उन्हें भी त्याग कर जल, फिर जल भी छोड़कर मात्र पवनाहार पर आ गए। पवन तक छोड़ दिया, तब इन्द्रासन डोल उठा।[41] कुपित होकर इन्द्र ने दैवी माया को आदेश दिया कि जाकर ध्रुव को बहकाओ। यह तो इतनी कठिन तपस्या करके मेरे लोक पर अधिकार कर लेगा। कोई जाकर उसका तप-भंग करे, तभी मेरा लोक बचेगा।

रंभा उवाच

तबै अपसरा कहै बषांनीं। हम कूं आग्या देउ निदांनी॥
तब सुरपति कहै समाई। जिहि तिहि बिधि बस कीज्यौ जाई॥ 167॥
रितु बसंत गंधरब पठाऐ। सूते मदन हि फेरि जगाऐ॥
मैनां और उरवसी आई। जांहां ध्रुब रहे रांम ल्यौ लाई॥ 168॥

बहुत भांति बाजंत्र बजावै। अति ऊँचै सुर गंध्रप गावै॥
कोकिला संगीत सुनावै। देब चरित्र कौनैं नहीं भावै॥ 169॥
ध्रुब कै लागी ब्रह्म समाधी। तन सुधि नहीं रांम मति बाधी॥
ऐसी बिधि ध्रुब जाय न लीयौ। तब देबी माया छल कीयौ॥ 170॥

तब अप्सरा रम्भा ने कहा—"आप हमें आज्ञा दे दें।" इन्द्र ने कहा, "जैसे भी हो, ध्रुव को बस में करो।" उन्होंने (ध्रुव को विचलित करने के लिए) वसन्त ऋतु और गन्धर्वों को भेजा, सोते हुए कामदेव को जगा लिया। जहाँ ध्रुव राम से लौ लगाए बैठे थे, वहाँ मेनका और उर्वशी पहुँच गईं। तरह-तरह के वाद्य बजने लगे, गन्धर्व उच्च स्वर में गाने लगे। कोयल संगीत सुनाने लगी, देवताओं के ऐसे काम किसे अच्छे नहीं लगते? (लेकिन) ध्रुव तो ब्रह्म समाधि में मग्न थे, उन्हें तन की सुध ही नहीं थी, चित्त पूरी तरह राम में लगा था।

इन विधियों का ध्रुव पर कोई प्रभाव न पड़ता देख, माया ने छल करना शुरू किया।

तिहि सुनीति कौ रूप बनायौ। पुत्र पुत्र बन मांहि सुनायौ॥
पहलैं आंधी आनि चलाई। मेघ बृष्टि पीछै बरषाई॥ 171॥
भीजे बसन सकल तन कंपै। हा ध्रुब पुत्र पुत्र करि जपै॥
हूं अनाथ राजा पुनि त्यागी। ऐक पुत्र भयौ सो बैरागी॥ 172॥
कहौ कौंन के सरणैं जांऊँ। बोलौ पुत्र बौहौत सुष पांऊँ॥
धरणीं परि लोटै मुरछाई। अति ऊँचै स्वर रोवै धाई॥ 173॥
जागि समाधि तबै ध्रुब जांनी। ऐकाकी क्यूं आवै रांनी॥
होइ अग्यान तौ तब हीं आवै। ऐक पुत्र क्यूं बनहि पठावै॥ 174॥

ध्रुव उवाच

यह मो कूं माया छल कीयौ। तब ध्रुब चरण कमल चित दीयौ॥
अरु रिष नारद की सुधि आई। हरि मारग 'बहु अन्तर भाई॥ 175॥
हरि की क्रपा दास नही भूलै। गुर प्रसाद सुष सागर झूलै॥
प्रलै काल जन कूं भै नांहीं। गुर गोबिंद बसै मन मांहीं॥ 176॥

दोहा

बहुत भांति करि पचि गई। ध्रुब कैं धीरज ध्यांन॥
मीन तरै पंषी उडै। जन गुपाल सिधि ग्यांन॥ 177॥

तब क्रपा करि हरि दरसन दीनौ। गुपत सु प्रगट प्रेम रस भींनौ॥
माँगि माँगि ध्रुब जो तोहि भावै। सरबसु दैहु यहै जीय आवै॥ 178॥

उसने सुनीति का रूप धारण कर लिया। सारे वन में बेटा-बेटा की आवाज गूँजने लगी। (माया के जोर से) पहले आँधी चली, फिर बारिश होने लगी। सुनीति रूपी माया पूरी तरह भीग गई, काँपने लगी, ध्रुव, ध्रुव पुकारती रही, "मैं तो अनाथ हो गई। राजा ने मुझे त्याग दिया है। एक ही बेटा था, वह भी वैरागी हो गया। किसकी शरण में जाऊँ, बेटा! कुछ बोलो तो मुझे चैन पड़े।" रोते-रोते वह धरती पर लोट गई, अचेत हो गई। जोर-जोर से रोती रही, इधर-उधर दौड़ती रही। ध्रुव की समाधि टूटी; उन्होंने सोचा, 'रानी यहाँ अकेली कैसे चली आईं, इन्हें तो पता नहीं था कि मैं यहाँ हूँ। इन्होंने तो स्वयं ही अपने इकलौते पुत्र को वन रवाना किया था।' ध्रुव समझ गए कि यह माया का छल है, उन्होंने भगवान के चरण कमलों में ध्यान लगा दिया। उन्हें नारद की बात याद आई—हरि के मार्ग में बहुत-सी बाधाएँ आती हैं। भक्त हरि की कृपा से उन्हें पार कर लेते हैं। गुरु की कृपा से सुखसागर में तैरते रहते हैं। भक्त प्रलय-काल में भी भयभीत नहीं होते। गुरु-गोविन्द उनके हृदय में बसे रहते हैं।

माया तरह-तरह की कोशिशें करती रही, लेकिन ध्रुव का ध्यान नहीं टूटा। मछली तैरती है, पक्षी उड़ता है—जैसे यह उनका सहज स्वभाव है, वैसे ही सिद्ध व्यक्ति के लिए ज्ञान सहज स्वभाव बन जाता है।

भगवान ने ध्रुव को दर्शन दिए, जो अगोचर हैं, वे प्रभु ध्रुव के लिए गोचर हो गए, "माँगो, ध्रुव माँगो, जो चाहिए माँगो। मेरा तो मन करता है कि तुम्हें सर्वस्व दे डालूँ।"

श्री भगवानोवाच

अरथ धरम कांमनां मुक्ति। दैहु आपनी केबल भक्ति॥
हूं पराधींन भक्त सौं भाई। सिव बिरंचि सब करत बडाई॥ 179॥
भगतनि के संग लागौ डोलूं। बिनहीं बचन बुलायौ बोलूं॥
ज्यायै जीऊँ प्यायै पीऊँ। मार्यौ मरूं जिबायौ जीऊँ॥ 180॥
गाइ बछ लूं बिचरूं संगा। मो अरु भगत नहीं कछू भंगा॥
राषूं नहीं भगत कौ द्रोही। सिब बिरंचि इंद्रादिक होई॥ 181॥
भगत काज कीनौ संसारू। पांच तत्त्व प्रथ्वी आधारू॥
षांन पांन छाजन बिधि कीनीं। फल अरु फूल सकल रस चींनी॥ 182॥
बिषम बिषाद भगत कौ भाई। मो पै देष्यौ सुनौ न जाई॥
नारी निमति सामगरी चहीयै। बिरकत भयै न ता मैं लहीयै॥ 183॥

अम्बवृष बनमाली चाहै। दुरवासा माय नही निर पबाहै[42]॥
जन के कष्ट बेगि नहीं आंऊँ। तौ भगत बछल ता बिरद लजांऊँ॥ 184॥
जो मम काज तजै संसारा। सो जन मेरैं प्रांण अधारा॥
माता पिता त्रिया सुत त्यागै। सो जन मो कूं मीठौ लागै॥ 185॥

दोहा

कछू न राषत दास तैं। भगत बस्य भगवांन॥
जन गुपाल ध्रुब मगन है। बंदत चरण समांन॥ 186॥

भगवान बोले, "अर्थ, धर्म, काम, मोक्ष सब कुछ मैं भक्ति के माध्यम से दे देता हूँ। मैं तो भक्तों के अधीन ही हूँ, शिव और ब्रह्मा इसी बात की बड़ाई करते हैं। मैं तो भक्तों के साथ लगा फिरता हूँ। वे जो चाहते हैं, वही बोलता हूँ। वे जिलाते हैं, जीता हूँ। पिलाते हैं, पीता हूँ। मारते हैं, मरता हूँ, जीवित करते हैं, जी जाता हूँ। मेरा और भक्तों का साथ वैसा ही है, जैसा गाय-बछड़े का। भक्त-द्रोही को मैं सहन नहीं कर सकता, वे चाहे ब्रह्मा, शिव या इन्द्र ही क्यों न हों। यह सृष्टि, पंचतत्त्व पर टिकी मैंने भक्तों के लिए ही रची है। उन्हीं के लिए मैं खाने-पीने की सभी वस्तुओं, रसपूर्ण फलों, फूलों का निर्माण किया है। भक्त का विषाद मुझसे देखा नहीं जाता। स्त्री-सुख प्राप्त करने के लिए सम्पत्ति चाहिए, विरक्त को इन सबकी आवश्यकता नहीं रहती। दुर्वासा ने जब अम्बरीष को सताया था, मैंने तुरन्त भक्त की रक्षा की थी। भक्त के कष्ट-निवारण के लिए यदि मैं तुरन्त न आऊँ तो मुझे भक्त-वत्सल कहा जाना व्यर्थ हो जाएगा। मेरे कारण संसार तज देने वाले लोग मेरे प्राणाधार हैं। जो (मेरी भक्ति में) माता-पिता-पत्नी-पुत्र सभी को त्याग देता है, वह मुझे प्यारा लगता है।"

भगवान भक्त के लिए कुछ भी कर सकते हैं, वे भक्तों के वश में ही हैं। जन गोपाल कहते हैं—ध्रुव भगवान की चरणवन्दना में मग्न हैं।

अस्तुति कौ छंद[43]

लीयौ ध्रुब उठाइ। सु कंठ लगाइ॥
धर्यौ कर सीस। क्रपा बिसवाबीस॥ 1॥
नमो तूं अगाध। जपै सब साध॥
नमो तूं अलेष। जपै सुर सेष॥ 2॥
नमो तूं अभेद। जपै सब बेद॥
नमो निराकार। जगत आधार॥ 3॥

नमो जगदीस। सुरन के ईस॥
नमो जगदेव। अलष अभेव॥ 4॥
नमो जगनाथ। अनाथ के नांथ॥
नमो जगजांन। न होय प्रवांन[44]॥ 5॥
नमो भगवंत। अपार अनंत॥
नमो भगवांन। न होइ बषांन॥ 6॥
नमो श्री रांम। करै सब कांम॥
नमो गोबिंद। निरंद नियंद॥ 7॥
नमो श्री पति। भगति मुकति[45]॥
नमो श्री कृष्ण। पियापक बिष्णु॥ 8॥
नमो गोपाल। सबै प्रतिपाल॥
नमो दीनांनांथ। जांहां तांहां साथ॥ 9॥
नमो परब्रंह्म। लिपै नहीं क्रंम[46]॥
नमो तूं दयाल। भगत क्रपाल॥ 10॥
नमो तु जबांन। बध न बाल॥
नमो ऐक रस। सदा तिहूं काल[47]॥ 11॥

दोहा

जीव काहा अस्तुति करै। महमां अगम अगाध॥
जन गुपाल ध्रुब बचनये। बेद कहै सब साध॥ 187॥

स्तुति—भगवान ने ध्रुव को उठाकर गले लगा लिया। कृपापूर्वक सर पर हाथ रखा। ध्रुव ने कहा, "मैं आप अगाध को, जिनका साधुजन जाप करते हैं, नमन करता हूँ। जिन अलक्ष्य का जाप देवता और शेषनाग करते हैं, उन्हें नमन करता हूँ। जिनका भेद कोई नहीं जानता, जिनका जाप वेद करते हैं, जो निराकार हैं, जगत के आधार हैं उन्हें नमन करता हूँ। जगदीश, देवों के स्वामी, अलक्ष्य, अभेद्य, जगन्नाथ, अनाथों के नाथ, अनन्त, अवर्ण्य, असीम, अपार भगवान को नमन करता हूँ। सभी कामनाएँ पूरी करने वाले राम को नमन करता हूँ। गोविन्द को नमन करता हूँ। भक्ति, मुक्ति और श्री के स्वामी विष्णु को नमन करता हूँ। सबका पालन करने वाले गोपाल को, सदा साथ देने वाले दीनानाथ को, परब्रह्म, कर्मातीत, दयालु, भक्तों पर कृपालु को नमन करता हूँ। जो न बालक हैं न युवा, न वृद्ध,जो (भूत, वर्तमान, भविष्य) तीनों कालों में एकरस रहते हैं, उन्हें नमन करता हूँ।

भगवान की महिमा किसी भी स्तुति में नहीं बाँधी जा सकती। जन गोपाल कहते हैं कि जो कुछ ध्रुव ने कहा, वही वेद और सभी साधु भी कहते हैं।

ध्रुव उवाच

माँगूँ काहा जगतपतिदेवा। सबै नश्वर बिनि उत्तम सेवा[48]॥
अपनौ जांनि क्रपा जो कीजै। अपनीं प्रेम भक्ति मोहि दीजै[49]॥ 188॥
अरथ धरम अरु कांम मुक्ति फल। माँगैहूं मति देहु ऐक फल॥
मिष्ट जांनि जो बालक माँगै। जननी नीव देइ गुल[50] त्यागै॥ 189॥
बहनी माता माटी देई। अगनि हाथ घालत गहि लेई॥
कूप परत तौ[51] मात उबारै। और म्रत्यु बहुत बिधि टारै॥ 190॥
ज्यूं चिंतामनि दे कोडी लीजै। पांहन बदलै पारस दीजै॥
कांमधैन तजि अजा बिसाहै। अंमृत छांडि बिषै सुष चाहै॥ 191॥
कलपब्रछ तजि सैमरि सेवा। सूवा लूं पिछतावै देवा॥
हूं अग्यांन बालक प्रभु ऐसै। तुम सरबग्गि देहु नहीं[52] तैसै॥ 192॥
ब्रह्मलोक सिव इंद्र सथांनां। सुर सुष तजै भजै भगवांनां॥
अलप बिषै सुष प्रथी राजू। ता तैं सर्‌यौ कौन कौ काजू॥ 193॥
सुपनै मृत्यु ब्रंह्म बषांनैं। माहाप्रलय सब कोऊ जांनै॥
जा कै मृत्यु हि सुष कैसौ। सुपनै की सम्पति भ्रम तैसौ[53]॥ 194॥

दोहा

कछू न चहीयै भगत कैं। मुकति तै रहै उदास॥
जन गुपाल ता दास कै। हिरदै करत हरि वास॥ 195॥

ध्रुव ने कहा, "जगत के स्वामी, मैं आपसे माँगूँ क्या? आपकी सेवा के अलावा सब कुछ नश्वर ही है। अपना समझकर कृपा करते हैं, तो मुझे प्रेम और भक्ति ही दीजिए। मेरे माँगने पर भी अर्थ, धर्म, काम और मोक्ष मत दीजिए। बालक मीठा खाने की जिद करे तो माँ उसे नीम देकर मीठे की आदत छुड़ाती है। बालक आग में हाथ डाल दे तो माँ आग पर मिट्टी डालकर उसे बुझाती है। बालक कुएँ में गिर जाए तो बचाती है। माँ अनेक प्रकार से बच्चे की प्राण-रक्षा करती है।

(भक्ति के अलावा किसी और वस्तु की कामना करना वैसा है जैसे कि) चिन्तामणि छोड़ कौड़ी लेना, पारस छोड़ पत्थर चाहना, कामधेनु के बजाय बकरी पाना, अमृत छोड़कर विष में सुख खोजना। जैसे कल्पवृक्ष की उपेक्षा कर सेमर को चाहकर तोता पछताता है, वैसे मुझ अज्ञानी बालक को पछताना पड़े, आप सर्वज्ञ मुझे ऐसा कुछ न

दें। ब्रह्मलोक, इन्द्रलोक, शिवलोक आदि देवलोकों के सब सुखों की परवाह किए बिना भगवान का भजन ही करना चाहिए। जीवन के तुच्छ सुखों से, पृथ्वी भर के राज से भी अन्ततः क्या प्राप्त होता है? मृत्यु सपने में भी मनुष्य का पीछा करती है, ब्रह्म की बातें सभी करते हैं, महाप्रलय के बारे में भी जानते हैं। जो मरणधर्मा है, उसके सारे सुख वैसे ही (क्षणभंगुर भ्रम) हैं जैसे कि स्वप्न में देखी गई सम्पत्ति।

भक्त को कुछ नहीं चाहिए। वह मुक्ति तक से उदासीन रहता है। ऐसे भक्त के हृदय में हरि निवास करते हैं।

श्री रामोवाच

सांचि बात कही ध्रुब ऐसी । मेरे भगत कहै सब तैसी॥
सुर नर नाग लोक नहीं नीकौ । मो बिनि सबै भगत कै फीकौ॥ 196॥
रोग देषि उपचार हि कीजै । बैदहि जस रोगी जुग जीजै[54]॥
तु स कांम जननी दुष पायौ । राज काज बन मै उठि ध्यायौ॥ 197॥
मुक्ति दीये तै कोई न जांनैं । मरि षिरि गयौ कौन यह मानै॥
राज देइ कुल कलस चढाऊँ । इहि बिधि अपनी भगति बढांऊँ॥ 198॥

ध्रुव उवाच

भगति बढाबौ अन्तरजांमीं । मम गति काहा होइगी स्वांमी॥
मम अग्या जो कोऊ पारै । ता कौ कारज कौन बिगारै॥ 199॥

श्री भगवानोवाच

बाजी सूं भूलै संसारा । नट कौ बालक लषै बिचारा॥
बालक सरप गठरी या बाधै[55] । धरि ले चलै आपनैं कांधै॥ 200॥
सरप न डसै बालक भै नांहीं । जुगति जरी निसचै मन मांहीं॥
मेरी षुसी करौ तुम राजू । भगति मुकति दे सारौ काजू॥ 201॥
सेवा सोई जो हूं भल मांनूं । सेवा[56] तजै भलौ मति जांनूं॥
श्रुति सुनै सुनीति सुष देऊ[57] । उत्तानपाद नृप उधारि लेऊ॥ 202॥
भाई बंध सकल पुरबासी । भक्ति होइ मम चरण निवासी॥
इहि बिधि मेरी भगति चलांऊ । मुक्ति देव[58] सो बोल बुलांऊँ॥ 203॥

ध्रुव उवाच

छांनत धूरि लहै चिंतामनि । मद भागी वो रै को द्रब [क]नि[59]॥
बार बार प्रभू बिनती कीजै । चरण छांडि मोहि और न दीजै॥ 204॥

चरण कमल अतिसय मोहि भावै[60]। चरणनि संग लषमीं चलि आवै॥
लषमी त्यागि चरण चित दीजै। चरण छांडि लषमीं नहीं लीजै॥ 205॥
हरष सोक लषमी कौ नांहीं। चरण कमल राषौ चित मांहीं॥
छांडै सु माया संगी आवै। भाजि र जाइ छांह त न धावै॥ 206॥

दोहा

छांडत माया संग चलै। पकरत माया जाइ॥
मन बच करम तन छांह ज्यूं। देषौ नैन हिराइ॥ 207॥

बिश्राम

बरष हजार छतीस लूं। राज करौ ध्रुव जाइ॥
जन गुपाल फुनि मुक्ति द्यूं। मो कूं भक्त दुहाइ॥ 208॥

श्रीराम ने कहा, "तुमने सच कहा। मेरे सभी भक्त यही कहते हैं। देवलोक, नरलोक, नागलोक कोई श्रेष्ठ नहीं है। भक्तों के लिए मेरे बिना सब कुछ फीका ही है। उपचार रोग देखकर ही किया जाता है। वैद्य के जस (सामर्थ्य) से रोगी दीर्घायु पाता है। तुम्हारे प्रेम ने तुम्हारी माँ को दुख दिया, तुम राज-काज छोड़ वन में आकर ध्यानमग्न हो गए। यदि मैं तुम्हें मुक्ति (का वरदान) दे दूँ, तो लोग भक्ति की महिमा कैसे जानेंगे? उन्हें तो यही लगेगा कि ध्रुव वन में मर-खप गया। राज देकर मैं तुम्हारे कुल का कलश ऊँचा करूँगा (मान बढ़ाऊँगा), इस तरह अपनी भक्ति में भी वृद्धि करूँगा।"

ध्रुव बोले, "यदि (मुझे राज देकर आप अपनी भक्ति में वृद्धि करेंगे) तो मेरी गति क्या होगी?"

भगवान बोले—"मेरी आज्ञा मानने वाले का काम कौन बिगाड़ सकता है? संसार बाजीगर के खेल में डूबा है। नट का बालक देखता है, विचार करता है (कि पिता उसके साथ है, इसी भरोसे वह) साँप को गठरी में बाँध कंधे पर लिये घूमता है। अपने पिता की युक्ति और औषधियों पर विश्वास के कारण सर्प के डसने का भय नट के बालक को नहीं होता। इसी तरह तुम मुझ पर विश्वास करते हुए प्रसन्नतापूर्वक राज करना। मैं तुम्हें भक्ति भी दूँगा, मुक्ति भी। तुम्हारा काम साधूँगा। मेरी यही सेवा तुम्हारे लिए श्रेष्ठ है। सेवा का त्याग मैं अनुचित मानता हूँ। तुम राज स्वीकार करोगे तो सुरति और सुनीति को भी सुख मिलेगा। राजा उत्तानपाद को भार से मुक्ति मिलेगी। तुम्हारे बन्धु-बान्धव, नगर-निवासी मेरे चरणों में भक्ति करेंगे। इस तरह मैं अपनी भक्ति बढ़ाऊँगा, उन्हें मुक्तिदाता वचन सुनाऊँगा।"

ध्रुव ने कहा, "धूल छानते-छानते किसी को चिन्तामणि मिल जाए तो कोई अभागा ही उसे छोड़ेगा। मुझे तो बार-बार यही विनती करनी है कि चरणों (में निवास) के सिवाय मुझे कुछ नहीं चाहिए। मुझे आपके चरण-कमल ही अत्यन्त प्रिय हैं। लक्ष्मी तो इनके साथ ही चली आती हैं। लक्ष्मी को त्याग कर चित्त चरणों में ही लगाना चाहिए, चरण छोड़ने पर लक्ष्मी भी छूट जाती है। लक्ष्मी से सम्बद्ध हर्ष, शोक की चिन्ता छोड़, चित्त को चरण-कमलों में ही रखना चाहिए। चरणों को छोड़ने पर माया पास आती है, जिसकी छाया से भी दूर भागना चाहिए।

माया छोड़ने पर साथ रहती है, पकड़ने पर भाग जाती है। आँखें खोलकर देखो, माया मन, वचन, कर्म से तन की छाया समान व्यवहार करती है।

भगवान ने कहा, "जाओ, ध्रुव छत्तीस हजार वर्षों तक राज करो। मैं वचन देता हूँ कि उसके बाद तुम्हें मुक्ति दूँगा।"[61]

राजा [को] छंद

दीयौ तौ राज राज ही। गरीब के निवाज ही॥
अनाथ बंधु गाइयै। बिरद यूं बुलाइयै॥ 209॥
तुरत तंबू तांनीयै। प्रजंक सेज बनाइयै॥
गलसरी सारि गींदूवा। मष तूल लाल फुंदवा॥ 210॥
जांहां रेसमीं बिछावनैं। गावै तौ गुनी गावनै॥
बीरी सवारि कीजीयै। मुष मैं त वो ल दीजीयै॥ 211॥
बागौ भलौ बनावहीं। षुवास पास लावहीं॥
कनात फेरि दीजीयै। दरवार [वो]लि लीजीयै॥ 212॥
निसान द्वार बाजहीं। हय ही सै हाथी गाजहीं॥
अमराव सीस नावहीं। बीरासमा षवावहीं॥ 213॥
तांहां कनक थारी झारीयां। गडई कटोरी भारीयां॥
हंडवाइ हेमत वा चरू। रसोईदार सिरषरू॥ 214॥
कतार ऊँट डोलहीं। वेसरि निमाल मेलहीं॥
प्रधांन लिषि लावहीं। गुद राइ करि दिषावहीं॥ 215॥
कनक हट हटीयां। तुरीज बट वटहीं॥
कहूं गयंद घूंमहीं। कहूं तौ मल्ल [झूं]महीं॥ 216॥
कहूं राफ आनीयै। कहूं बजार बांनीयै॥
कहूं जराब गढहीं। कहूं तौ बिप्र पढहीं॥ 217॥

कहूं तौ मौती मोलही। कहूं तौ नग अमोलही॥
कहूं क हीर चीरही। देषत सुष सरीरही॥ 218॥
कहूं तौ पांन फूलही। कहूं कपूर षूलही॥
कहूं कमेला मूलही। कहूं मिठाई तूलही॥ 219॥
बिरद भाट बोलहीं। पावत नग अमोलही॥
कीरति अपार सोवही। जगत भूप मोवहीं॥ 220॥

बिश्राम

है गै मै गै मतंगही। हुकम भयौ सब साज॥
जन गुपाल ध्रुब चक्रबित। हठ दीनौ हरि राज॥ 221॥

ग़रीब निवाज (भगवान)ने ध्रुव को राज दिया। अनाथ बन्धु विरद सार्थक किया। तुरन्त ही तम्बू तन गए, पलंगों पर बिछावन हो गई। कोमल, मखमली तकिए लग गए। रंग-बिरंगे फुंदनों से सजावट हो गई। रेशमी बिछावने हैं, गुणीजन गायन कर रहे हैं। रसिक ताम्बूल के बीड़े मुँह में दबाए संगीत का आनन्द ले रहे हैं। सुन्दर बाग बने हैं, जिनसे सुवास व्याप्त है। कनात लगी है। दरबार शुरू करने का आदेश हो चुका है। दरवाजे पर नौबत बज रही है। हाथी-घोड़े झूम रहे हैं। उमराव कोर्निश कर रहे हैं। पान के बीड़े पा रहे हैं। सोने की थालियाँ, कटोरियाँ, हंडे, चरियाँ (पानी भरने के बड़े, छोटे बर्तन) हैं। रसोईदार प्रशंसित और मुदित हैं। ऊँटों की कतारें हैं। कर्मचारी हर चीज का हिसाब रख रहे हैं। बाजारों में दुकानें सजी हुई हैं, हाथी-घोड़े घूम रहे हैं। (अखाड़ों में) पहलवान झूम रहे हैं। बनिये, सर्राफ, सुनार अपने-अपने कामों में लगे हैं। मोती पोए जा रहे हैं, हीरे तराशे जा रहे हैं। यह सब देखकर शरीर रोमांचित हो उठता है। कहीं ब्राह्मण पठन-पाठन कर रहे हैं। क़हीं मिष्टान्न तो कहीं पान, फूल आदि खरीदे-बेचे जा रहे हैं।

भाट विरुदावली गा रहे हैं। अनमोल रत्न पा रहे हैं। अपार कीर्ति पर जगत के अन्य राजा मोहित हैं।

हाथी-घोड़े, अन्य सभी साज-सामान के साथ भगवान ने आग्रह करके ध्रुव को चक्रवर्ती राजा बना दिया।

चौपई

तब ध्रुब प्रभ की आग्या मांनीं। अकरण करण यहै जीव जांनी॥
आग्या तजूं तौ बहु दुष पाऊँ। सेबग आग्या भंग कहाऊँ॥ 222॥
तब ध्रुब चले निसांन बजाई। देस देस सज्जन[63] सुधि पाई॥
बहुत भांति सांमगरी[64] कीनी। भऐ बिवाह कंन्या तिनि दीन्ही॥ 223॥

दीये दाइजा हाथी घोरे। सौनौ रूपौ दास पटोरे॥
करि मनुहारि पहुन गति कीन्हीं। आगैं चले बिदा तब कीन्हीं॥ 224॥
ऐसी भांति निकट जब आए। रिष नारद नृप बचन सुनाए॥

नारदोवाच

नारद कहै सुनौ नृप राई। तेरे पुत्र सकल सिधि पाई[65]॥ 225॥
तप की कथा प्रथम सब भाषी। ध्रुब की हरि परतिंग्या राषी॥
भक्ति मुक्ति सूं दीनौ राज। सतपुरषां[66] लूं सारौ काज॥ 226॥

ध्रुव ने प्रभु की आज्ञा स्वीकार कर ली। उन्होंने सोचा अन्तर्यामी प्रभु तो जीव के कर्म-अकर्म सब जानते हैं। इनकी आज्ञा का उल्लंघन करने पर मुझे बहुत दुख उठाने होंगे। मैं अवज्ञा करने वाला सेवक कहलाऊँगा।

ध्रुव धूम-धाम के साथ रवाना हुए। विभिन्न देशों के राजाओं को सूचना मिली, उन्होंने विविध प्रकार से ध्रुव का स्वागत किया। उनका विवाह हुआ। हाथी, घोड़े, सोना, चाँदी, रेशम दहेज में मिले। जामाता का सम्मान मिला, फिर वे विदा हुए। इस तरह जब वे अपने नगर के पास पहुँचे, तब ऋषि नारद ने राजा (उत्तानपाद) से कहा, आपके पुत्र ने सभी सिद्धियाँ प्राप्त कर ली हैं। उन्होंने राजा को ध्रुव की तपस्या और हरि द्वारा ध्रुव की प्रतिज्ञा का मान रखने के बारे में बताया, 'भगवान ने (ध्रुव को) भक्ति और मुक्ति के साथ ही राज भी दिया है। वे सत्पुरुषों के काम साधते ही हैं।'

राजा उवाच

तब राजा बोलै बचन उदास। अब लूं ध्रुब कैसौ सुष बास॥
मरि षिरि गयौ कै काहू षायौ। सरप सिंघ जल अगिनि अमायौ[67]॥ 227॥
ऐसी कहौ कौन यह मांनै। बालक काहा तपस्या जांनै॥
मेंषी अजा जाय जो षोई। कांम बिगारै सोधै सोई॥ 228॥
मै अपराधी बालक त्याग्यौ। त्रिया त्रास उठि संग न लाग्यौ॥
सोभ करी हठ करि न मनायौ। ध्रुब बन गयौ सु बहुरि न आयौ॥ 229॥
सत्री जित मृतक सो कहीऐ। पिंड देइ तौ पित्र न लहीऐ॥
दांन पुंन्य सब करहि अकाजा। पस्याताप करै यूं राजा॥ 230॥
करै बिलाप बहुत दुष पावै। नारद कहैं बेगि ध्रुब आवै॥
श्रुति सुनै अचरज करै सोई। मरण गयौ जीवन क्यूं होई॥ 231॥
सुनै सुनीति बहु सुष पावै। सत्य कहै किधौ[68] मन हि मनावै॥
तिहि अबसर ध्रुब दूत पठाए। जाइ कहौ राजा हम आए॥ 232॥

प्रभु की आग्या तुम हि सुनाई। आयसु देहु सो करौ[69] गुसांई॥
गुरु प्रभु पिता आपनौ राजा। आग्या भंग सरै नहीं काजा॥ 233॥
आग्या मागि[70] चलै जौ कोई। ता कौ कबहूं बिगार न होई॥
तब राजा अति उछाह कराए। पुरबासी सब बोलि मगाए॥ 234॥

राजा उदास स्वर में बोले, "ध्रुव, अब तक सचमुच जीवित है क्या? सर्पों, सिंहों, अग्नि, जल आदि अनेक संकटों से भरपूर वन में वह अब तक कैसे बचा होगा? कैसे मान लूँ आपकी बात? बालक क्या तपस्या करेगा? जिस (गड़रिए) की भेड़-बकरियाँ खो गई हों, (मेरी हालत उसके जैसी है), काम तो मेरा सँभाला जाना है। गलती मेरी ही है। मुझ अपराधी ने अपना बालक त्याग दिया। पत्नी के डर से उसे मनाया नहीं। आज क्षोभ होता है अपने हठ पर। ध्रुव बन से लौटकर नहीं आया। जो (पुरुष) स्त्री के वश में हो, उसे मृतक ही समझना चाहिए। पितृगण ऐसे व्यक्ति द्वारा किया पिंडदान तक स्वीकार नहीं करते, उसके किए दान-पुण्य सब व्यर्थ हो जाते हैं।"

राजा इसी तरह की बातें करते हुए पछता रहे थे। अत्यन्त दुख के साथ विलाप कर रहे थे। नारद ने कहा, ध्रुव शीघ्र ही वापस आ रहे हैं, सुनकर सुरति अचम्भे में पड़ गई, वह तो मरने गया था। जीवित कैसे रह गया? उधर, सुनीति को हर्ष तो हुआ, साथ ही शंका भी हुई कि नारद सच बोल रहे हैं या बस सांत्वना दे रहे हैं? तभी ध्रुव ने सन्देशवाहक रवाना किया 'राजा को सूचना दो, मैं आ गया हूँ। उन्हें बताओ स्वयं प्रभु ने मुझे क्या आदेश दिया है। उनसे कहो कि गुसांईं मैं आपकी आज्ञा का पालन करूँगा। किसी को गुरु, प्रभु, पिता या राजा की आज्ञा का उल्लंघन नहीं करना चाहिए। इनका आज्ञापालन करने वाला कष्ट नहीं उठाता।'

यह सुनकर राजा ने नगर में उत्सव मनाने का आदेश दिया, सभी नगरवासियों को बुलाया।

बिश्राम

श्रुति सुनीति दोऊ संग लै। रथ बैठे नृप राज॥
पुरबासी सनमुष चले। जन गुपाल ध्रुब काज॥ 235॥
ध्रुब के डेरै नृपति पधारे। सनमुष है ध्रुब संग सिधारे॥
पहलै श्रुति कूं बंदन कीनौ। पाय परसि नृप ही सुष दीनौ॥ 236॥
अंकमाल भरि भेटी मांता। प्रेम अंस करि सीचे गाता॥
कुसल प्रसन्न परसपर कीनौ। राजा बैठे आसन दीनौं॥ 237॥

तब राजा ध्रुब की करत बड़ाई। धन्य सु पुत्र पिता अरु माई॥
सात साषि कौ नांम लिबायौ। धनि जननी जो पुत्र हि जायौ॥ 238॥
पुत्र बिना मिथ्या संसारू। सुर नर असुर जु करत बिचारू॥
ऐक पुत्र ते सुरग हि जइयै। इक पुत्र तै नरक सिधइयै॥ 239॥

राजा सुरति और सुनीति के साथ रथ पर सवार हुए।[71] उनके पीछे-पीछे नगरजन भी ध्रुव से मिलने चले।[72] जहाँ ध्रुव ठहरे थे, वहाँ पहुँचने पर ध्रुव ने सबसे पहले सुरति को प्रणाम किया, फिर राजा के चरण-स्पर्श कर उन्हें सुख दिया। माता के गले लगे, जिसने प्रेमाश्रुओं से उन्हें भिगो दिया। परस्पर कुशल-वार्ता करने के बाद राजा ने आसन ग्रहण किया। राजा ध्रुव की बड़ाई करने लगे, "धन्य है ऐसा पुत्र, धन्य हैं ऐसे पुत्र के माता-पिता। इसने अपना नाम सप्तर्षियों में लिखा लिया, (सुनीति) तुम धन्य हो कि तुमने इसे जन्म दिया। पुत्र बिना संसार मिथ्या ही है। सुर-नर-असुर सभी यही मानते हैं। पुत्र ऐसा भी हो सकता है कि जिसके कारण माता-पिता को स्वर्गलाभ हो, और ऐसा भी कि जिसके कारण उन्हें नरकवास करना पड़े।"

[ठा]ढे होइ ध्रुब बिनती कीनी। तुम्हरौ जांनि भक्ति प्रभु दीनी॥
बहुत भांति भोजन करबायौ। पांन सुगंध देत सुष पायौ॥ 240॥
बासर गयौ निसा पुनि बीती। राजा रांनी ध्रुब सूं प्रीती॥
हरि बिस्वकरम हि अग्या दीनी। कंचन पुरी पलक मै कींनीं॥ 241॥
राजा ध्रुब प्रभात जु आऐ। मणिमय मन्दिर सबनि दिषाऐ॥
तब राजा मन अचिरज भाई। दषिन लंक उत्तर कित आई॥ 242॥
तब राजा नारद समझाए। ध्रुव कारण हरि महल बनाए॥
प्रभु समरथ त्रिभुवनपति स्वांमीं। जान राय हरि अन्तरजांमी[73]॥ 243॥

ध्रुव ने खड़े होकर विनती की, "आपका पुत्र जानकर ही भगवान ने मुझे भक्ति दी है।"[74] भाँति-भाँति के भोजन बने, सुखपूर्वक पान और सुगन्ध दिए गए। राजा-रानी और ध्रुव के परस्पर प्रेम में दिन-रात ऐसे ही बीत गया। भगवान ने विश्वकर्मा को आदेश दिया, उन्होंने पल भर में कंचनपुरी का निर्माण कर दिया। सुबह होने पर राजा और ध्रुव ने मणिमय मन्दिरों वाला वह नगर देखा। राजा चकित हो गए, 'कहीं यह लंकापुरी दक्षिण से उत्तर तो नहीं चली आई?' तब नारद ने उन्हें समझाया, 'ये महल हरि ने ध्रुव के लिए बनाए हैं।' वे त्रिभुवनपति (सब कुछ करने में) समर्थ हैं, राजा, वे अन्तर्यामी हैं।'

राजा महल कौ छंद

बिच बिच राज मंदरं । चुनी जराव सुंदरं ॥
चाहूं वोर चित्र सारीयां । तांहां तौ नृप कुमारीयां ॥ 244 ॥
झरोषा भांति बिराजहीं । मन्दिर पांति राजहीं ॥
मोती माणिक द्युति झालरी । बिच नग अमोल लालरी ॥ 245 ॥
द्युति कलस धुजा फरहरै । आरि असुर देषि थरहरै ॥
दरबार रबि प्रकासही । अमराव पांति बैसही ॥ 246 ॥
बाजार अधिक सोवही । तांहां सुर समूह मोहई ॥
बिच बिच बाग बावरी । सुर सु भर आंन रावरी ॥ 247 ॥
रबि चंद कमल फूलहीं । तांहां भवर देषि भूलहीं ॥
दरबाजा कोट राजही । सुर भबन सम बिराजही ॥ 248 ॥
उपमां अनंत जो गिनैं । सो देषि देषि मन मोहनैं ॥
सुर दत्त जो न जांनीयैं । हरि दत्त क्यूं न बषांनीयै ॥ 249 ॥

(उस नगर में) स्थान-स्थान पर सुन्दर महल बने हुए हैं। रत्नजटित चित्रशालाएँ हैं। अनमोल मोतियों, माणिक्यों की झालरों से सजे झरोखों से राजकुमारियाँ झाँक रही हैं। चमकीले कलशों पर फहराती ध्वजाएँ देख शत्रु, असुर काँप रहे हैं। दरबार सूर्य की भाँति दमक रहे हैं। उमराव (सामन्त) पंक्तिबद्ध बैठे हुए हैं। सुन्दर बाजारों में जैसे मोहक देवता विचर रहे हैं। नगर में बीच-बीच में बगीचे हैं, बावड़ियाँ हैं। देवता पानी भर रहे हैं। सूर्य, चन्द्र हैं। कमल तो इतने खिले हैं कि भँवरे भ्रमित हो रहे हैं (कि किस कमल पर बैठें)। देवताओं के भवनों जैसे परकोटे और द्वार हैं। इस मनमोहक नगर की उपमाएँ तो अनन्त हो सकती हैं। यह देवों द्वारा रचा हुआ, बल्कि स्वयं हरि द्वारा रचा गया नगर है।

बिश्राम

प्रगट भई कंचन पुरी । अजहूं अटल ध्रुब थांन ॥
जन गुपाल ससि तारिका । प्रदषिणा दे भांन ॥ 250 ॥

चौपई

ध्रुब राजा की आग्या मांनै । राजा ध्रुब हि बडौ करि जांनै ॥
परसपर बहुत सुष पायौ । भगत जांनि अतिसय जिय भायौ ॥ 251 ॥
बहुत भांति रांनी सुष पावै । पुत्र पत्र[75] करि प्रेम बढ़ावै ॥
भइया बंद[76] करै अति प्रीती । नृप समांन राषै सब नीती ॥ 252 ॥

पुरबासी नैननि के तारे। निस बासर ते हौहि न न्यारे॥
कथा कीरतन भगति करांहीं। सुमरण करत जांम चलि जांहीं॥ 253॥
कितीयक[77] दिवस गंए बिधि ऐसी। राजा कैं मन बन की बैसी॥
बहुत भांति उपज्यौ अनुरागा। तुम हि ध्रुब राज हम हि बैरागा॥ 254॥

ध्रुव उवाच

ध्रग यह राज पिता दुष सहीयै। ऐसौ राज बहुरि कित लहीयै॥
राज करौ हरि भक्ति बढ़ाबौ। घर बन दोऊ सम करि ध्यावौ॥ 255॥
तब सब राजनि की साषि सुनाई। पुरषां गति ऐसी चलि आई॥
पुत्र स पुत्र जो पाछूं राषै। नीही[78] पिता कौन यह भाषै॥ 256॥

ऐसी थी ध्रुव की अटल, अजर कंचन पुरी जहाँ (सौन्दर्य और ऐश्वर्य रूपी) चन्द्रमा और तारे (ध्रुव रूपी) सूर्य की परिक्रमा करते हैं। ध्रुव ने राजा की आज्ञा स्वीकार कर ली, और राजा ने ध्रुव का बड़प्पन। दोनों बहुत सुखी हुए, भक्ति और ज्ञान से उनका मन भर आया। रानियाँ भी बहुत प्रसन्न थीं, 'बेटा-बेटा' कहते अघा नहीं रही थीं। बन्धु-बान्धव भी बहुत प्रसन्न थे, राजा सबके साथ यथोचित व्यवहार कर रहे थे। नगरनिवासी भी ध्रुव के लिए कोई दूसरे नहीं, बल्कि आँखों के तारों के समान थे। वे दिन-रात ध्रुव के ध्यान में रहते थे। सभी चौबीसों घंटे भक्ति, कथा-कीर्तन में दत्तचित्त रहते थे। कितने ही दिन इसी तरह बीत गए। बहुत अनुराग भरे राजा ने निश्चय किया, और ध्रुव से कहा, 'बेटा, राज अब तुम सँभालो, मैं वैराग्य लूँगा।'

ध्रुव बोले, 'पिताजी, धिक्कार है इस राज पर। इसमें दुख ही दुख है, क्या करूँगा मैं इसे लेकर। आप राज भी करते रहिए और भक्ति भी। जैसे वन में ध्यान करेंगे, वैसे घर में ही कर लीजिए। तब राजा ने ध्रुव को राज-परम्परा का साक्ष्य दिया, 'परम्परा यही है कि पिता के बाद पुत्र शासन करे। यह बात तुम्हें मैं नहीं तो और कौन बताएगा?'

बिश्राम

प्रथम राज जगदीस[79] दीयौ। फुनि राजा दीयौ राज॥
उत्तानपाद नृप बन चले। जन गुपाल हरि काज॥ 257॥

सबसे पहले तो भगवान ने ही शासन किया, फिर उन्होंने (मानव) राजाओं को राज दिया। जन गोपाल कहते हैं कि राजा उत्तानपाद हरि-स्मरण के लिए वन चले गए।

चौपई

सत जुग ध्रुब की प्रबरति[80] होई। लष बरष लूं जीवै सोई॥
बहुत भांति फलै अरु फूलै[81]। सब कोई सुषी दुषी नहीं डूडै॥ 258॥
बारह मास ब्रष फल देही। रिष तपसी ताहां भोजन लेहीं॥
सबा कलस दूध दे गाई। बछा चूंषै पेट अघाई॥ 259॥
राजा प्रजा पुत्र समांनां। संकट दुष नहीं दीसै आंनां॥
राजनीति राजा जु बिचारै। स्वामी धरम प्रजा प्रतिपारै॥ 260॥
चार्यूं बरण आपनै धरमां। अरु आश्रम करै सुभ करमां॥
उत्तम करम करैं सब जांनैं। सति सील कूं हिरदैं आंनैं॥ 261॥

ध्रुव ने सतयुग में लाख बरस (बहुत लम्बे समय तक) शासन किया। उनके शासनकाल में देश खूब फला-फूला। सभी सुखी थे, दुखी मनुष्य ढूँढ़ने पर भी नहीं मिलता था। वृक्ष बारहों मास फल देते थे। तपस्वी ऋषि उन्हीं से आहार प्राप्त करते थे। गायें भरपूर दूध देती थीं, बछड़े भरपेट पीते थे। राजा के लिए प्रजा पुत्र समान थी। दुख-दारिद्र्य का कहीं नाम तक नहीं था। राज उचित (राज) नीति का पालन करते थे, राजधर्म के अनुकूल प्रजापालन करते थे। चारों वर्ण अपने-अपने वर्ण और आश्रम के अनुकूल शुभ आचरण करते थे। उत्तम कर्मों का बोध सभी को था, सभी के हृदय सत्य और शील से भरपूर थे।

बिश्राम

बन मैं घर घर बनहि सम। ऐसे संम्रथ रांम॥
जन गुपाल जगदीस की। क्रपा करै सब कांम॥ 262॥
तब बचन लाज परमेस्वर आंनीं। क्रपा करी तब सारंगपांनीं॥
चक्र सुदर्सण रष्या करही। आग्या भंग करत सिर हरही॥ 263॥
ता तैं सब कोई आग्या कारी। चक्र सुदरसन कौ डर भारी॥
निरभै राज करै ध्रुब धरणीं। भगति जुगति आगै ज्यूं बरणीं॥ 264॥

राम की सामर्थ्य से, (ध्रुव के राज में) वन और घर का भेद मिट गया था। (लोग वन में वैसे ही सुरक्षित अनुभव करते थे, जैसे अपने घर में।) जन गोपाल कहते हैं कि जगदीश की कृपा से सारे काम बन जाते हैं। परमेश्वर अपना वचन निभाते हैं, वे सारंगपाणि कृपा करते हैं, सुदर्शन चक्र के माध्यम से रक्षा करते हैं, अवज्ञा करने वालों का सर उड़ा देते हैं। सुदर्शन के डर से सब उनका आज्ञापालन

करते हैं। ध्रुव की भक्ति-पद्धति हम आगे बता रहे हैं। (किस प्रकार ध्रुव राज करते हुए भी सच्चे भक्त का जीवन बिताते थे।

पांनी तेल मिलै पणि न्यारौ। ज्यूं ध्रुब बरतै रांम पयारौ॥
पुरवणि पत्र लिपै नहीं पांणीं। इहि बिधि बरतै दास बिधांनीं॥ 265॥
उलट्यौ मीन चलै जल मांहीं। यूं हरि भक्त मिलन हरि जांहीं॥
जैसै सीप समद तैं न्यारी। स्वांति बूंद बरषै सुष भारी॥ 266॥
जैसैं चंद कमोदनि भावै। जल मैं बसै न प्रेम बढ़ावै॥
जैसैं कवल नीर तैं न्यारौ। ऐसी बिधि ध्रुब रांम पियारौ॥ 267॥
जैसैं कनक न लागै काई। अगिनि दाह मै बांनी जागै॥
सूत पलेटि अगनि मैं दीजै। महरे की संगति सूत न कीजै॥ 268॥
ऐसी बिधि ध्रुब करै जु राजू। हरि की क्रपा सरै सब काजू॥
तीनू ताप न कबहूं ब्यापै। जन कूं जस दे निश्चल थापै॥ 269॥

राम के प्रिय ध्रुव संसार में वैसे ही रहते थे, जैसे पानी और तेल मिलने पर भी अलग-अलग रहते हैं, जैसे कमलपत्र पानी में रहने पर भी उसे अपने ऊपर टिकने नहीं देता, भगवान का सेवक भी संसार में वैसे ही व्यवहार करता है। जैसे मछली तड़पकर पानी में वापस जाना चाहती है, जैसे सीप समुद्र से दूर होकर, स्वाति की बूँद से ही प्रसन्न होती है; वैसे ही भक्त हरि से मिलने को व्याकुल रहता है। जैसे कुमुदिनी जल में रहती जरूर है, किन्तु प्रेम चन्द्रमा से ही करती है। जैसे जल के बीच रहने पर भी कमल उससे अप्रभावित रहता है, वैसे ही राम के प्रिय ध्रुव संसार में रहते थे। जैसे सोने पर काई नहीं लगती। आग में डालने पर सोने की चमक और निखर जाती है। सोने की मुहर कपड़े में लपेटकर आग में डाल दी जाए, तो मोहर तो बच जाती है कपड़ा जल जाता है। यही स्थिति ध्रुव की थी। हरि-कृपा से उनके सब काम सधते थे। (उनके राज में किसी पर) तीन तापों (दैहिक, दैविक भौतिक कष्टों) का प्रभाव नहीं पड़ता था। वे प्रजा को ही (ऐसे आदर्श राज का) श्रेय देकर स्वयं स्थिरचित्त रहते थे।

ध्रुब चरित्र जो कोइ सुनै। मन बच क्रम चित लाइ॥
हरि पुरवैं सब कांमनां। भगति मुकति गति पाइ॥ 270॥
बसुधा सब कागद करै। सारद लिषत बनाइ॥
उदधि घोरि मसि कीजीयै। तौ ध्रुब महिमां न समाइ॥ 271॥
मैं अजांन मति आपनीं। कही जु घटि बढ़ि बात॥
बकसत सुत अपराध कूं। जन गुपाल पित मात॥ 272॥

जो कोई मन, वचन, कर्म तीनों स्तरों पर चित्त लगाकर ध्रुव चरित्र सुनता है, हरि उसकी सभी कामनाएँ पूरी करते हैं, उसे भक्ति और मुक्ति की प्राप्ति होती है। सारी धरती को कागज बनाकर, सारे समुद्र को स्याही बनाकर स्वयं सरस्वती लिखें, तो भी ध्रुव की महिमा लिखी नहीं जा सकती। मुझ अज्ञानी ने अपनी मति के अनुसार, घट-बढ़ (चूकों) के साथ वह महिमा कहने की कोशिश की है। जैसे माता-पिता पुत्र की गलतियाँ माफ कर देते हैं (वैसे ही आप श्रोता-पांडुलिपिक मुझ जन गोपाल की गलतियाँ माफ कर दें।

इति श्री ध्रुब चरित्र ग्रंथ सम्पूरणां॥

इस प्रकार श्री ध्रुव चरित्र सम्पूर्ण हुआ।

सन्दर्भ

1. पांडुलिपि B, C, E, G, और H में सत नहीं कलि शब्द है, जो स्पष्टतया यहाँ उचित है।
2. *भागवत* के प्रथम स्कन्ध के 17 से 19 तक अध्यायों में ऋषि शमीक के पुत्र द्वारा परीक्षित को शाप दिए जाने से बात आरम्भ होती है। शापमुक्ति के लिए परीक्षित शुकदेव से कथा-वाचन का अनुरोध करते हैं। इसी क्रम में चौथे स्कन्ध में ध्रुव की कथा आती है।
3. पांडुलिपि B और H में आत्म, पांडुलिपि C और D में आतम, स्पष्टतया बेहतर पाठ।
4. पांडुलिपि B, C, D, E, H में ध्रुव के स्थान पर 'धर्म' के विविध रूप। स्पष्टतया बेहतर। हमने व्याख्या में 'धर्म' शब्द ही स्वीकार किया है।
5. *भागवत महापुराण* (1.18.41-50) में शमीक द्वारा यहाँ परीक्षित के व्यक्तिगत गुणों की ही नहीं, सामाजिक स्थिरता के लिए 'राजा' नामक संस्था की अनिवार्यता की भी चर्चा कराई गई है। जन गोपाल जिस प्रस्थान-बिन्दु से ध्रुव की कथा कह रहे हैं, वह भागवत के प्रस्थान-बिन्दु से अलग है।
6. *भागवत* की कथा में शमीक के आगमन का उल्लेख नहीं है।
7. यह पंक्ति इस पांडुलिपि के सिवाय बस पांडुलिपि B में मिलती है, वहाँ 'मन' के स्थान पर 'मैं' है।
8. चौपई 47 से 49 तक केवल पांडुलिपि A में।
9. *भागवत* (9.9.2) में, संक्षिप्त उल्लेख में दिलीप भगीरथ के पिता बताए गए हैं। राम के पूर्वज वे माने ही जाते हैं। लेकिन यहाँ शुकदेव द्वारा दिए जा रहे उदाहरण का स्रोत *भागवत* नहीं है।
10. पांडुलिपि B और H, तिहि; पांडुलिपि C, तिहिं ; पांडुलिपि D, है; पांडुलिपि E, तेरी; पांडुलिपि F, कहि।
11. कोष्ठक में रखे गए अक्षर पांडुलिपि A में अस्पष्ट हैं। इनके स्थान पर रखे गए अक्षर पांडुलिपि B, C, D, और H से हैं।
12. इस पंक्ति का पाठ स्पष्ट नहीं है।

13. पांडुलिपि E, अंर्धारौ; B, अंधेरौ।
14. यहाँ से आरम्भ ध्रुव की कथा मोटे तौर पर *भागवत* (4.8-12) पर आधारित है।
15. पांडुलिपि B, D, F, H में जग—बेहतर पाठ।
16. पांडुलिपि B, C, D, F, H में न—बेहतर पाठ।
17. *भागवत* में इस रानी का नाम सुरुचि है, हम यहाँ जन गोपाल का दिया नाम सुरति ही बरतेंगे।
18. स्पष्टतया आशय राजपुत्र को मिलने वाले दैनिक भत्ते से है।
19. पांडुलिपि B, C, D, E, F, H में यहाँ 'मेरे' के विविध रूप हैं, जो स्पष्टतया बेहतर पांडुलिपि है।
20. पांडुलिपि B, C, D, E, F में 'होइज' के स्थान पर 'कहौ सु।'
21. पांडुलिपि B, E, में प्रेम।
22. पांडुलिपि B, सीचे; पाट C, H, सींचि; D, सीच; E, सीचि।
23. पांडुलिपि B, C, D, E में रंग।
24. पांडुलिपि A में को 'भुबन', लेकिन अन्य सभी पाठों में 'कोउ बन'; यही प्रसंगानुकूल है।
25. पांडुलिपि B, स्वाग; C, H, स्वांग; D, संग; E, स्याम।
26. पांडुलिपि B, C, E, H, में डार्यौ. पांडुलिपि D में डार्यो।
27. पांडुलिपि B, C, H जाहि न; D, जाह न; E, जाही न।
28. पांडुलिपि B, C, D, E, H में जग।
29. 'दै बनै' होना चाहिए। प्रतिलिपिकार से सम्भवत; चूक हुई है।
30. पांडुलिपि C, D, और E में यहाँ नारद द्वारा ध्रुव को वन के खतरों से आगाह करता एक दोहा और है।
31. पांडुलिपि A में यह अर्द्धाली चौपई 138 के साथ जोड़ दी गई है, जो कि स्पष्टया गलत है। यहाँ हमने पांडुलिपि B, C, D, E, H में दिया गया क्रम स्वीकार किया है।
32. यहाँ दिखने वाले क्रमभंग का कारण यह कि व्याख्या में हमने यह और इसके आगे की दो चौपइयाँ पांडुलिपि B, C, D, E, और H के क्रमानुसार ली हैं।
33. शंकराचार्य के जीवन-चरितों में उनके गुरु गोविन्दाचार्य को शेषनाग का अवतार बताया गया है, जन गोपाल का संकेत इसी ओर है।
34. *भागवत पुराण* में (4.8.53) नारद ध्रुव को ओम नमो भगवते वासुदेवाय का मंत्र देते हैं।
35. योग के आठ अंग हैं—यम, नियम, आसन, प्राणायाम, प्रत्याहार, ध्यान, धारणा, समाधि। संकेत इसी अष्टांग योग की ओर है।
36. पांडुलिपि A में यह शब्द पढ़ने में मुश्किल है, किन्तु अन्य पांडुलिपियों से स्पष्ट हो जाता है कि यहाँ 'जांनै' ही होना चाहिए।
37. पांडुलिपि B, C, D, E, H सभी में 'ता।' बेहतर पाठ।
38. 'अन्तर न होई' सही अर्थबोध कराने वाला यह अंश हमारी पांडुलिपियों में से एक ही में मिलता है।
39. पांडुलिपि B, अति प्रति; पांडुलिपि E, अनत, अन्य पाठों में यह पंक्ति नहीं है।
40. यह अर्द्धाली पांडुलिपि B और E में किंचित भिन्न रूप में है।
41. ध्रुव के तप की बढ़ती कठोरता का यह वर्णन भागवत (4.8.7 -82) से मिलता-जुलता है।

42. यह अर्द्धाली केवल पांडुलिपि A, B और E. में ही मिलती है। दूसरी अर्द्धाली पांडुलिपि B में इस प्रकार है 'दूब भाई नही नीर प्रवाहै' और पांडुलिपि E में इस प्रकार—'दुव भाई नहि नीर परवाहै'।
43. पांडुलिपि H में यहाँ जोड़ा गया है—जाति कंटुक।
44. पांडुलिपि B और D, वषांन; पांडुलिपि C और H, बषांनु; पाठ E, बषांन।
45. पांडुलिपि E में भी यही। पांडुलिपि B में भगतिनि गत; C में भगतनीं गति; पांडुलिपि D में भक्त की गति; पांडुलिपि में H, भगतिन गति। अन्तिम चार पाठ बेहतर अर्थ देते हैं।
46. यह पंक्ति केवल इस पांडुलिपि में मिलती है। लिखाई अस्पष्ट है। बध के स्थान पर बृध सम्भव है।
47. यह पंक्ति इस पांडुलिपि A के अलावा बस पांडुलिपि E में ही मिलती है। वहाँ यह है—सदा तिहू जस। यह पाठ लेने पर तुक तो मिल जाती है, लेकिन अर्थ अस्पष्ट रहता है।
48. अन्य पांडुलिपियों में इस अर्द्धाली का पाठ अलग है, अर्थ भी अस्पष्ट है।
49. पांडुलिपि B, C, D, H में यहाँ एक और अर्द्धाली है, जिसका पाठ H में इस प्रकार है : संत संगति दे कारिज सारौ। भौ समंद्र तैं पारि उतारौ।
50. पांडुलिपि B, C, D, E, F में गुड। बेहतर पाठ।
51. पांडुलिपि B, C, D, E, H में तैं। बेहतर पाठ।
52. पांडुलिपि B, C, D, E में किन।
53. पांडुलिपि B, C, D, H में यहाँ एक अर्द्धाली और है, जो A में नहीं है। H में पाठ इस प्रकार है : जांन राइ सबही बिधि जांनौं। बहुत भांति करि कहा बषानौं।
54. यह पंक्ति केवल दो और पांडुलिपियों B और E में मिलती है। वहाँ 'ज़ुग' के स्थान पर जग शब्द है।
55. पांडुलिपि B, C, D, E, H में बांधै। बेहतर पाठ।
56. पांडुलिपि B, C, H, आग्या; पांडुलिपि D, E, अज्ञा।
57. पांडुलिपि B, सुरति सुनीति दौऊ सुष देहूं। यह पाठ बेहतर लगता है, हालाँकि C, D और E में पाठ लगभग A जैसा ही है।
58. पांडुलिपि B, दैवै; पांडुलिपि C, दैंउं; पांडुलिपि D, देह; पांडुलिपि E, देहू; पांडुलिपि H, दैंव।
59. A, B और E में जहाँ यह अर्द्धाली मिलती है, पाठ अलग-अलग हैं, और पूरी तरह स्पष्ट नहीं हैं।
60. पांडुलिपि B, C, D, E, H में तोहि।
61. *भागवत* (4.9.22.) में भी भगवान ध्रुव को इतने ही बरस राज करने के बाद मुक्ति का आश्वासन देते हैं।
62. पांडुलिपि H में यहाँ जोड़ा गया है : जाति भुजंगी।
63. पांडुलिपि B, C, D, E, H में थोड़े बहुत अन्तर के साथ 'राजनि' पांडुलिपि मिलता है। यही हमने स्वीकार किया है।
64. पांडुलिपि B, C, D, H में थोड़े बहुत अन्तर के साथ 'महमांनीं', जाहिर है कि बेहतर पाठ।
65. यह अर्द्धाली केवल पांडुलिपि A और E में है।
66. पांडुलिपि B, सो पुरिषा; C और H, सौ पुरिषां; E, सो पुरुषा।

67. पांडुलिपि B, समायौ; C, समायौ; D और E, समायो।
68. पांडुलिपि B, कि रषि; C, रिषि; D, रष; E, कछु।
69. पांडुलिपि B, करूं; C, करौं; D, करो; E, करू।
70. पांडुलिपि B, मांहि; E, मांनि, अन्य पाठों में यह चौपई नहीं मिलती।
71. तुलनीय *भागवत पुराण,* 4. 9.41
72. वही, 4.9.39
73. पांडुलिपि B, C, D, H में इस अर्द्धाली का किंचित भिन्न रूप मिलता है। H में पाठ इस प्रकार है : दीन दयाल क्रिपा निधि स्वांमीं। भगत बछल हरि अन्तरजांमीं।
74. यह सम्भवत: राजा को ध्रुव का अधिकार याद दिलाने का विनम्र, अप्रत्यक्ष ढंग है।
75. पुत्र होना चाहिए।
76. B, C, D, E, H सभी में बंध, बेहतर पांडुलिपि।
77. पांडुलिपि B, C, H, कछू ऐक; पांडुलिपि D, कछू क; पांडुलिपि E, कछु एक; पांडुलिपि F, कछू येक; आशय सभी का एक ही है।
78. B, C, D, E, F, H इन सभी पांडुलिपियों में नहीं का कोई रूप।
79. B, C, D, E, F, H सभी पाठों में जगदीस। यह बेहतर है।
80. पांडुलिपि B, प्रभत; पाठ C, D, E, प्रभुता; पांडुलिपि F, प्रभूता।
81. पांडुलिपि B, C, F, फूलै; D, फुलै; पांडुलिपि E, फुलही।

अध्याय 6

प्रह्लाद चरित्र

यह पाठ हिन्दी साहित्य सम्मेलन में सुरक्षित पांडुलिपि संख्या 1990 पर आधारित है। (पांडुलिपि L)[1]

इस चरित्र का एक संस्करण (अंग्रेजी अनुवाद सहित) 1996 में लॉरेंजन और शुकदेव सिंह ने प्रकाशित किया था। यहाँ प्रस्तुत पाठ उक्त संस्करण से भिन्न है। वह संस्करण अलग-अलग पांडुलिपियों पर आधारित मिला-जुला पाठ था। इस तरह का मिला-जुला पाठ तैयार करने में नुकसान यह है कि एक नया, अभूतपूर्व पाठ ही जन्म ले लेता है। लेकिन यह भी सच है कि पांडुलिपियों में किसी रचना का सुसंगत पाठ न मिलने पर ऐसा मिला-जुला पाठ तैयार करना आवश्यक हो जाता है। संयोग से जन गोपाल रचित चरित्रों के सुसंगत पाठ हिन्दी साहित्य सम्मेलन की पांडुलिपि संख्या 1900 में और राजस्थान शोध संस्थान की पांडुलिपि संख्या 11583 में सुलभ है। इन्हीं को हमने यहाँ प्रस्तुत पाठों का मुख्य आधार बनाया है। इन आधारभूत पाठों से अलग पाठ का संकेत वहीं किया गया है जहाँ उन अलग पांडुलिपियों से बेहतर अर्थबोध प्राप्त होता है, या जब इनमें ऐसी महत्त्वपूर्ण पंक्तियाँ हैं, जो हमारी आधार पांडुलिपि में नहीं हैं।

कालेवार्त की फिल्म 2 (पांडुलिपि M) को छोड़ दें, तो यहाँ प्रस्तुत प्रह्लाद चरित्र के लिए बरती गईं पांडुलिपियाँ वही हैं जो 1996 के संस्करण के लिए बरतीं गई थीं। पूर्ण सूची निम्न प्रकार है :

पांडुलिपि L : हिन्दी साहित्य सम्मेलन पांडुलिपि संख्या 1900, हमारी आधारभूत इस पांडुलिपि की तिथि सूचित नहीं है, लेकिन इसका पाठ बेहतर है, लिखावट भी सुपाठ्य है। इसका सम्बन्ध रामसनेही पंथ की शाहपुरा शाखा से है।

पांडुलिपि A : राजस्थान पौर्वात्य शोध संस्थान, जोधपुर संख्या 11583, लेखन वर्ष 1693 वि. (1636 ई.)। यह सम्भवत: दादूपंथी पांडुलिपि है। प्रह्लाद चरित्र की, अब तक यह प्राचीनतम पांडुलिपि है।

पांडुलिपि B : राजस्थान पौर्वात्य शोध संस्थान, जयपुर, संख्या 16 (178-80) विद्या भूषण संकलन, लेखन वर्ष 1718 वि. (1661 ई.)। इसमें पाठ अधूरा है।

पांडुलिपि C : जयपुर सिटी पैलेस पुस्तकालय, संख्या 3666 (पृ. 1-24), 1732 (1675 ई.)।

पांडुलिपि D : जयपुर सिटी पैलेस पुस्तकालय, संख्या 3657 (पृ. 1-14), 1811 वि. /1676 शक संवत (1754 ई.)।

पांडुलिपि E : जयपुर सिटी पैलेस पुस्तकालय, संख्या 1334 (पृ. 1-15), 1821 वि. /1686 शक संवत (1764 ई.)।

अध्याय 1

अथ प्रह्लाद चरित्र लिष्यते।

चौपई

प्रथम सीस हरि गुर कूं नांऊँ। कहूं कथा जो अग्य पांऊँ॥
भगवत भगत कौ जस बिसतारूं। करि आलोकनि ध्यांन बिचारूं॥ 1॥
च्यारि जुगनि के च्यारौ बेदू। रुघ जुजु सांम अथरबन बेदू॥
बावन अषिर वोऊँ कारा। तीनि लोक बहु बिधि विसतारा॥ 2॥
च्यारी बरण च्यारूं आसरमां। तिन के कहीये नाना धरमां॥
ऐक त जोग ऐक जिग दिढावै। ऐक तीरथ बरतन सूं चित लावै॥ 3॥
ऐक त कहै दांन पुन नीकौ। ऐक त कहै उधार करि जीव कौ॥
हिन्दू तरक[2] कहैं राहा दोई। सतगु[र] मिलै तौ ऐकै होई॥ 4॥
रांम भगति बिनि रांम निराया। ऐ बोले जग के ब्यौहारा॥
भगवत धरम न जांणै कोई। जब लग क्रपा करै नहीं सोई॥ 5॥

अब प्रह्लाद चरित्र लिखना आरम्भ करते हैं।

सबसे पहले हरि और गुरु को प्रणाम कर, उनकी आज्ञा प्राप्त कर यह कथा आरम्भ करता हूँ। भगवद्भक्त के चरित्र का अवलोकन कर, उस पर विचार कर, मैं उनके यश का विस्तार करूँगा। चार युगों की भाँति वेद भी चार ही हैं—*ऋक्, यजु, साम* और *अथर्व*। बावन अक्षरों और ओम का विस्तार तीनों लोकों में है। चार वर्ण, चार आश्रम और उनके अपने-अपने धर्म हैं। कोई यज्ञ करता है, कोई योग; कोई तीर्थ और व्रत। कोई दान-पुण्य की महिमा बखानता है, कोई आत्मोद्धार पर

ही बल देता है। हिन्दू और तुर्क (मुसलमान) अलग-अलग राह बताते हैं, लेकिन सद्गुरु के मिलने पर सब राहें एक ही हो जाती हैं। राम भक्ति के अभाव में लोग राम से दूर होकर दुनियादारी में डूबे रहते हैं। भगवान का धर्म भगवान की कृपा के बिना नहीं मिलता।

चिंतामणि क्यूं मोल बिकाई। कलपबिरछ का कैं घर जाई॥
पारस कहौ कूंन कूं चाहै। कांमधैन कूं को निरबाहै॥ 6॥
करम धरम करि रांम न पावै। जौ मन बच क्रम करि मन न लगावै॥
इहि बिधि साध कहै उपदेसू। संकर ब्रह्मादिक अर सेसू॥ 7॥

दोहा

आदि अन्ति जेते भए। साध न पावौ[3] पार॥
जस बरणूं प्रह्लाद कौ। जन गोपाल बिचारि॥ 8॥

चिन्तामणि कब मोल बिकती है? कल्पवृक्ष किसके घर जाता है? पारस पत्थर कौन नहीं पाना चाहता? कामधेनु का पालन-पोषण कौन कर सकता है? मन, वचन कर्म से हरि को ध्याये बिना कोरे कर्म-धर्म से राम नहीं मिलते। साधुगण, शंकर, ब्रह्मा, शेषनाग सभी का यही कहना है।

अनगिनत संत हुए हैं, लेकिन यहाँ मेरा विचार प्रह्लाद का यशगान करने का है।

अध्याय 2

चौपई

सनकादिक सराप जब दीनौ। हरनकसिब हरनाषि जु कीनौ॥
ता कै च्यारि पुत्र भए भारी। तिन मांहीं प्रह्लाद अधिकारी॥ 9॥
ब्रह्मा पुत्र सनकादिक च्यारी। मनसा तैं उपजे अधिकारी॥
पंच बरष के रहै सदांई। नगन मगण गोबिंद गुण गांई॥ 10॥
प्रात सेस मुषि कथा सुनाई। अरु मध्यान मृत मंडल जांई॥
संध्या समैं बैकुंठ प्रबेसा। सनकादक बिचरै इहि भेसा॥ 11॥
जैसै गऊ बछ कूं भावै। माता माता करता ध्यावै॥
त्रिषाबंत ज्यूं नीर पियासा। यूं बाढी दरसन की आसा॥ 12॥
जबही पांय पौर मैं दीयौ। उठे पारषत अन्तर कीयौ॥
पर घर गवन पूछि कैं कीजै। प्रभू रिसाइ उतर काहा दीजै॥ 13॥

सनकादि ऋषियों के शाप से हिरण्यकशिपु और हिरण्याक्ष जन्मे। हिरण्यकशिपु के चार पुत्र हुए, जिनमें प्रह्लाद प्रमुख हैं। सनकादि ब्रह्मा के चार मानसपुत्र हैं। वे सदा पाँच बरस के ही बने रहते हैं, निर्वस्त्र, आनन्दमग्न रहते हुए गोविन्द के गुण गाते रहते हैं। प्रातःकाल शेषनाग उन्हें कथा सुनाते हैं, मध्याह्न में वे नरलोक में विचरण करते हैं, शाम को ये सनकादि वैकुंठ चले जाते हैं। जैसे बछड़ा गाय को देखते ही माता-माता करता उसकी ओर लपकता है, जैसे प्यासा पानी को खोजता है, भगवान के दर्शन की ऐसी ही इच्छा सनकादि के मन में बनी रहती थी। (एक दिन जब वे वैकुंठ पहुँचे तो) दहलीज पर पाँव रखते ही द्वारपालों ने टोका, बिना पूछे कहाँ चले जा रहे हो। प्रभु कुपित हुए तो हम क्या उत्तर देंगे?

सनकादिक उवाच

हम जांनै ऐक हम हि पिछांनैं। प्रभु कैं निकट सदां सनमांनै॥
अनप्रचै कौ औगुन नांहीं। अहंबुधि आई मन मांहीं॥ 14॥
अहंबुधि कूं ठाहर नांहीं। होइ असुर बिचरौ जुग मांहीं[4]॥
जैर बिजै कहैं सुनौ गुसांईं। बहुरि मिलैं कभूं अन्तर पांहीं॥ 15॥
सात जनम आरोधऽ कराई। कै बिरोध तीसरै मिलाही॥
मिंत्र ही मिंत्र कूं बिसरि पुनि जाई। बैरी हिरदै रहै समाई॥ 16॥
भाव कुभाव ब्रह्म यूं दरसै। जानि अजांनि अगनि कूं परसै॥
भावै प्रीति सूं जाबौ ध्याई। नतर बिरोधै ठांनौ जाई॥ 17॥
अप्रबली बलबंत सो जोधा। नही समान कोऊ त्रिभुबन सोधा॥
बरष़ सहस दस ढूंडत जांहीं। जुध हू सूं कहूं पंजै नांहीं॥ 18॥

सनकादि बोले, हमें पता है, लेकिन प्रभु तो हमें पहचानते हैं। उनके यहाँ हमारा सम्मान होता है। हमें अपरिचित कोई नहीं कह सकता, तुम्हें तो अहंकार हो गया है। ऐसे अहंकार का यहाँ कोई स्थान नहीं। जाओ तुम जगत में असुर होकर विचरण करो। (द्वारपाल) जय-विजय ने पूछा (यह शाप कब समाप्त होगा) हमें अन्तर्यामी (भगवान) फिर से कब मिलेंगे? सनकादि ने कहा कि अराधोगे (भक्ति करोगे) तो सात जन्मों के बाद, विरोध करोगे तो तीन के बाद। मित्र को कोई भुला भी दे, वैरी तो हृदय में बस जाता है। ब्रह्म की प्राप्ति भाव से भी होती है, कुभाव से भी। अग्नि का स्पर्श जानकर भी किया जा सकता है, अनजाने में भी। तुम चाहो तो भगवान से प्रीति करो, चाहो तो वैर ठान लो।

ये दोनों प्रबल योद्धा बने। तीनों लोकों में उनके समकक्ष कोई नहीं था। दस हजार वर्षों तक खोजने पर भी उन्हें अपनी टक्कर का कोई वीर नहीं मिला।

षीजि प्रथी पांव तल चांपी । त्राहि त्राहि करि प्रथी कांपी॥
करतम करता है समरथा । कियौ बराह बपु जन कै अरथा॥ 19॥
हति हरणाषि धरणि थिर थापी । हरणकसिब जब कोप्यौ पापी॥
हरि बैरी कै हरि के दासा । भाव भगति मैं करूं ज त्रासा[6]॥ 20॥
सुर अरु असुर बैर जब भयौ । हरणकसिब तपस्या कूं गयौ॥
तब सुरपति जाइ पुरी लगाई । असुर त्रीया बंध ले जाई॥ 21॥
तब सनमुष नारद दरसन दीन्हौ । जबहीं इंद्र सनमांन सु कीन्हौ॥
दीन बछल हरि दास कहावै । पर पीरा तै अतिदुष पावै॥ 22॥

नारद उवाच

कूंन बुधि करी सुर राई । नीच करम करि लाज न आई॥
इंदर कहै तुम सुनौ गुसांई । बालक हतूं त्रिया कूं नांहीं॥ 23॥

क्रुद्ध हिरण्याक्ष ने पृथ्वी को अपने पैरों तले रौंद डाला, पृथ्वी त्राहि-त्राहि कर उठी। उसे मुक्त करने की सामर्थ्य केवल भगवान ही में थी, जिन्होंने अपने भक्तों के कारण वराहावतार लिया, हिरण्याक्ष का वध कर पृथ्वी को मुक्त किया।[7] हिरण्यकशिपु अत्यन्त क्रुद्ध हुआ—हरि की भक्ति के स्थान पर वैर (या वैर के माध्मय से भक्ति) करने की ठानी। देवासुर संग्राम के समय हिरण्यकशिपु तप करने चला गया। उधर, इन्द्र ने उसके परिवार की स्त्रियों को बन्दी बना लिया।[8] नारद ने आकर इन्द्र से कहा, दीनों पर दया करने वाला ही हरि का भक्त माना जाता है। दूसरों को पीड़ा देने वाला स्वयं बहुत दुख पाता है। नारद ने आगे कहा, यह कैसी कुबुद्धि से काम लिया देवेन्द्र? ऐसा नीच कर्म करते आपको लज्जा नहीं आई?

इन्द्र ने उत्तर दिया, मुनिवर मैं वध केवल बालक का करूँगा, स्त्री का नहीं।

जब नारद मुनि कियौ बिचारा । भगति जानि गिनेयौ उपगारा॥
तब हरि गुण सहित बजाई बीना । प्रह्लाद कौ मन हरि लीनां॥ 24॥
तारग राम सुनायौ बाणीं । क्रपा करी काहू नहीं जांनी॥
करि उपदेस आपणूं भायौ । बहुरि इंद्र कूं बचन सुनायौ॥ 25॥
नारद कहै सुनौ सुर राई । या के उद्र भगति[9] है भाई॥
तुम रांणी कौ करि अधिकारा । कीज्यौ सेवा बहुत प्रकारा॥ 26॥

सुरपति उवाच

तुम इह बचन कहे हरि दासा । परि मेरै नहीं आवत बिसवासा॥
इंद्र कहै ऐसौ काहा भगत । दैतन कुल आयौ अनुसकत॥ 27॥

चारि बरण मैं ठाहर नाहीं । क्यूं हरि भगत असुर कुल जांहीं॥
ऐसी पूछ करी सुर राई । जबहीं रिष कही सुन भाई॥ 28॥

नारद ने स्थिति पर विचार करते हुए भक्तिभाव से वीणावादन आरम्भ कर दिया। इस वीणावादन ने (गर्भस्थ शिशु) प्रह्लाद को मोहित कर लिया। नारद की कृपा कोई जान भी न सका कि उन्होंने प्रह्लाद को मोक्षदाता राम के बारे में मनोहर उपदेश दिया। फिर वे इन्द्र से दोबारा बोले—"देवराज, सुनें। रानी के गर्भ में हरिभक्त है, रानी आपकी रक्षा में हैं, उनकी यथासम्भव बहुत अच्छी तरह सेवा करें।" इन्द्र ने कहा—"आप कहते हैं, हरिभक्त है, कैसे विश्वास करूँ? दैत्य कुल में हरिभक्त? चार वर्णों में कहीं स्थान नहीं मिला जो यह हरिभक्त असुर कुल में चल दिया?" ऐसे प्रश्न सुनकर ऋषि नारद बोले, सुनो भाई...

नारद उवाच

तब नारद बोल्यौ सुनि सुरपति । ऊँच नींच हरि नांही त्रपति॥
ऊँच नीच सो क्रंम कहावै । हरि जन हरि भजि हरि ही समावै॥ 29॥
ऊँच नीच कूं ज्यौ बिष देवै । षाइ दोन्यूं म्रिति ही लेवै॥
फुनि ज्यूं नौका बैठै कोई । ऊँच रु नीच तिरै सोइ सोई॥ 30॥
ज्यूं हरि कै कुल कौ नहीं कारन । अन्तिज बिप्र भजै ता तारण॥
जदिप ऊँच लघु तन हूं नांहीं । पंच तत करि सबै बनांहीं॥ 31॥
अजात सुत्र नांम प्रह्लादू । नाराइण कौ सेबग आदू॥
कोऊ चूक असुर घरि आयौ । बिधनां बिधि संजोग बनायौ॥ 32॥

दोहा

ब्राह्मण अन्तिज ऐक रस । कनक भिंन नहीं होइ॥
जन गुपाल जगदीस कै । यूं कुल कारण नहीं होइ॥ 33॥

नारद बोले, "सुनिए, देवेन्द्र, तीनों लोकों के स्वामी के लिए न कोई ऊँचा है, न कोई नीचा। ऊँच-नीच कर्म पर आधारित है। हरिभक्त हरि को ही भजते हैं, हरि में ही समा भी जाते हैं। ऊँचे कुल में जन्मा मनुष्य खाए, या निम्न कुल में जन्मा, विष दोनों के ही प्राण ले लेगा। इसी तरह नौका में बैठेंगे तो दोनों ही तरह के मनुष्य पार उतरेंगे। इसलिए हरि के कुल में होने का आधार ऊँचा या नीचा कुल नहीं हो सकता। ब्राह्मण हो या अन्त्यज, हरिभक्ति के जरिये दोनों ही मुक्ति पा सकते हैं। आखिरकार सभी की देह पंचतत्त्वों से ही निर्मित है। गर्भस्थ शिशु प्रह्लाद कहलाएगा

और नारायण का प्रमुख सेवक बनेगा। किसी चूक के कारण असुर घर में जन्म ले रहा है—यह विधि के विधान का संयोग है।"

ब्राह्मण और अन्त्यज दोनों का सार तो एक ही है। कोई भी रूप ले ले, स्वर्ण स्वर्ण ही रहता है। जन गोपाल कहते हैं जगदीश के लिए कुल का प्रश्न महत्त्व ही नहीं रखता।

अध्याय 3

साध लंषण

चौपई

सांति सील क्रपाल अद्रोही। ग्यांन बिग्यांन बिदेह बिमोही॥
सारांसार बिबेक बिचारै। सत्र मित्र समदृष्टी सारै॥ 34॥
गऊ ब्रांह्मण संतनि सुष दाई। परमातम आतम समुहाई॥
पर दुष दुषी सुषी सुष पावै। ता ही तै हरि भगत कहावै॥ 35॥
बौहौत भांति करि कीजौ सेवा। तुम कूं रछक ह्वैहै देवा॥
तब नमसकार परदछिनां दींनीं। जबहीं इंद्र बीनती कीन्ही॥ 36॥

सुरपति उवाच

छांडि न दैहु हूंन ले जांहूं। भगत हेत राषौ तुम ठाऊँ॥
रिषि असथांन रही जब माता। ग्रभ सहत आबै जब ताता॥ 37॥
तांहां नारद बहु दीयौ प्रमोधा। हित प्रह्लाद मात सै बोधा॥
परि माता कूं उरि सुधि नांहीं। सुत श्रोता धार्यौ मन मांहीं॥ 38॥
बहु भांति सीचत कुमलाई। पर ग्रह जनम लाज यूं आई॥
कूंन दई संजोग बनायौ। मेरौ पाप प्रगट ह्वै आयौ॥ 39॥

नारद उवाच

पुत्री बहनी सुनि री बाई। होसी पुत्र अपनै घर जाई॥
होइ प्रसंन रिषि आसिक दीनीं। माता तबहीं सीस घरि लीनी॥ 40॥

साधु लक्षण

नारद ने आगे कहा, "साधुजन शान्त स्वभाव के, शीलवान, कृपालु किसी से वैर न करने वाले होते हैं। ज्ञान-विज्ञान से सम्पन्न, विदेह, मोहमुक्त सार-असार के

विवेक से युक्त, शत्रु-मित्र में समभाव रखने वाले होते हैं। वे गौ, ब्राह्मण और संतों को सुख देने वाले, आत्मा को परमात्मा से जोड़ने वाले होते हैं। वे दूसरे के दुख में दुखी और सुख में सुखी होते हैं। इसीलिए हरिभक्त कहलाते हैं। संतों की सेवा करो तो देवता तुम्हारी रक्षा करेंगे।" यह कहकर नारद ने परिक्रमा कर इन्द्र से विदा ली। इन्द्र ने नारद से विनती की, "रानी (प्रह्लाद की माता) को आप अपने साथ ले जाएँ। भक्ति के नाते अपने स्थान पर ही उनकी रक्षा करें।" फिर, प्रह्लाद की माता नारद के निवास पर रहने लगीं, गर्भ में उनका पुत्र बड़ा होने लगा। नारद (गर्भस्थ प्रह्लाद को सुनाने के लिए) उनकी माता को भाँति-भाँति के उपदेश देते थे। माता पर तो कोई प्रभाव नहीं पड़ा, लेकिन गर्भस्थ शिशु ने सारा उपदेश हृदयंगम कर लिया। बहुत ज्यादा पानी देने से भी पौधा मुरझा जाता है। इसी तरह, (नारद के आतिथ्य से संकोच में पड़ी) रानी लज्जित होने लगीं, "दूसरे के घर में अपने पुत्र को जन्म देना पड़े—ऐसा संयोग मेरे किन पापों का फल है?"

नारद ने कहा, "सुनो बहन, सुनो बेटी, पुत्र का जन्म हो जाए तब तुम अपने घर चली जाना," नारद का प्रसन्नचित्त आशीर्वाद (प्रह्लाद की) माता ने स्वीकार किया।

वांहां हरणकसिब तपस्या मांडी। इंद्री तन मन ममता षांडी॥
असुर उरध तप ठांनौ भारी। चरण अगुष्ट देह आधारी॥ 41॥
सकल देव गण भए दुराषे। तब सुर जाइ बीचही भाषे॥
कीयौ उग्र तप देह सुकानीं। भौ मानि देव गण बोले बांणी॥ 42॥

देवगण उवाच

कै ब्रह्मा हम कों ठाहर दीजै। कै हरणकसिब कहै सो कीजै॥
तपस्या बौहौत करी अधिकारी। देव पुरी कंपत है सारी॥ 43॥
तब ब्रह्मा मन कीयौ बिचारा। सुरन सहित चल्यौ तिहि बारा॥
सुरग लोक तै ब्रह्मा सिधाऐ। बर दैण कौ ततछिन भू आऐ॥ 44॥
ब्रह्मा हुलसि बिचारत सोई। बर द्यौ असुर मागत है जोई॥
आइ असुर तन छिरक्यौ झारी। करि चेतन फुनि बचन उचारी॥ 45॥

ब्रह्मा उवाच

उठि बछ क्यूं तन कूं दाह्वै। माग[हु] बर जो मन मैं चाह्वै॥
ब्रह्मा ऐसी गिरा उचारी। जबहीं असुर मन हरष्यौ भारी॥ 46॥

उधर, हिरण्यकशिपु कठोर तप में लगा था। उसने इन्द्रियों, मन और अहंकार पर विजय पा ली। वह निरन्तर ऊर्ध्वासन में, पाँवों के अँगूठों के बल खडे होकर

तप कर रहा था। देवगण भयभीत हो गए। उन्होंने जाकर ब्रह्मा से कहा, इसने तप करके देह सुखा डाली है। भयभीत देवगण कहने लगे, "ब्रह्मा, हमें आसरा दीजिए, अन्यथा हमें हिरण्यकशिपु के आदेश मानने होंगे। उसके कठोर तप के प्रभाव से हमारी देवपुरी काँपने लगी है। ब्रह्मा ने विचार किया और देवताओं के साथ चल दिये। देवता तो स्वर्ग लोक चले गए, ब्रह्मा (हिरण्यकशिपु को) वर देने के लिए भूलोक आए। (उसके तप से) प्रसन्न ब्रह्मा सोच रहे थे कि यह असुर जो भी वर माँगेगा, मैं दूँगा। उन्होंने अपने कमंडल से जल छिड़ककर असुर को ध्यानावस्था से निकाला और बोले, "वत्स, उठो। क्यों देह को इतना तपा रहे हो। जो वर चाहते हो, माँग लो," ब्रह्मा की यह बात सुनकर असुर बहुत हर्षित हुआ।

असुर उवाच

ससतर अगनि जल बिष भै नांहीं । रैनि द्यौस बाहरि घर मांहिं॥
सत्र संकट कब हूं नहीं होई । मन क्रम बचन दैहु बर सोई॥ 47॥
नर नाहर अरु आलौ सूकैं । सुरग पताल अरु ऊपरि भू कैं॥
जंत्र मंत्र जोधा रण मांहीं । अती ठौर मम मृत्यु जु नांहीं॥ 48॥
ब्रह्म सृष्टि मैं मरूं न कबहूं । हो हो ब्रह्मा कह्यौ यूं तबहूं॥
बर ले असुर हरषि हीय मांहीं । सब मैं हरि गति जानै नांहीं॥ 49॥
बिबि सत बरष तप तांहां कीन्हौ । होइ प्रसंन ब्रह्मा बर दीन्हौ॥
तब हरिणकसिब अपणै घर आऐ । माता रिष ले तांहां सिधाऐ॥ 50॥

असुर ने कहा, "शस्त्र, अग्नि, जल, विष किसी से भी मुझे परास्त न किया जा सके। मैं दिन में या रात में, घर में या घर के बाहर हर स्थान पर अपराजेय रहूँ। कोई भी शत्रु कभी भी मुझे संकट में न डाल सके। आप मन, वचन, कर्म से मुझे यह वर दें। मुझे न नर मार सके, न सिंह। मैं न स्वर्ग में मारा जा सकूँ, न पाताल में, न भूलोक में। मुझे न कोई मंत्र मार सके, न कोई यंत्र न कोई योद्धा। ब्रह्मा की रची सृष्टि मात्र में मेरी मृत्यु कभी, कहीं न हो।"

ब्रह्मा ने कहा, 'तथास्तु।' सुनकर असुर बहुत प्रसन्न हुआ, वह नहीं जानता था कि हर बात के पीछे हरि की गति (योजना) होती है। दो सौ वर्ष की तपस्या से ब्रह्मा को प्रसन्न कर, वरदान प्राप्त कर हिरण्यकशिपु अपने घर पहुँचा। इस बीच ऋषि (नारद) प्रह्लाद की माता को साथ लेकर वहाँ पहुँच चुके थे।

गरभ समौ पूरण भयौ आई । प्रह्लाद तब जनम्यौ जाई॥
जनम भयौ दिब दुंदभी बाजी । सुर नर सकल आरती साजी॥ 51॥

सब संतन के मन आनंदू । अन्तरजामी है गोबिंदू ॥
ऐक ब्रष दोई तीन च्यारी । पांच बरष कैं भगति स[म्हा]री ॥ 52 ॥
ग्रभ ग्यांन सुमरत सो आई । रांम भजन लाग्यौ सुधि पाई ॥
धीरजवंत नीति लीयां भारी । धरम दया अरु ग्यान बिचारी ॥ 53 ॥
प्रगट कुमाई आंगली भ्यासी । ले उकसे नांव सुष रासी ॥
प्रेम मगन आनंद मै झूले । देह दसा नष सिष लूं भूले ॥ 54 ॥

दोहा

पंच बरष कौ जब भयौ । साध पुत्र प्रह्लाद ॥
जन गोपाल समझै नहीं । बाल केलि रस स्वाद ॥ 55 ॥

गर्भ समय पूरा होने पर प्रह्लाद का जन्म हुआ। दिव्य दुन्दुभी बजने लगी। सुर, नर आरती सजाने लगे। सभी संतों के मन आनन्दित हो गए। गोविन्द अन्तर्यामी हैं। एक से लेकर चार वर्ष बीतने के बाद, आयु के पाँचवें वर्ष से प्रह्लाद की भक्ति (प्रकट होनी) आरम्भ हुई। गर्भावस्था में प्राप्त ज्ञान उन्हें याद आ गया। इस स्मृति-लाभ के बाद वे राम-भजन में लग गए; धैर्यपूर्वक नीति संगत व्यवहार करने लगे। धर्म, दया और ज्ञान पर विचार करने लगे। अब तक जो अर्जित किया था, वह प्रकट होने लगा। नाम (जप) की सुखराशि विकसित होने लगी। नख से लेकर शिख तक देहदशा भूलकर प्रह्लाद प्रेम के आनन्द में मग्न रहने लगे।

पाँच वर्षीय पुत्र, साधु प्रह्लाद का व्यवहार, जन गोपाल कहते हैं, बच्चों जैसा बिलकुल नहीं था, बालसुलभ खेल-कूद में उनकी कोई रुचि नहीं थी।

अध्याय 4

चौपई

हरणकसिव शुक्र लीयौ बुलाई । या की तुम कूं लाज बडाई ॥
मम कुल धरम बसेस सुनावौ । राज नीति सब जाई पढावौ ॥ 56 ॥
सुदिन महूरत शुक्र जु सोधौ । नीकैं करि राजा परमोधौ ॥
भले महूरथ बाजा बाजै । घर घर मंगल कलस बिराजै ॥ 57 ॥
ग्यांन करत चटसार जु आऐ । सरसुति अरु गनेस मनाऐ ॥
बौहौ बधि बालक पूजा कीनी । सो प्रह्लाद ऐक नहीं चीनी ॥ 58 ॥
तब सुक्र कह्यौ सुनि राज कुमारा । पढौ गुनौ समझौ बिह्वारा ॥
वो ऊँ नमो सिधि पाटी दीनी । कर सूं कर जोडि सिषावन कीनीं ॥ 59 ॥

र रौ म मौ आप लिषि जांनौ। कहूं सुनौ न और की मांनौ॥
तब सांडा मरगा कहै पढि बाला। जा सूं षुसी होइ भूपाला॥ 60॥

हिरण्यकशिपु ने शुक्राचार्य को बुलाकर कहा, "इस (प्रह्लाद) की सफलता-असफलता अब आपके द्वारा दी जाने वाली शिक्षा पर निर्भर करती है। इसे मेरे कुल के धर्म विशेष (परम्परा) और समग्र राजनीति का अध्ययन कराइए। शुक्र ने पढ़ाई शुरू करने का शुभ मुहूर्त निकालकर राजा को सूचित किया। वह शुभ मुहूर्त आने पर सारे नगर में मंगलवाद्य बजे, घर-घर कलश स्थापित किये गए। छात्र पढ़ाई के लिए पाठशाला पहुँचे। सरस्वती और गणेश की वन्दना की गई। बालकों ने भाँति-भाँति से पूजा की, लेकिन प्रह्लाद ने इस सब में कोई रुचि नहीं ली। तब शुक्राचार्य ने कहा, "राजकुमार, (जीवन के लिए आवश्यक) व्यवहार का ज्ञान प्राप्त करने पर ध्यान दो।" शुक्राचार्य ने पट्टी पर 'ओम नमो सिद्धाय' लिखा और प्रह्लाद का हाथ पकड़कर उनसे भी लिखाने का प्रयत्न किया। प्रह्लाद ने कहा, "मुझे तो बस रा रा म म लिखना आता है, इसके सिवा कुछ और मुझे सीखना भी नहीं है।" तब शंड और मर्क[10] बोले, "जो बता रहे हैं, वह पढ़ो, राजा तभी प्रसन्न होंगे।"

प्रह्लाद उवाच

कहै प्रह्लाद भूपाल न जांनूं। तूं क्यूं मिथ्या बाद बषांनू॥
जिहि कीयौ उतपति वों कारा। पंप[11] तत तैं सकल पसारा॥ 61॥
च्यारि षांनि जूंनि चौरासी। सुरग मृत्यु नाग[12] तिहूं पुर बासी॥
पुरष नारि बिष इंम्रत कीन्हा। सतगुर बिना जाइ नहीं चींन्हां॥ 62॥
षंड ब्रहमंड रची बहु धरणीं। देषौ वा राजा की करणीं॥
पठ पढूँ जिहि रीझै राजा। और पढन सूं नांहीं काजा॥ 63॥
ऐसी कथा प्रह्लाद सुनाई। तबहीं बिप्र कैं आसंक्या आई॥
कूंन उपाइ करैयौहो आंनां। बिप्र गऐ भोजन असनांनां॥ 64॥

प्रह्लाद ने कहा, "झूठ क्यों बोलूँ, मैं किसी राजा को नहीं जानता। जिसने ओंकार की रचना की, उसी ने पंचतत्त्वों से इस सारे जगत (प्रसार) की भी रचना की है। चार खानों (षांनि)[13], चौरासी (लाख) योनियों, स्वर्ग-नरक नागलोक (पाताल) और उनके निवासियों की रचना की; स्त्री, पुरुष, अमृत, विष की रचना की उसे सद्गुरु के बिना नहीं पहचाना जा सकता। कर्म तो उस राजा का ही देखना चाहिए जिसने ब्रह्मांड और अनेक पृथ्वियाँ रची हैं। मैं तो उसी राजा को रिझाने वाला

पाठ पढ़ूँगा, बाकी से मुझे क्या मतलब? प्रह्लाद की ऐसी बातें सुनकर (प्रह्लाद के शिक्षक) ब्राह्मण चिन्तित हो उठे, क्या किया जाए, यह सोचते हुए वे स्नान-भोजन के लिए चले गए।

चटडा उवाच

तब बालकन हठ कीयौ निदानां। हम पूछै बिप्र गऐ असनांनां॥
कौहौ प्रह्लाद आपनी गाथा। हम सब सषा तुम्हारे साथा॥ 65॥
कूंन पाठ तोहि लागहि नीकौ। हम सूं कहौ भाव तौ जीकौ॥
हम तुम सूं पूछी ऐह गाथा। कहौ प्रभू हम दींन अनांथा॥ 66॥
मिंत्र कपट सम दोष न भाई। बेद पुरांन कहैं समझाई॥
तुम क्रपा करि ग्यांन जु भाषौ। भली बुधि होइ सो दाषौ॥ 67॥

प्रह्लाद उवाच

कहै प्रह्लाद सुनौ रे बाला। जनम मरण जीव कूं बहु काला॥
जा तै जनम मरण मिटि जाई। हूं जानूं सो बडौ उपाई॥ 68॥
करौ उपाय रांम कौ भजनौ। जगत जाल काल कौ तजनौं॥
जगत जाल काल कौ फंदा। ग्यांन नैंन बिन उलझै अंधा॥ 69॥
अगिनि लाइ जो बाइ दिषाई। सुष नहीं पावै जीव जरि बरि जाई॥
अंध कूप ग्रह मैं जो परीऐ। तौ भौ सागर कैसै तिरीयै॥ 70॥

पाठशाला में प्रह्लाद के सहपाठी बोले, अन्य बालकों ने भी आग्रह किया "ब्राह्मण तो स्नान-भोजन के लिए चले गए हैं, अपनी बात तुम हमें सुनाओ। हम सब तुम्हारे मित्र हैं। तुम्हारे अनुसार कौन सा पाठ श्रेष्ठ है? तुम्हारे हृदय में क्या है? हमें समझाओ, हम तो दीन, अनाथ (निस्सहाय) हैं, तुम स्वामी हो, हम तुम्हारी शरण में हैं। वेद-पुराण में कहा गया है कि मित्रों से कपट करने जैसा दोष और कोई नहीं। (इसलिए) कृपा करके हमें भी ज्ञान दो, सद्बुद्धि दो।"

प्रह्लाद ने कहा, "सुनो बालको, जीव का सारा समय जन्म-मरण के चक्र में जाता है। मैं इस चक्र से निकलने का उपाय जानता हूँ। काल के फंदे से बचने के लिए राम का भजन ही उपाय है, इस ज्ञान से वंचित मनुष्य नेत्रहीन की तरह इस जाल में फँसा रह जाता है। अग्नि को यदि हवा दी जाए तो जीव जलेगा ही, उसे सुख कैसे मिलेगा? जो अन्धे कुएँ में गिर गया हो, वह भवसागर कैसे पार करेगा?

बिष बन बेलि इंम्रत फल चाहै। बिष फल षाइ र अमर उमाह्वै॥
लोह नाव कैसै निसतरीऐ। अरु जो पाप पषानन भरीऐ॥ 71॥

अगिनि ग्रेह कैसै सुष सोवै। कौन भांति सीतलता होवै॥
पूरब जात पछिम कित आवै। नैन बिना मघ कैसें पावै॥ 72॥
कांम केलि कामणि संग बीझै। पाप पसारा मै क्यूं सीझै॥
सुत परबार पाप की पांसी। तन धन जोबन रहै न जासी॥ 73॥
जब लगि रोग ग्रसत नहीं भाई। तब लगि ओषदि काइ न षाई॥
जब घर जरै र कूप षनाई। उतिम लोग हसै रे भाई॥ 74॥
पहली पांव कांप नहीं भरीऐ। तौ पीछैं कांइ पषालन परीऐ॥
षित जल संगि दुष सुष जग मांहीं। ग्यांन उदक बिन छूटै नांहीं॥ 75॥

"विष की बेल से अमृतफल कैसे प्राप्त होगा? पापों के पत्थर से भरी लौह-नौका से भवसागर के पार कैसे पहुँचेगी? जलते घर में चैन से कौन सो सकता है? वहाँ शीतलता कैसे प्राप्त हो सकती है? पूर्व दिशा की ओर चलकर पश्चिम कैसे पहुँचा जा सकता है? बिना नेत्रों के मार्ग कैसे पहचाना जा सकता है? कामिनियों के साथ कामकेलि में डूबे रहकर पाप के पसारे में क्यों फँसा रहा जाए? बच्चे, परिवार सब बन्धन हैं, क्षणभंगुर हैं। धन, यौवन, देह में से कुछ स्थायी नहीं है। बन्धुओ, रोग बढ़ने के पहले ही औषधि-सेवन कर लेना बेहतर नहीं है क्या? आग लगने के बाद कुआँ खोदने वालों पर तो लोग हँसते ही हैं। पाँवों में कीचड़ लगने ही न दो, तो धोने की जरूरत क्यों पड़ेगी? जगत में सुख-दुख का साथ उसी तरह का है जैसे जल और मिट्टी। ज्ञान के जल के बिना सुख-दुख को धोया नहीं जा सकता।"

अजरीक लै मिष्ट कैं मांहीं। कर मीडै पनि सुलझै नांहीं॥
प्रथम स्वाद सनेह न लावै। तौ बंधन परै न पर लिपटावै॥ 76॥
जब लग पाय परै नहीं बेरी। तब लगि हरि मग लीजे हेरी॥
जब लग रहै नहीं रषबारू। तब लग भजीयै बाल कबारू॥ 77॥
ता तै सब तजि बन कूं जईऐ। साध संगति मिलि हरि गुन गईऐ॥
ग्यांन भगति बैराग बिचारौ। इहि बिधि आप अपनपौ त्यारौ॥ 78॥

दोहा

सकल प्रबोध नीकां दीयौ। जन प्रह्लाद हित लाइ॥
प्रथम संत परमारथी। नीकै कही बनाइ॥ 79॥
रांम नांम छाडै नहीं। गुर कूं आवै गारि।
जन गोपाल सिषान सूं। कहै प्रह्लाद बिचारि॥ 80॥

मेढ़ के बालों को मिट्टी की तरह मीड़ (मसल) कर नहीं सुलझाया जा सकता। (ऐसे ही जीवन सार्थक करने के लिए) आरम्भ से ही स्नेह का स्वाद लेने से बचें, तो मोह में न स्वयं पड़ेंगे, न अन्यों को डालेंगे। पाँव में (विवाह तथा अन्य पारिवारिक सम्बन्धों की) बेड़ी न पड़ने के पहले ही हरि की राह ले लेनी चाहिए। तुम पर पहरे लगें, मित्रो इसके पहले ही भाग निकलो। सब कुछ छोड़ वन की ओर चल दो, साधुओं के साथ मिलकर हरि-गुण गाओ। ज्ञान, भक्ति और वैराग्य पर मनन करो। आत्म-साधना की विधि यही है।

इस तरह भक्त प्रह्लाद ने (सहपाठियों के लिए) हितकारी उपदेश दिया। वे परमार्थ-प्रवृत्त, अग्रणी संत थे, उन्होंने कल्याणकारी बातें बताईं। गुरु के अपमान का जोखिम उठाकर भी राम-नाम नहीं छोड़ना चाहिए, प्रह्लाद ने अपने साथियों को यह बात सिखाई।

अध्याय 5

चौपई

कबहूं ग्रह प्रह्लाद पधारे। राजा उछंग गोद बैठारे॥
मुष चूंबन करि हिरदै धारे। कहौ पुत्र बिह्वार तुम्हारे॥ 81॥
नीकी बिद्या पढी सो भाषौ। सो तुम हम सूं कछू न राषौ॥
जो मागौ सो दैहु तुरन्तू। मैरै नहीं कोई बसत कौ अन्तू॥ 82॥

प्रह्लाद उवाच

हरि कौ श्रबन कीरतन कीजै। चरण सेइ अरु तन मन दीजै॥
बंदन करि दासातन भावै। दिढ बिसवास तैं सषा कुहावै॥ 83॥
अर आतमा समर्पन कीजै। नौधा भगति प्रैम मन दीजै॥
बिद्या सो जो ब्रह्म पिछांनैं। और अबिद्या परपंच हि जांनैं॥ 84॥
जब लग मैं मेरी नहीं भूलै। तौ तन पाइ कौंन बिधि फूलै॥
सब जग बंध्यौ अहूं अर ममता। साधू सब तजि रांम हि रमता॥ 85॥

एक़ दिन, प्रह्लाद जब घर पहुँचे, राजा ने उमंग से भर उन्हें गोद में बैठा लिया। मुँह चूमकर हालचाल पूछा, "बेटा, क्या पढ़ाई कर रहे हो, हमें भी बताओ। तुम जो चाहोगे, दूँगा। मेरी सामर्थ्य निस्सीम है।" प्रह्लाद बोले, "हरि का भजन-कीर्तन कीजिए। तन-मन से उन्हीं की चरण-सेवा कीजिए, स्वयं को उनका दास मानिए, यद्यपि दृढ़ विश्वास हो तो सखा भाव भी पाया जा सकता है।

(हरि के समक्ष) आत्म-समर्पण कर दीजिए। मन को नवधा भक्ति और प्रेम में लगा दीजिए। ब्रह्म को पहचानना ही विद्या है, बाकी सब प्रपंच अविद्या का है। मैं और मेरा के भाव से मुक्ति पाए बिना कोई तन (जीव) कैसे पुष्ट हो सकता है? सारा जगत ही मैं और मेरा के फेर में पड़ा है, साधु वही है जो इस सबका त्याग कर राम में चित्त लगा दे।

होम जग्य ब्रत पूजा दांनां। बलदेव तजे जग बिधि नांनां॥
काहे तात करै बिधि ऐती। सब तजि भजीऐ रांम संगेती॥ 86॥
भगवत बिनां सदन सुष नांहीं। सकल जीव भूले भ्रम मांहीं॥
पर्यौं भरम भूल्यौ भगवानां। षोवै जनम ब्रथां सति मांनां॥ 87॥
लौहौ कनक ऐक ही बेरी। जो नीकां करि देषै हेरी॥
सुर नर असुर बिषै रस जैसै। पसू पंषी सुष पावै तैसैं॥ 88॥
रजु कै सरप सकल जग षायौ। यूं स[पि]ने जगत बिस्व डहकायौ॥
ध्यावत म्रग तृष्णा कैं पांणीं। यूं जीव बध्यौ देह अभिमांनी॥ 89॥
सुक नलनी दिष्टांत दिषायौ। इहि बिधि जीव अबंध बधायौ॥
छांडि देइ तौ कूणै बाधौ। यूं अग्यान करि दु[ष][14] आराधौ॥ 90॥

"यज्ञ-हवन, व्रत-पूजा, जग में प्रचलित नाना विधियाँ सब व्यर्थ हैं। पिताजी, यह सब छोड़कर बस राम में चित्त लगाना चाहिए। किसी घर में राम के बिना सुख नहीं मिल सकता। मोहवश होकर सभी जीव यह बात भुला बैठे हैं। भ्रम में पड़, भगवान को भूल गए हैं। व्यर्थ (मिथ्या) बातों को सत्य मानकर जीवन व्यर्थ कर रहे हैं। सत्कर्म करने वाले जानते हैं कि लोहा और सोना अन्तत: एक ही हैं। सुर, असुर, नर भोग-विलास में डूबे रहकर पशु-पक्षियों की भाँति जीवन बिताते हैं। जिस रस्सी को हम सर्प[15] समझते हैं,उसने सारे संसार को डस लिया है। एक सपने ने सारे संसार को भ्रमित कर दिया है। सारा जग मृगतृष्णा के पीछे भाग रहा है। इस तरह जीवमात्र देहाभिमान में फँस गया है। जैसे तोता सेमल के कड़वे फल खाने के मोह में फँस जाता है, वैसे ही जीव अज्ञान में फँस जाता है। जो मोह का त्याग कर दे, उसे कौन बाँध सकता है? अज्ञान ही सारे दुख का कारण है, और भक्ति ही मुक्ति का एकमात्र उपाय है।

सौ मै सोवत गई पचासा। बारा बरष बालपन नासा॥
कांम केलि कै ग्रेह बिह्वारा। रांम भगति बिन मर्यौं संसारा॥ 91॥
बेदागम बर [बि]द्यावां[नां]। हरि बिनि काहि पढै ऐ आंनां॥
बिद्या भगति रांम कौ भजनौं। आंन सकल करमन कौ तजनौं॥ 92॥

जे षल तुछि क्रंमन अबगाहै । ता ही मै सद फल कूं चाहैं॥
सो सद फल नहीं पावै क्यूं हीं । करि करि श्रम भरमै ते यूं हीं॥ 93॥
ता तै सब तजि भजीयै रांम । सदा निरन्तर ह्वैन्ह कांम॥
बिष बिकार सब देह जु आवै । रांम भजन बिधि कभूं न पावै॥ 94॥
बार बार नर देह न पईऐ । औसर गऐ बहुरि पिछतईऐ॥
ता तैं और अब कै आयौ । किरपा करि गुर कहि समझायौ॥ 95॥
संश्रति मिटै स बिद्या भावै । और अबिद्या कूं को ध्यावै॥
ऐसी बिद्या तात मै जांनूं । और सकल अबिद्या मांनूं॥ 96॥
ऐह बिचार हम तुम सूं भाषी । मुनि नारद की सुने कै साषी॥
और पाठ सो नांहीं भावै । सुनि करि असुर बौहौत पिछतावै॥ 97॥

दोहा

सुपनै परि संसार है । सोवत ही लूं सांच॥
जन गुपाल हरि भजि जगे । तजि निंद्रा भ्रम बाच॥ ९8॥

"जीवन के सौ वर्षों में से पचास तो सोने में ही बीत जाते हैं। बारह वर्ष बचपन के खेलकूद में, बाकी भोग-विलास, घर-गृहस्थी में चले जाते हैं। रामभक्ति के बिना संसार मृत के समान है।[16] आप वेद-वेदांग के श्रेष्ठ विद्वान हैं, लेकिन हरिभक्ति के बिना इस विद्या का क्या लाभ? असली विद्या तो बाकी सारे कर्मों से विरक्त होकर राम का भजन करने में ही है। कोई कितना भी यत्न कर ले किन्तु तुच्छ, अशुभ कर्मों के परिणाम शुभ हों, यह कैसे सम्भव है? इसलिए बाकी सब छोड़कर रामभजन में मन लगाएँ तो सभी काम सफल होंगे। भोग-विलास के विष से मुक्त हुए बिना रामभक्ति सम्भव नहीं है। मनुष्य जन्म बार-बार नहीं मिलता, यह अवसर चूक जाने के बाद पछताने के सिवाय कुछ नहीं बचता। बस यही एक अवसर है। मेरे गुरु ने कृपापूर्वक यह सब मुझे समझाया है। भ्रम मिटने पर विद्या प्रकट होती है। उसके बाद अविद्या के पीछे कौन भागता है? पिताजी, मैं तो यही विद्या जानता हूँ। बाकी सब मेरे अनुसार अविद्या है। मैंने जो कुछ आपसे कहा, वह ऋषि नारद के साक्ष्य पर आधारित है। अन्य कोई पाठ मुझे सन्तुष्ट नहीं करता।"

प्रह्लाद की बातें सुनकर असुर (हिरण्यकशिपु) बहुत चिन्तित हुआ।

जन गोपाल कहते हैं, संसार स्वप्न जैसा है, जो नींद में ही सच्चा लगता है। हरि-भजन से नींद और तज्जनित भ्रम को दूर करना चाहिए।

अध्याय 6

चौपई

इतनी बात सुणी है जबहीं। असुर हि भयौ अचंभौ तबहीं॥
जब मंत्री सब लीऐ बुलाई। या बिद्या कूंनै समझाई॥ 99॥
मम द्रोही कौ ध्यांन दिढायौ। तौ हिरणाषि मुबौ ही आयौ॥
गाइ बिप्र रिष बेद र देवा। ए तौ करै बिस्न की सेवा॥ 100॥
हम इनकी कीन्हीं परतीती। पुत्र बिगार्यौ करी अनीती॥
अब ले जाहि याहि समझावौ। नतर जीवते रहन न पाबौ॥ 101॥
असुर रिसाइ कही ऐह बानी। जन[17] प्रह्लाद सत्य करि जांनी॥
तबहीं बिप्र प्रह्लाद हि ल्याये। सांडा मुरगा भेद बताऐ॥ 102॥
क ष ग घ ण पाटी लिषि दीन्हीं। बिप्र बिद्या सिषावन कीन्हीं॥
और अषिर पढि रे भाई। जा सूं षुसी होइहै राई॥ 103॥

ये बातें सुनकर असुर अचम्भित हो गया; मंत्रियों को बुलाकर पूछा, "यह विद्या इसे किसने सिखाई? यह तो मेरे भाई हिरण्याक्ष का वध करने वाले हमारे शत्रु के गुण गा रहा है। विप्रों, ऋषि, वेदों और देवों के गुणगान के माध्यम से यह तो विष्णु की सेवा कर रहा है। मैंने इन (शिक्षकों) पर विश्वास किया, किन्तु इन लोगों ने तो अनीति कर दी, मेरे पुत्र को बिगाड़ दिया। अब इसे ले जाओ, और ठीक से पढ़ाओ, वरना जीवित न रहने पाओगे। क्रुद्ध असुर ने (शिक्षकों से) कहा, इसे सत्य का पाठ पढ़ाओ।[18] विप्र प्रह्लाद को ले आए और उन्हें भेद नीति आदि सिखाई। पट्टी पर क ख ग घ ण आदि लिख कर उन्होंने प्रह्लाद से कहा (रा और म के सिवा) अन्य अक्षर भी पढ़ लो ताकि राजा प्रसन्न हों।

प्रह्लाद उवाच

झूंठी बिद्या मोहि नहीं भावै। तेरी[19] अकलि ग्रभ मैं आवै॥
दोइ अषिर पढिहौ सुनि पांडे। ता बिनि और पचासूं छाडे॥ 104॥

विप्र उवाच

तेरे पिता दिसा सब जीती। बेद बिप्र सुर डरै अनीती॥
बिना मृत्यु हम कूं क्यूं मारै। साध सोइ पर कारज सारै॥ 105॥

प्रह्लाद उवाच

कहै प्रह्लाद न मारै कोई। जठर अगनि मैं राषै सोई॥
जिहि उद्र उरद मुष षीर पिबायौ। प्रगट भयौ तब बाहिर आयौ॥ 106॥

तारै रांम कहौ को मारै। मारै रांम कहै को तारैं॥
जीबन मृत्यु हाथ है जा कैं। हम तुम बिस्व सरन सब ता कैं॥ 107॥
ऐसा प्रभु कौ सुमिरन कीजै। होइ सुध ता तन मन दीजै॥
बार बार तुम सूं को भाषै। इंम्रत छांडि कौन बिष चाषै॥ 108॥

प्रह्लाद ने कहा, "झूठी विद्या मुझे नहीं सुहाती। मैंने तो ज्ञान गर्भ में ही प्राप्त कर लिया था। सुनो पंडित, मैं तो बस दो ही अक्षर (रा और म) का ही पाठ करूँगा, बाकी पचास अक्षरों से मुझे क्या वास्ता?" ब्राह्मण ने कहा, "तुम्हारे पिता विश्व-विजेता हैं। वेद, ब्राह्मण और देवता उनकी अनीति से भयभीत रहते हैं। तुम हमारी अकाल-मृत्यु क्यों कराना चाहते हो? साधु तो दूसरों का कल्याण ही चाहते हैं।" प्रह्लाद बोले, "आपको कोई नहीं मार रहा है। राम तो गर्भ में भी हमारी रक्षा करते हैं, गर्भ में ही हमें दूध पिलाते हैं। जन्म-मरण उन्हीं के हाथ में है। आप, मैं, सारा विश्व उन्हीं की शरण में है। इसी भाव से उनका स्मरण करना चाहिए। शुद्ध रूप से तन-मन उन्हीं को अर्पित करना चाहिए। बार-बार आपको सम्बोधित कौन करता है? अमृत छोड़कर विष का पान कौन करता है?

बालक उवाच

बालक सब जु बीनती करहीं। कूंन भांति करि हम निसतरहीं॥
ऐसी भांति सतूति करांहीं। तबहीं प्रह्लाद कौ करणां आई॥ 109॥

प्रह्लाद उवाच

असुर कुमार सुनौ मम बांणीं। नारद उकति बेद परमांणी॥
मै तै मेरी या संसारू। या तै रहत सोइ ब्रह्म बिचारू॥ 110॥
काम क्रोध मोह मद मछर। जीतौ इन हीं मिलै प्रम अछर॥
सषा सबै तजि करौ बिचारा। पार ब्रह्म सुमरौ इक धारा॥ 111॥

सषा उवाच

बालक कहै सुनौ प्रह्लादू। रिषि सौ काहां भयौ संमादू॥
तुम न गऐ बे याहां नहीं आऐ। ऐह संदेह कहौ समझाई॥ 112॥
हम अनांथ तुम पूछहि गुसांई। तुम हरि भगत कहौ समझाई॥
ता तै हमरौ सांसौ भागै। चरण कमल मन दिढ करि लागै॥ 113॥

बालक विनयपूर्वक बोले, "हमारी रक्षा कैसे हो सकती है?" उन्होंने भाँति-भाँति से प्रह्लाद की स्तुति की। तब प्रह्लाद करुणापूर्वक बोले, "असुरकुमारो, मेरी बात

सुनो। नारद के वचन वेदवचन की तरह प्रामाणिक हैं। ब्रह्म-विचार मेरा, तेरा के सांसारिक भाव से ऊपर उठकर ही किया जा सकता है। काम, क्रोध, मोह, मद, मत्सर (द्वेष) से मुक्ति पाकर ही परम अक्षर (ब्रह्म) को पाया जा सकता है। (प्रह्लाद के) मित्र बोले, "यह तो बताओ प्रह्लाद कि ऋषि (नारद) के साथ तुम्हारा संवाद कहाँ हुआ? न तुम कहीं गए, न वे यहाँ आए। यह सन्देह दूर करो। हम तो अनाथ हैं, तुम स्वामी हो, हरिभक्त हो, हमें समझाओ, ताकि सन्देह दूर हो, और (हरि के) चरण-कमलों में मन दृढ़तापूर्वक लगे।

प्रह्लाद उवाच

तब क्रपावंत है कियौ उपदेसू। सब सिषन कौ गयौ अदेसू॥
तब कथा पुरातम कह समझाई। मेरौ पिता तपस्या जाई॥ 114॥
ता पीछै सुरपति चढि आयौ। नगर बिधूंसर पावक लायौ॥
सुरपति बंदि परी मम मांता। उद्र गर्भ हूं रह्यौ संगाता॥ 115॥
रिष नारद कौ दरसन पायौ। बौहौत भांति सुरपति समझायौ॥
पुत्री जांनि करी प्रतिपाला। हित उपदेस पुष्ट हूं बाला॥ 116॥
वै निवाट है दिछा दीनीं। ग्रभ सथान सु मैं सुनि लीनीं॥
सो हूं तुम सूं कहूं समझाई। दुर्लभ देह कष्ट करि पाई॥ 117॥
रांम एति ऐ तारग नांम। कहत सुनत सुमिरत अभिरांम॥
पढण गुणान गान चतुराई। ऐ सब जगत जोग है भाई॥ 118॥

प्रह्लाद ने करुणापूर्वक अपने सखाओं को (भक्ति का) उपदेश देकर उनके सन्देह दूर किए। पुरानी बात बताई, "मेरे पिता तपस्या करने चले गए थे, उसी समय इन्द्र ने आक्रमण कर दिया, नगर में आग लगा दी, मेरी माता को बन्दी बना लिया, उस समय मैं गर्भ में था। ऋषि नारद के दर्शन मैंने उसी समय (गर्भावस्था में ही) किए थे। ऋषि ने देवराज को बहुत समझाया, उन्हीं ने मेरी माता का पालन-पोषण पुत्री की भाँति किया। उन्हीं ने मुझे दीक्षित किया, हितकारी उपदेश से पुष्ट किया। मैंने जो उपदेश गर्भ में सुना, वह तुम लोगों तक पहुँचाया है। यह (मानव) देह आसानी से नहीं मिलती। राम का नाम ही तारक (मंत्र) है। इसे जपना, सुनना दोनों ही सुन्दर हैं। इसे कौशलपूर्वक पढ़ना, गुनना, गाना चाहिए।"

हरि सेवा कूं कछू न चहीयै। तन धन बसतर समरपौ लहीयै॥
सेवा सामगरी नहीं चहीयै। ऐक भक्ति प्रम निरबाह्वै॥ 119॥
दूजा देव नहीं अधिकारी। षित्री बैस सूद्र त्रीऐ नारी॥
रांम भगति कूं सब अधिकारी। ब्रह्मण अन्तिज लेह बिचारी॥ 120॥

प्रेम सहित हरि के गुण गावै। सब तै दुर्लभ सो पद पावै॥
तब असुर कुमार भगति मन लावै। जन प्रह्लाद हि गुर करि ध्यावै॥ 121॥
सुक्र पुत्र अतिबिस मैं भऐ। अति आतुर राजा पै गऐ॥
सांडा मुरगा पुकारै जाई। पट की पाग असुर कैं पांई[20]॥ 122॥

विप्र उवाच

तेरौ पुत्र कहै बिधि ऐसी। बेद पुरांनन समझै तैसी॥
औरौ सषा[21] संग के भांडे। राजनीति के मारग छांडे॥ 123॥
ता तै हम कूं दोस न दीजै। जो भावै सो वा कूं कीजै॥
जीवन ब्रति जूं हरी हमारी। और दसा चाहै सु बिचारी॥ 124॥
अब हम दोस नहीं है राई। पुत्र प्रह्लाद हरि भक्ति समाई॥
ऐसी बात द्विज जाइ सुनाई। जबहीं असुर रिसायौ भाई॥ 125॥

दोहा

सांडा अर मृक असुर पै। ऐसै करी पुकार॥
तब हरणांकुस कोपि कैं। मारण कियौ बिचार॥ 126॥

हरि की सेवा करने के लिए कुछ भी नहीं चाहिए। जो धन-वस्त्र आदि हम पूजा में उन्हें अर्पित करते हैं, वे हमीं को लौटा देते हैं। भगवान को सेवा-पूजा की सामग्री नहीं, बस प्रेम-भक्ति की ही इच्छा है। कोई अन्य देव इतना अधिकारसम्पन्न नहीं। राम की भक्ति क्षत्रिय, वैश्य, शूद्र, नारी सबके लिए है, ब्राह्मण हो या अन्त्यज—सभी इसके अधिकारी हैं। प्रेमसहित हरि के गुण गाने से सर्वाधिक दुर्लभ पद (स्थान) पाया जा सकता है। यह सुनकर असुर बालक भी भक्ति में मन लगाने लगे। प्रह्लाद को गुरु मानने लगे। शुक्र के पुत्र (शण्ड और अमर्क इससे बहुत चिन्तित होकर आतुर भाव से राजा के पास पहुँचे। राजा के पाँव में पगड़ी पटककर बोले, "आपका पुत्र अपने साथियों को अपनी समझ के अनुसार वेद-पुराण के पाठ पढ़ाकर बिगाड़ रहा है। उन्होंने भी (प्रह्लाद की भाँति) राजनीति का मार्ग छोड़ दिया है। अब, आप हमें दोष न दें, और उस (प्रह्लाद) का जो भी करना हो, आप करें। हमारी तो उसने जीविका ही छीन ली है। (स्वयं शिक्षक बन गया है।) हमें दोष न दें महाराज, आपका बेटा प्रह्लाद हरि-भक्ति में मग्न हो गया है।" ब्राह्मणों की ये बातें सुनकर राजा को भारी क्रोध आया।

शण्ड और अमर्क की ऐसी बातें सुनकर हिरण्यकशिपु इतना कुपित हुआ कि प्रह्लाद का वध करने की सोचने लगा।

अध्याय 7[22]

छंद दुहा कौ

बांध्यौ प्रह्लाद । माहा मुनी साध॥
सु माट[23] परहार । करै दिसि च्यार॥ 128॥
माहा मुनी धीर । डरै न सरीर॥
लगावै भुजंग । रहै बिष संग॥ 129॥
हलाहल घोर । सो देत बेहोर॥
झुकावै मैमंत । तूटै तिहि दंत॥ 130॥
न मोर सु अंग । लग्यौ हरि रंग॥
तुपक र तीर । ब्रषै ज्यूं नीर॥ 131॥
गुरज र सैल । बजै बहु मेल॥
ईट पषाण । बहै बहु बाण॥ 132॥
गोला अर चक्र । चलै अतिबिक्र॥
षपवा तरबार । सो देह बिचार॥ 133॥
जिते हथियार । करै परहार॥
रहे पचि हारि । सरी न दुवारि॥ 134॥

दोहा

च्यारि जाम करि सासनां । असुर सर्यौ नहीं कांम॥
जन गोपाल प्रह्लाद कैं । छुवै स रांम ही रांम॥ 135॥

महामुनि साधु प्रह्लाद बाँध दिए गए। चारों दिशाओं से उन पर कोड़े बरसाए गए। महामुनि दृढ़ हैं, प्रहारों का कोई प्रभाव उनके शरीर पर नहीं। उन्हें विषैले सर्पों से डसवाया गया। फिर हलाहल जैसा भयानक विष भी दिया गया। मस्त हाथी छोड़ा गया, लेकिन (प्रह्लाद को कुचलने के बजाय) उसके ही दाँत टूट गए। तोप (के गोले) और तीर उन पर वर्षा की बूँदों की तरह बरस रहे थे, गदाएँ, भाले चलाए जा रहे थे, ईंट, पत्थर, बाण बरसाए जा रहे थे। गोले और चक्र बहुत तेजी से चल रहे थे। तरह-तरह के हथियार, भाँति-भाँति के वार—सब हार गए, लेकिन दरवाजा न खुला। (प्रह्लाद की भक्ति को अभेद्य किला मानते हुए यह रूपक गढ़ा गया है।)

चार घंटे तक प्रह्लाद को प्रताड़ित किया जाता रहा, लेकिन असुरों को सफलता नहीं मिली। जन गोपाल कहते हैं, प्रह्लाद को तो (कोई भी अस्त्र-शस्त्र नहीं, बस) राम ही छू सके।

अध्याय 8

चौपई

जन प्रह्लाद रहै जब ऐसैं। मनहु चित्र कौ दीपक तैसैं॥
प्राण रह्यौ परमेस्वर संगा। ताती बाव न लागी अंगा॥ 136॥
सांचै दिव देत है तैसैं। सीतल बहणी होत है तैसैं॥
साचे कूं परमेस्वर राषै। काहा जगत अग्यांन हि भाषै॥ 137॥

दूत उवाच

दूतनि कही असुर सा बाता। हम तै बची न ऐकौ घाता॥
सब आवध गज श्रप लगाये। बिच बिच बाँटि हलाहल पाऐ॥ 138॥
ना जाणौ वह कौनै राषौ। दिव्य देह इंम्रत सो च्राष्यौ॥
तब असर हिरैणिछ मासी होई। है प्रहलाद हि मारै कोई॥ 139॥

हरणकसिब उवाच

भोर भयै कहौ जल मैं बोरौ। मेलि जंजीर धार मै छोरौ॥
ऐसी भांति डारि हौ जबहीं। मगरमछ लै जैहै तबहीं॥ 140॥
हुकम करत प्रह्लाद हि ल्याऐ। भारी लंगर लोह मगाऐ॥
बांधि असुर तब बोरन लागे। भयौ अचंभौ सोवत से जागे॥ 141॥
छूटि जंजीर बूडि गऐ भाई। पदम पत्र प्रह्लाद तिराई॥
नांव प्रताप बूडि नहीं जाई। जन कूं राषै रांम गुसांईं॥ 142॥
राषै रांम न बोरै कोई। देषै दूत अचंभौ होई॥
माहो मांहि मिलि करै बिचारा। जाई राइ पै करौ पुकारा॥ 143॥

दोहा

जिन के बांधे गज रहै। तिन सूं बंधे ध्याय॥
जन गोपाल प्रह्लाद कूं। यूं हरि करी सहाइ॥ 144॥

प्रह्लाद ऐसे निष्कंप खड़े थे जैसे चित्र में बना दीपक। उनके प्राण परमेश्वर में लगे थे। गर्म हवा उनकी देह को छू ही नहीं रही थी। सत्यनिष्ठ मनुष्य को परीक्षा देनी पड़ी तो अग्नि भी शीतल हो जाती है। अज्ञानी जगत ऐसे व्यक्ति का क्या बिगाड़ सकता है? दूत ने आकर असुर (नरेश) को बताया कि हमने हानि पहुँचाने का कोई उपाय बाकी नहीं छोड़ा, सब तरह के आयुधों का प्रयोग किया, हाथी और साँप

छोड़े। हलाहल तक पिलाया, किन्तु न जाने कौन (प्रह्लाद की) रक्षा कर रहा था, उनका शरीर तो जैसे अमृतपान करके अमर हो गया है। तब हिरण्याक्ष की मौसी ने पूछा, "प्रह्लाद का वध करने में कौन सक्षम है?"[24]

प्रात:काल हिरण्यकशिपु ने आदेश दिया कि (प्रह्लाद को) जंजीरों से बाँधकर जलधार में छोड़ दो, मगरमच्छ उसे शिकार बना लेंगे। हुक्म होते ही प्रह्लाद लाए गए, लोहे के भारी लंगर मँगाए गए। जब प्रह्लाद को डुबोने लगे, तो ऐसा अचम्भा हुआ कि असुरों की आँखें खुली की खुली रह गईं। जंजीरें टूट गईं, प्रह्लाद तो जल पर कमलपत्र की भाँति तिरने लगे, जो उन्हें डुबाने आए थे, वही डूब गए। राम नाम का यह प्रताप देख दूत अचम्भित रह गए। उन्होंने मिलकर तय किया कि राजा को सूचना दी जाए।

जन गोपाल कहते हैं कि हरि द्वारा की गई सहायता के कारण हाथियों से भी जो तोड़ते न बनें, ऐसी जंजीरें भी प्रह्लाद को न बाँध सकीं।

अध्याय 9

दूत उवाच चौपई

दूत पुकारत कीन्हीं बाता। हम पकर्यौ ज्यूं राहा चंद कौ गाता॥
बांधि जजीर नाष्यौ जल मांहीं। तूटत जंजीर हम देषे नांहीं॥ 145॥
जल तै निकसि भऐ जब ठाढे। सब असुरनि अचरज परे गाढे॥
या कौं मारै मा पै लाई। सकल दैत मिलि लीऐ बुलाई॥ 146॥
करौ मतौ जैसै जो मरही। हिरदै साल मैरै यौ बसही॥
ता तैं सब तुम कहौ सु बाता। अब तुम करौ सु या कौ घाता॥ 147॥
या कूं है कोई मारणहारू। ता की नृपति करै प्रतिपारू॥
दूतन कहौ सुनौ प्रह्लादू। अब मति झूंठौ करौ बिबादू॥ 148॥

प्रह्लाद उवाच
दोहा

बिस्न उपास जु हम लीयौ। सो क्यूं छोड्यौ जाइ॥
जगत भगत यूं आदि है। साध कहै समझाइ॥ 149॥

दूत बोले, "हमने तो (प्रह्लाद को) ऐसे पकड़ लिया था, जैसे राहु चन्द्रमा को ग्रस लेता है। जंजीरों से जकड़ जल में फेंक दिया था, जंजीर टूटती हमने देखी

नहीं। बस यह देखा और हम सभी असुर चकित रह गए कि प्रह्लाद तो जल के बाहर आकर खड़े हो गए हैं। हिरण्यकशिपु ने सारे दैत्यों को बुलाकर परामर्श किया कि प्रह्लाद को कैसे मारा जाए—"यह मेरे हृदय में शूल की भाँति गड़ने लगा है। तुम सब बताओ इसका वध कैसे किया जाए। कौन है जो इसका वध कर सकता है, उसे मेरा अभयदान प्राप्त रहेगा।" दूतों ने प्रह्लाद से कहा, "सुनो, अब व्यर्थ के विवाद बन्द करो।"

प्रह्लाद ने कहा, "क्यों छोड़ूँ मैं विष्णु की उपासना? संतों का कथन है, 'जगत में भक्ति ही प्रमुख है।'"

हरणकसिब उवाच

चौपई

हरणकसिब ज उठ्यौ रिसाई। अंध कूप मैं डारौ जाई[25]॥
मेरी बात जु[26] मांनै कौंनां। टूटै कांन काहा जो सौंनां॥ 150॥
पुत्र चाहि तै भलौ अऊत। जौ कुल धरम न चालै पूत॥
गह प्रह्लाद कूप मैं दीन्हौं। मोटी सिला पाटि जब लीन्हौ॥ 151॥
त्राहि त्राहि सब कोई भाषै। छिन छिन रांम कहौ क्यूं राषै॥
राषनहारा सदा सुचेतू। जाणै नहीं अग्यांन अचेतू॥ 152॥

दोहा

सकल विस्व चिंता भई। जन कैं कछू न होइ॥
रांम कहै प्रह्लाद यूं। तन की सुधि न कोइ॥ 153॥

हिरण्यकशिपु ने क्रुद्ध होकर प्रह्लाद को अन्धे कुएँ में फिंकवा दिया। (ऐसा पुत्र किस काम का) जो मेरी बात ही न माने, ऐसा सोना किस काम का जिसे पहनने से कान फटे? कुल-धर्म का पालन न करे, ऐसे बिगड़े बेटे का बाप होने से तो निपूता होना अच्छा। प्रह्लाद को कुएँ में फेंककर मोटी शिला से कुआँ ढक दिया गया। सब त्राहि-त्राहि कर उठे, "ऐसे पल में राम कैसे रक्षा करेंगे?" लेकिन राखनहारा (राम) तो सदा सचेत रहता है, उसे सब पता रहता है, सब बातों के प्रति वह सचेत रहता है।

सभी चिन्तित थे, लेकिन भक्त का कुछ नहीं बिगड़ा। प्रह्लाद को तो राम नाम लेते ही तन की सुध ही नहीं रहती थी।

छंद ब्रिहकौ

रोवै ता की माइ। परै मुरझाइ॥
रोवै ता की धाय। करै हाइ हाइ॥ 154॥
रोवै पति धीर। नहीं मांनू जीए॥
रोवै सब बीर। कांहां मत धीर॥ 155॥
रोवै सब मिंत। परे बहु चिंत॥
रोवै सब बाल। पटकहैं भाल॥ 156॥
रोवै सब साध। कांहां प्रह्लाद॥
रोवै गुर देव। करै कुण सेव॥ 157॥
रोवै रिष राइ। कांहां सुष दाइ॥
रोवै पुर हाट। निहारि है बाट॥ 158॥
रोवै सब गांव। लीयां मुषि नांव॥
रोवै पसू पंषी। निहारि है अंषी॥ 159॥
रोवै सुर देव। काहा हरि सेव॥
न काढि हीं सांस। दैपूत की त्रास॥ 160॥
सबै दुष पावै। बोल्यौ नहीं जावै॥
प्रह्लाद कैं रांम। संगी सुष धांम॥ 161॥

दोहा

सकल बिस्व दुष पाईयौ। दैयत सूं कछू न बसाइ॥
अबगति गति गोबिंद की। क्यूं हीं लषी न जाइ॥ 162॥
हरणकसिब कूं सुष भयौ। मानौ छिन आनंद॥
जन गोपाल प्रह्लाद ग्रह। प्रगट्यौ पूरण चंद॥ 163॥

विरह का छंद

माँ रोते-रोते अचेत हो गई। धाय हाय-हाय करके रो रही है। सब माता-पिता रो रहे हैं। सब भाई रो रहे हैं। किसी को कोई धीरज नहीं बँधा पा रहा। सभी मित्र चिन्तित हैं, रो रहे हैं। सब बच्चे सर पटक-पटक कर रो रहे हैं। सब साधु विलाप कर रहे हैं, "प्रह्लाद कहाँ हैं"; गुरुजन रो रहे हैं, "अब सेवा कौन करेगा?" ऋषिगण रो रहे हैं, "अब चैन कहाँ?" नगर भर के लोग प्रह्लाद की राह देखते विलाप कर

रहे हैं, देहात के लोग उनका नाम ले-ले कर रो रहे हैं। पशु-पक्षी तक प्रह्लाद को खोजते रो रहे हैं। देवता रो रहे हैं, "हरि की सेवा कौन करेगा?" लेकिन, दैत्य के भय से किसी की हिम्मत नहीं कि साँस भी ले सके (मुखर विलाप तो दूर की बात है)। दुख सबको है, बोलते किसी से नहीं बनता।

दुख सारे संसार को है, लेकिन दैत्य के सामने चलती किसी की नहीं। गोविन्द की गति किसी को नहीं दिख रही।

इस पल हिरण्यकशिपु बहुत आनन्दित था। लेकिन, प्रह्लाद तो पूर्ण चन्द्र की तरह प्रकट (चमक रहे) थे।

अध्याय 10

चौपई

मारिग गोपि धरणि जब दीन्हौ । जै जै कार सकल पुर कीन्हौ॥
असुर कै मन अचम्भौ होई । अबगति की गति लषै न कोई॥ 164॥

असुर उवाच

कहौ प्रह्लाद इष्ट को तेरौ । जा सू प्रसहंस[30] सरै न मेरौ॥
कौन जडी किहि मिंत्र[31] उबारौ । हम तोहि बहुत भांति करि मार्यौ॥ 165॥

प्रह्लाद उवाच

मेरौ इष्ट सुनौ हो राई । जिहि सब कीयौ र मंडि समाई॥
स चराचर मै व्यापक सारैं । अग्यांनी ताहि दूरि बिचारैं॥ 166॥
रांम नांम निज मंत्र हमारैं । जीवनि जडी सदा उर धारै॥
षडग धार बिष अगनि मझारी । जल थल प्रवत मोति निवारी[32]॥ 167॥
जम जूरा कौ भै न बिचारै । प्रलै अगनि जन कूं नहीं जारै॥
ऐसी सुणि हम भगति सम्हाई । तुम अग्यांन हीं लडत गुमाई॥ 168॥

असुर उवाच

सब कोऊ रांम कहै रे भाई । तोही मांहि काहा अधिकाई॥
ऐसी पूछ करी तब राई । जब प्रह्लाद कहै समझाई॥ 169॥

प्रह्लाद उवाच

रांम नांम सब कोई गावै। बिन विसवास काहा फल पावै॥
सीस उतारि कहै सो रांम। देषा देषी सरै न कांम॥ 170॥
देषा देषी जो रण मैं जावै। भीड पड्या सै पूठि बतावै॥
मरि कैं रांम सती कहै जैसैं। देषनहार कहै घर बैसै॥ 171॥
इंम्रत कलस सीस परि लीजे। मरि जईऐ जो मुषां न पीजे॥
रोटी पीठि षुध्या नहीं जाई। बिन जल पीयां न त्रषा बुझाई॥ 172॥
वोषदि रूष आहि घरवारा। बिनि घसि लाया मरै गिवारा॥
रांम नांम कौ व्यौरौ कीन्हौं। दुष्ट हि दुष संतनि सुष दीन्हौ॥ 173॥
चिंतामणि कैं दोष न कोई। जो बंछै सो प्रापति होई॥
चिंतामणि है हरि कौ नांमां। जैसी मनसा तैसा कांमां॥ 174॥

दोहा

नांहीं आस सरीर की। सब सुष झूंठे जांन॥
जन गोपाल प्रह्लाद यूं। सुमरै सारंगपांन॥ 175॥

जब किसी गुप्त रीति से प्रह्लाद जल से निकल आए, तब सभी पुरवासी जय-जयकार करने लगे। असुर (हिरण्यकशिपु) चकित रह गया। अदृश्य (भगवान) की गतिविधि कौन समझ सकता है? हिरण्यकशिपु ने प्रह्लाद से पूछा, "कौन है तुम्हारा इष्टदेव जिससे मेरी खुशी देखी नहीं जाती? क्या जड़ी-बूटी, क्या मंत्र उसने तुम्हें दे दिया कि तुम्हें मारने के सारे प्रयत्न विफल हो रहे हैं? प्रह्लाद ने कहा, "सुनिए, राजन मेरे इष्टदेव तो बस हरि ही हैं। सारा संसार उन्हीं से उद्‌भूत हुआ है, उन्हीं में समा जाएगा। वे सृष्टि के कण-कण में व्याप्त हैं। वे कहीं दूर हैं, ऐसा तो बस अज्ञानियों को लगता है। मेरा मंत्र तो बस राम नाम है। यही जीवनदायी औषधि मैं सदा हृदय में धारण किए रहता हूँ। खड्ग, विष, अग्नि, जल, पर्वत—सबसे मेरी रक्षा वही करते हैं। यम का, कमोजरी का मुझे कोई भय नहीं। प्रलयाग्ननि भी हरि के भक्तों का कुछ नहीं बिगाड़ सकती। ऐसी है मेरी भक्ति। आप अज्ञानवश इससे लड़ रहे हैं, परास्त हो रहे हैं।"

असुर ने पूछा, "भई, राम तो सभी कहते हैं, तुम्हारे द्वारा नाम लेने में ऐसी क्या विशेषता है?" प्रह्लाद ने समझाया, "राम का नाम लेते सभी हैं, लेकिन बिना विश्वास के नाम भर ले लेने से क्या लाभ? राम का नाम लेना उसी के लिए सार्थक है, जिसमें अपना सिर उतारकर दे देने का साहस हो। देखा-देखी

कुछ करने लगने से कोई काम नहीं होता। देखा-देखी युद्ध में जाने वाले संकट के समय पीठ दिखा देते हैं। सती भी अपनी वेदना में राम का नाम लेती है, आराम से घर बैठा व्यक्ति भी। अमृतपान किए बिना बस सर पर अमृतकलश लिये घूमते रहने से कोई अमर थोड़े ही हो जाता है। प्यास पानी पिए बिना थोड़े ही बुझती है। आँगन में औषधि का पौधा होने पर भी उसे न बरतने वाला मूर्ख तो मरेगा ही।"

प्रह्लाद ने राम नाम का विवरण देकर संतों को सुखी, दुष्टों को दुखी किया।

हरिनाम चिन्तामणि की भाँति सर्वथा निर्दोष, इच्छाएँ पूरी करने वाला है।

शरीर की आशा छोड़ो, सभी सुखों का मिथ्यापन जानो। जन गोपाल कहते हैं, प्रह्लाद की भाँति बस सारंगपाणि (विष्णु) में। चित्त लगाओ।

अध्याय 11

चौपई

प्रगट भगति प्रह्लाद पुकारै। रांम नांम सुनीयौ जग सारै॥
षिन रोवै षिन नाचै गावै। षिन हीं मै करताल बजावै॥ 176॥
लज्या रहत रांम रस मांतौ। टूटौ देह जगत कौ नांतौ॥
सषनि सहित हरि नांम उचारै। ग्यांन ध्यांन बैराग बिचारै॥ 177॥
साच कहत जग मारण ध्यावै। चोर हि क्यूं उजियारौ भावै॥
इहि बिधि जगत भगत कौ बैरी। धनि रांम पति राषै मेरी॥ 178॥

असुर उवाच

दैअत छल बल दाव बिचारै। है कोई प्रह्लाद हि मारै॥
अब कैं बांधि सिषर तैं डारौ। अहो असुर मम कारज सारौ॥ 179॥
इतनौ जाब कह्यौ है राई। दूत उठे अर सीस नबाई॥
पोट[33] बांधि असुर ले जांहीं। जन प्रह्लाद कैं कहूं भय नांहीं॥ 180॥

दूत उवाच

दूत कहै सुनि राज कुमारा। कांहां बिस्न अब करै सम्हारा[34]॥
दूत प्रमोद देत है ऐसै। मानौ सीष हमारी जैसै॥ 181॥

प्रह्लाद उवाच

जल थल बिस्न औ[35] प्रवत आगी। षडग धार बिष तै भै भागी॥
डारौ बेगि तुम्है नहीं दोसू। तुम सूं असुर करैगौ रोसू॥ 182॥
डारत हीं बंधन सब टूटे। यूं जन रांम रांम कहि छूटे॥
ज्यूं पंषी आकास तैं आवै। यूं प्रह्लाद रांम गुण गावै॥ 183॥
यांहां दूत मन मोद हि आयौ। प्रथ्वी देष्यौ साध गुडायौ॥
सांचा जन कूं अबनी झेलै। रांम प्रताप दुष्ट सब पेलै॥ 184॥

दोहा

जल थल परवत राषीयौ। षडग धार बिष त्रास॥
जन गोपाल प्रह्लाद कैं। पूरण ब्रह्म प्रकास॥185॥

भक्ति के अवतार प्रह्लाद सारे जग को पुकार रहे हैं, कि राम नाम सुनो। वे कभी रोते हैं, कभी हँसते हैं, कभी खड़ताल बजाने लगते हैं। लोकलाज की चिन्ता छोड़ वे रामरस में मस्त रहते हैं, देह और जगत से उनका सम्बन्ध टूट सा गया है। अपने सखाओं के साथ नामजप करते रहते हैं, ज्ञान, ध्यान, वैराग्य पर विचार करते रहते हैं। वे तो सत्य कहते हैं, लेकिन लोग उन्हें मारने दौड़ते हैं। लोग भक्तों के वैरी हो जाते हैं, वैसे ही जैसे चोर उजाले का वैरी होता है। राम कृपापूर्वक मेरे सम्मान की रक्षा करते हैं।

असुर तो यही सोच रहा था कि कोई किसी विधि से प्रह्लाद को मारे, "एक काम करो, इसे बाँधकर पहाड़ से नीचे फेंक दो।" सुनते ही दूतों ने आज्ञापालन किया, लेकिन भक्त प्रह्लाद को तो भय था ही नहीं। दूत (प्रह्लाद से) बोले, "सुनो, राजकुमार अब तुम्हारा विष्णु तुम्हें कैसे बचाएगा? भलाई इसी में है कि हमारी बात मान लो। प्रह्लाद ने कहा, विष्णु जल में भी हैं, अग्नि में भी। धरातल पर भी हैं,पर्वत पर भी। मुझे न तलवार का भय है न विष का। अपना काम करो,मुझे (बाँधकर) फेंक दो। तुम्हारा कोई अपराध नहीं। जल्दी करो, वरना असुर(राज) कुपित होंगे। जैसे ही उन्हें फेंका गया, भक्त (प्रह्लाद) 'राम राम' कहकर बच गए। (पर्वत से गिरने के बजाय) वे रामगुण गाते हुए चिड़िया की तरह उड़कर नीचे आ गए।

उधर दूत (प्रह्लाद को पहाड़ से फेंककर) प्रसन्नतापूर्वक नीचे आया, लेकिन यहाँ आकर उसने प्रह्लाद को सुरक्षित पाया।

जल, थल, पर्वत, खड्ग, विष सभी से प्रह्लाद सुरक्षित थे। जन गोपाल कहते हैं, उन पर ब्रह्म का पूर्ण प्रकाश था।

अध्याय 12

असुर उवाच

चौपई

हिरणकसिव कहै सुणि प्रह्लादू। छांडै क्यू न बिष्ण कौ बादू॥
तौ हूं पिता पुत्र तूं मेरौ। राज पाट बिभौ सब तेरौ॥ 186॥

प्रह्लाद उवाच

कहै प्रह्लाद बिस्न पितु माता। सगौ सनेही प्रीतम भ्राता॥
ता बिन सब थोथरी सगाई। लष चौरासी आवै जाई॥ 187॥
माया सूं रचिता हि बिसारै। मिथ्या जनम बिषै संगि हारै॥
सुपनै मैं रज धांनी सांची। जागि परै तब दीसै काची॥ 188॥
इहि बिधि देह राज सब जांही। करि बिचार अरु ध्यांन समांहीं॥
कै बौ[36] जाइ कै आपुनु मरीऐ। तौ पिता बिष्णु कैसैं परहरीऐ॥ 189॥
माता पिता कलत्र कुल बंधू। देह देह प्रति मिलै समंधू॥
सुष सम्पति रु बिषै रस भोगा। पसू पंषी हू लेह ऐह जोगा॥ 190॥
परि ऐही देष्या थरि नांहीं। पूरब जनम के क्रत अबगाहीं॥
ता तैं हरि बिन कहूं न सुष। सदा सगांती प्रेम पिवष॥ 191॥

असुर उवाच

बिसन कहत सो उठौ रिसाई। मारौ बगि भागि नहीं जाई॥
जा कै तौ मन और ही रहा। जा तै मैं दुष पाऊँ माहा॥ 192॥
चंदन कै बन उपज्यौ बांसू। जब तब करै कुटम कौ नांसू॥
जैसै सरप अगूठा लागै। नष सिष लहरि हलाहल जागै॥ 193॥
ता तैं काटि अगूठा डारै। मोह करै तौ सरब सहारै॥
तिन कौ दुष न काहि सुहाई। बिन[37] बूटी सूं बेदन जाही॥ 194॥
सुत्र[38] पुत्र कौ भेष बनायौ। कुल अंगार न काहू भायौ॥
तब सरप सिघ अरु स्वान लगाऐ। अन्तरजांमी निकट न आऐ॥ 195॥
बहुयौं नाग पांसि सूं बांधे। समद बोरि दैंअत आराधे॥
तब तिण गहि परवत तन चांपे। डोली धरणि सेस सिर कांपे॥ 196॥
परवत भऐ मांनूं सिर फूला। छूटि पांसि जल थल सम तूला॥
सकल बियापी सब मैं राषै। जन प्रह्लाद रांम सति भाषै॥ 197॥

दोहा

संम्रथ राषैन ही[39] रहै। तौ मारणहार न कोइ॥
जन गोपाल जग झषि रहै[40]। बाल न बांका होइ॥ 198॥

असुर ने कहा, "प्रह्लाद, तुम विष्णु की भक्ति छोड़ क्यों नहीं देते? मैं अन्ततः तुम्हारा पिता हूँ, यह राज-पाट, वैभव सब तुम्हारा ही है।" प्रह्लाद ने उत्तर दिया, "मेरे माता-पिता तो विष्णु ही हैं। वे ही मेरे बन्धु, स्नेही, प्रियतम हैं। उनके बिना सारे सम्बन्ध खोखले हैं। (उनके बिना) मनुष्य चौरासी लाख योनियों के फेर में पड़ा रहता है। ये सारे सम्बन्ध माया के हैं। भूल जाओ इन्हें। व्यर्थ है भोग-विलास में जीवन व्यतीत करना। राज-पाट वगैरह सपने की तरह है, जो जागते ही टूट जाता है। इस तरह विचार करने पर, ध्यान देने पर देह और राज-पाट (जैसे भ्रम) स्वतः समाप्त हो जाते हैं। यह सब बना भी रहे तो मनुष्य तो स्वयं मरता ही है। ऐसी स्थिति में हे पिता, विष्णु को कैसे छोड़ दूँ?

हर जन्म में माता-पिता, पत्नी, बन्धु, पुत्र (अलग-अलग) मिलते रहते हैं। पशु-पक्षी तक धन और सुखभोग का अवसर पाते हैं। लेकिन यह भी स्पष्ट है कि यह सब क्षणभंगुर है, पूर्वजन्म के कर्मों के फल हैं। इसलिए सच्चा सुख हरि के बिना कहीं भी नहीं है। उसी की संगति में रहना चाहिए, उसके प्रेमरस का पान करना चाहिए।"

प्रह्लाद के मुँह से विष्णु का नाम सुनते ही हिरण्यकशिपु आगबबूला हो उठा, बोला, "मार डालो इसे, फौरन मार डालो। बचने न पाए। इसका मन तो कहीं और लगा है, बहुत दुख देता है मुझे। चन्दनवन में यह बाँस का पेड़ लग गया है। किसी भी पल हमारा कुल-नाश कर सकता है। साँप पाँव के अँगूठे में डस ले तो सारे शरीर में विष व्यापने से पहले उसे काट डालना ही अच्छा। दर्द तो होगा, लेकिन औषधि लेने से चला भी जाएगा। यह कुलांगार तो पुत्र के रूप में मेरा शत्रु ही है।"

फिर दैत्य ने सर्प, सिंह और कुत्ते भेजे, लेकिन अन्तर्यामी की कृपा से वे प्रह्लाद के निकट तक नहीं पहुँच सके। फिर उन्हें साँपों की रस्सी से बाँध दिया गया। प्रह्लाद को समुद्र में डुबाकर दैत्य (समुद्र से) उन्हें डुबो देने की प्रार्थना करने लगा। फिर प्रह्लाद की देह को पहाड़ पर कुचलने की कोशिश की गई, धरती हिल गई, शेषनाग का सर काँपने लगा। लेकिन, पर्वत तो प्रह्लाद के सर पर फूल की तरह हो गया। साँपों की रस्सी टूटकर गिर गई। सर्वव्यापी राम सबकी रक्षा करते हैं, भक्त प्रह्लाद का कहना है कि राम ही सत्य हैं।

जन गोपाल कहते हैं, जिसकी रक्षा राम स्वयं करें, उसे कौन मार सकता है? जग झख मारता रह गया, प्रह्लाद का बाल तक बाँका न हुआ।

अध्याय 13

होरी उवाच

चौपई

होरी बहिन कहै सुनि राजा। मो तैं सरै तुम्हारौ काजा॥
मै बौहौ भांति तपस्या कीन्हीं। तब सिव मोहि अभै गति दीन्हीं॥ 199॥
जारी जरूं न मारी मरहूं। अब कैं काज तुम्हारौ करिहूं॥
बहुत भांति करि काठ मंगावौ। लै पैठूं तुम अगनि लगावौ॥ 200॥
मेरी बजर मइ देह है सोई। जा कूं भै नहीं ब्यापै कोई॥
और उपाइ या कूं कोई नांहीं। सकल सभा मिलि मानूं या ही॥ 201॥
तब राजा मन हरष्यौ भयौ। बौहैनि हमारौ कारज करिलयौ॥
जदि प्रह्लाद हि देष्यौ नैंनां। तब लग नांहि न मो कूं चैनां॥ 202॥
काठ सकेले करे उछाहू। भगत वांन[41] नहीं भावै काहू॥
तब घर रच्यौ काठ बिस्तारे। दसूं दसा परबत से डारे॥ 203॥
होरी गोद लीयौ प्रह्लादू। तिनकी अधम दुष्टनी आदू॥
तौ कोई या का दरसन देषै। तौ हरि सूं बिमुष असुर गति लेषै॥ 204॥
राजा रच्यौ अचंभौ भारी। देषन गऐ नग्र नर नारी॥
ले प्रह्लाद तत छिन पैठी। भीतर दे आडी ह्वै बैठी॥ 205॥

दोहा

असुर अचंभौ मांडि कैं। दीन्ही अगनि प्रजारि।
अचिंत ब्रह्म चिंता रहत। सो अब लेह सम्हारि॥ 206॥
जिन कूं राषै राम जी। तिन कूं कहूं भै नांहि।
जिन कूं छाडै हाथ तैं। ते बचै नहीं घर मांहि॥ 207॥

(हिरण्यकशिपु की बहन) होरी (होली) ने कहा, "भाई, तुम्हारा काम मैं करूँगी। मेरी तपस्या के फलस्वरूप शिवजी ने मुझे अभयगति दी है। मुझ पर अग्नि का कोई प्रभाव नहीं पड़ता। इस वक्त मैं तुम्हारे काम आऊँगी। तुम व्यवस्था करो, जलाऊ लकड़ी मँगाओ। उस पर मैं उसे (प्रह्लाद को) लेकर बैठूँगी, तुम आग दे

देना। मेरी देह तो वज्र सी है, मुझे कोई भय नहीं। प्रह्लाद के वध का और कोई मार्ग नहीं। मैं यह काम भरी सभा में स्वीकार करती हूँ।" राजा बहुत प्रसन्न हुआ, "बहन ने मेरा काम बना दिया। प्रह्लाद को सदा के लिए आँखों से दूर किए बिना मुझे चैन नहीं पड़ने वाला।"

बड़े उत्साह से लकड़ियाँ जुटाई गईं। भक्ति-भाव किसी को सुहाता नहीं था। घर जैसा बड़ा लकड़ी का ढेर लगाया गया, सभी दिशाओं में लकड़ी का पहाड़ सा खड़ा कर दिया गया।

अधमों में अग्रणी होरी ने प्रह्लाद को गोद में लिया। उसे देखने भर से हरि से विमुख असुरों का चरित्र समझ में आ जाता था। दैत्यराज का रचा अचम्भा देखने नगर के नर-नारी उमड़ पड़े। (होरी) प्रह्लाद को लेकर लकड़ी के ढेर पर चढ़ गई, उन्हें अन्दर कर स्वयं आड़ी होकर बैठ गई। अपने रचे अचम्भे को आग असुर ने स्वयं ही दी। अब अचिन्त्य एवं चिन्तारहित ब्रह्म ही प्रह्लाद की रक्षा करें।

जिनके रखवाले राम हैं, उन्हें कोई भय नहीं, जिन्हें राम त्याग दें, वे अपने घर में सुरक्षित नहीं।

जनुर कौ छंद

अयौ तब राइ। भई हाइ हाइ॥
लगावै सो आगि। न जाइ सो भागि॥ 208॥
करी गज बारि। उठत पुकारि॥
मारौ ताहि ताहि। जांहां होइ जाइ॥ 209॥
गहौ हथियार। सनंमुष मारि॥
कर सूं कर जोर। सु लाष किरोर॥ 210॥
फिरै बहु जोध। करै परमोध॥
सींचै घ्रत तेल। अगनि कैं मेल॥ 211॥
रुई र कपास। भरे जु अबास॥
ल्यावै सन सूत। सो दैत के पूत[42]॥ 212॥
धरनि अकास। अगनि प्रकास॥
कहै जु दयंत। भाजी अब चिंत॥ 213॥
न जांनहै अंध। क्रपा सुष सिंध॥
राषै ताहि रांम। न होइ अकांम॥ 214॥
माहा सुष सार। प्रह्लाद अपार॥
रही बहणी दूरि। सुसीत हजूरि॥ 215॥

दोहा

च्यारि प्रहर मैं जरि बुझी । होरी होई गई राष॥
कंचन कूं बानी चढी । जरी गूंगची लाष॥ 216॥
अगनि नीर सम होइ गई । ताती लगी न बाइ॥
जन गोपाल प्रह्लाद की । कीन्ही रांम सहाइ॥ 217॥
भगत दोह सब तैं बुरौ । कबहूं कीजे नांहि॥
होरी अगनि जु जरि गई । जन गोपाल ता मांहि॥ 218॥

प्रज्वलन का छंद

राजा के आते ही लोग 'हाय-हाय' कर उठे लेकिन राजा ने तो स्वयं ही अग्नि प्रज्वलित की ताकि (प्रह्लाद किसी भी तरह) भागने न पाए। (राजा ने कहा), "अस्त्र उठाओ, मेरे सामने ही मारो उसे।" लाखों, करोड़ों (योद्धा) एकत्र होकर जोर दिखाने लगे। मारो, मारो, जहाँ भी हो, मारो उसे, हथियार उठाओ, मारो की पुकारें गूँजने लगीं। दैत्य योद्धाओं ने घूम-घूम कर घी, तेल, रुई, सूत, कपास, अग्नि में डाले। धरती-आकाश सब अग्नि से भर गए। दैत्य के चित्त को शान्ति मिली।

लेकिन वे मूर्ख कृपासिन्धु की महिमा नहीं जानते थे। जिसकी रक्षा राम करें, उसका कोई काम बिगड़ ही नहीं सकता। प्रह्लाद को अपार सुख का सार प्राप्त हो गया। अग्नि उनके लिए शीतल हो गई।

चार पहर बाद अग्नि बुझी। होरी जलकर राख हो चुकी थी। स्वर्ण की चमक बढ़ गई थी। लाखों घुंघचियाँ जल गई थीं। भक्त प्रह्लाद की सहायता राम ने की। अग्नि जल के समान हो गई। प्रह्लाद को गर्म हवा तक ने नहीं छुआ। भक्तों से द्रोह कभी नहीं करना चाहिए। जन गोपाल कहते हैं इसी (भक्तद्रोह की) आग में होरी जल गई।

अध्याय 14

असुर उवाच

मन ही मन मै [अ]सुर दुष पाबै । बाहरि तौ कछू कहि न जनाबहि॥
सहि नस कै हरि कौ परतापू । पापी कै मन सोक संतापू॥ 219॥
जब लग सुत प्रह्लाद अनेरौ । तब लग राज नहीं है मेरौ॥
मो बैरी पढि सोधि इनि लीनौ । राज धरम कुल ऐक न चीनौ॥ 220॥
मो जीवत ही करिहै ऐसी । सौ मूवां पीछै करिहै कैसी॥

करि प्रह्लाद हमारौ भायौ। बिस्व मांहि तैं षरौ षिजायौ॥ 221॥
सुर नर असुर जु आग्या कारी। ना जांनूं तै काहा बिचारी॥
नातर अब गहि मारौ तोही। पीछै दोस [...][43] न दीज्यौ मोही॥ 222॥

असुर मन-ही-मन बहुत दुखी हुआ, यद्यपि जताया नहीं। उस पापी का हृदय शोक-सन्ताप से भर गया। वह मन ही में बोला, "प्रह्लाद यदि सुधरा नहीं तो मेरा राज भी नहीं बचेगा। इसे न राजधर्म की चिन्ता है, न कुलधर्म की, इसने तो मेरे शत्रु का पक्ष ले लिया है। मेरे जीवित रहते यह हाल है, तो मेरे मरने के बाद यह क्या करेगा? (उसने प्रह्लाद को सम्बोधित कर कहा) तू मेरी मनचीती क्यों नहीं करता? क्यों सारे संसार के सामने मुझे खिजाता है? सुर, असुर, नर सभी मेरे आज्ञाकारी हैं, तेरे मन में न जाने क्या समा गया है? (सुधर जा) वरना मैं स्वयं ही तेरा वध करूँगा, पीछे मुझे दोष न देना।"

प्रह्लाद उवाच

कहै प्रह्लाद सुनौ हो राजा। अंध अग्यान बकैं वेकाजा॥
जिहि राष्यौ परवत ज्वाला मांहीं। अजहूं तोहि भरोसौ नांहीं॥ 223॥
जौ ससि पूरब पछि मांजां[44]। गंग जमन जूं लेपै[45] आंनां॥
सीतल बहनी होइ जु कबहूं। रांम नांम नहीं छांडौ तबहूं॥ 224॥

असुर उवाच

तब पकरि षंभ सूं बांधौ ध्याई। जो बोलै ताहि घालौ घाई[46]॥
काढि षडग मारण कूं ध्यायौ। जन प्रह्लाद कैं भै नहीं आयौ॥ 225॥
मोहि बताइ काहा है रांमूं। सारै सकल तुम्हारौ कांमूं॥
होइ करूर कही इह बांनी। जन प्रह्लाद संक नहीं आंनीं॥ 226॥

प्रह्लाद उवाच

है सब मांहीं संतन बूझै। काम क्रोध मै कैसै सूझै॥
तुम तौ राजा भया अयांनां। हरि किरपा बिन लहै न ग्यांनां॥ 227॥

प्रह्लाद ने कहा, "राजा सुनो, अंधों, अज्ञानियों जैसी बातें मत करो। (जिसने) पर्वत और अग्नि से मेरी रक्षा की, उस पर तुम्हें अब भी भरोसा नहीं हो रहा? यदि चन्द्रोदय पूर्व में, सूर्योदय पश्चिम में होने लगे; गंगा, यमुना विलुप्त हो जाएँ, अग्नि शीतल हो जाए तब भी मैं राम नाम नहीं छोड़ने वाला।"

तब असुर ने प्रह्लाद को खम्भे से बाँध दिया, और यह कहते हुए कि "यदि किसी ने हस्तक्षेप किया तो मैं उसे मारकर खा जाऊँगा" तलवार निकालकर प्रह्लाद को मारने दौड़ा। भक्त प्रह्लाद निर्भीक बने रहे। "बता कहाँ है तेरा सारे काम बनाने वाला राम?" असुर ने क्रूरतापूर्वक प्रह्लाद से कहा। प्रह्लाद ने निःशंक भाव से कहा, "राजा, आप तो काम, क्रोध के कारण अज्ञानी हो गए हैं, हरिकृपा के बिना ज्ञान होता भी कहाँ है। लेकिन संत जानते हैं कि वह (राम) सर्वव्यापी है।

षडग षंभ तो मो मैं सोई। पूरण ब्रह्म सति करि जोई॥
रमता घट घट रह्या समाई। रज तम अहूं दिसटि नहीं आई॥ 228॥
हरनकसिव कर ऊँचौ कीन्हौ। है है कार भयौ पुर तीनौ॥
सुर नर नाग लोक मधि सोई। है है कार करै सब कोई॥ 229॥
हरि भगतां कूं सदा सहाई। जन प्रह्लाद की टेक निबाही॥
ऐसौ प्रभू ऐक रूप बनायौ। भयौ नरसिंह दुष्ट सतायौ॥ 230॥

दोहा

हरनकसिब की बैरता। पलटि र नाहर होइ॥
त्यौ हीं भाइ प्रह्लाद कौं। गऊ बछ सम सोइ॥ 231॥
यूं दरपन कौ देषिबौ। सूझै मुष उनहारि॥
जन गोपाल जैसौ जांहां। तैसौ तांहां बिचार॥ 232॥

"वह इस खड्ग में, खम्भ में, तुममें, मुझमें सभी में है। पूर्ण ब्रह्म ही सत्य की रचना करता है। वह सभी देहों में व्याप्त होकर गतिमान रहता है, (किन्तु) जब तक रजस और तमस बने रहें, तब तक दीखता नहीं है।"

हिरण्यकशिपु ने प्रह्लाद को मारने के लिए खड्ग उठाया। तीनों लोक में हाहाकार मच गया। सुर,नर, नाग सभी के लोकों में हाहाकार होने लगा। हरि भक्तों की सदा सहायता करते हैं, उन्होंने प्रह्लाद का भी मान रखा। नरसिंह का रूप धारण कर उन्होंने दुष्ट को दंडित किया।

हिरण्यकशिपु का वैरभाव ही सिंह बनकर उसे खा गया। प्रह्लाद के (भक्ति) भाव के कारण हरि गौ और स्वयं प्रह्लाद को बछड़ा बना दिया।

जो जैसा होता है, दर्पण में वैसा ही दीखता है। जन गोपाल कहते हैं, वह भक्तों के सोचते ही प्रकट हो जाता है।

अध्याय 15

छंद सहाइ कौ

प्रगट्यौ नरसिंह । जांहां निज अंग॥
फाट्यौ जिहि षंभ । कीयौ सु अचंभ॥ 233॥
उठ्यौ गल गजि । रह्यौ रय्प लज्जि॥
अग्यानी अबुध । कियौ तिन जुद्ध॥ 234॥
गह्यौ ललकारि । धरनि पछारि॥
न भूमि अकास । उछंग बठास॥ 235॥
जांहां घर बार । तांहां मची मार॥
दिवस न राति । हत्यौ नष दांति॥ 236॥
पुरष न नारि । सु ब्रह्म बिचारि॥
भयानक भेस । डरै सुर सेस॥ 237॥
अद्भुत रूप । देष्यौ जु अनूप॥
प्रह्लाद कैं अंग । गऊ बछ संग॥ 238॥
मारै ताहि ध्याइ । निकट सु जाइ॥
रकत्र से नैन । भयानक बैन॥ 239॥
बडे बडे दंत । सोहै गलि अन्त॥
श्रोणित लाल । ते बहुत बिसाल॥ 240॥
दयाल दया[ल] । भगति किरपाल॥
सदा प्रतिपाल । सो काल कौ काल॥ 241॥

दोहा

भगति बछलता प्रगटी । देषि अरूपारूप॥
जन गोपाल प्रह्लाद तब । कीयौ भगति कौ भूप॥ 242॥

सहायता का छंद

नरसिंह ने प्रह्लाद के समक्ष प्रकट होकर खम्भा फाड़ने का चमत्कार कर दिया। उनकी गर्जना से शत्रु सकपका गया, लेकिन फिर भी उस अज्ञानी मूर्ख ने उनसे युद्ध करने की ठानी। नरसिंह ने उसे ललकार कर हवा या धरती पर नहीं अपनी

गोद में ला पटका। घर की देहरी पर, ऐसे समय जब न दिन था, न रात (यानी शाम के समय) अपने नखों और दाँतों से उसका वध कर दिया। न नर न नारी, ब्रह्म ने ऐसा रूप लिया कि देवता और शेषनाग भी भयभीत हो उठे। यह अद्भुत, अपूर्व रूप प्रह्लाद के लिए वैसा ही था, जैसा बछड़े के लिए गाय।

और कोई भी उनके पास जाता, तो वे (नरसिंह) उसे खाने के लिए दौड़ते थे। रक्त-सी लाल उनकी आँखें, भयानक उनकी गर्जना, मुँह में बड़े-बड़े दाँत। विराट रक्ताभ शरीर। (लेकिन भक्तों के लिए) वे दयालु, सदा पालन करने वाले कृपालु। काल के लिए भी काल के समान।

इसी अद्भुत रूप में प्रह्लाद ने साकार भक्त-वत्सलता देखी। जन गोपाल कहते हैं कि भगवान ने उन्हें भक्तराज बना दिया।

अध्याय 16

प्रह्लाद उवाच

ब्रह्म स्तुति कौ छंद

प्रभू सम्रथ। सबै तुम हथ॥
प्रलै छिन मांहि। सिरजै सब तांहि॥ 243॥
भगति दिढाव। कियौ जु पासव॥
ठाढे सुर सैन। देषैं मन नैंन॥ 244॥
अगाध अबाद। कहै सब साध॥
अतीत अजीत। कहै सब रीत॥ 245॥
अनंत अनंत। कहै सब संत॥
अगाह अथाह। कहै जग लाह[47]॥ 246॥
अलेष अदेष। कहै सुर सेष॥
अभेद अछेद। कहैं सब बेद॥ 247॥
अपार अपार। कहै निराकार॥
अडोल अतोल। कहै जु अमोल॥ 248॥
अदीत अभीत। कहै गुन गीत॥
अजाप अथाप। कहै जु अमाप॥ 249॥
अदेह अछेह। कहै जु अग्रेह॥
अनंग असंग। अभंग अभंग॥ 250॥

दोहा

सेस पार पावै नहीं । निगम नीति जसु[48] गाइ॥
रंर कार कूं सिव जपै । अस्तुति करी न जाइ॥ 251॥
सम दिष्टी सब जीव कूं । जल समान रहै सोइ॥
जो कोई सतावै संत कूं । जबही बिषम सिर होइ॥ 252॥

नरसिंघ उवाच

तब बिगसि कह्यौ नरसिंह जू । मागि मागि प्रह्लाद॥
तुम तैं कछू न राषिहूं । जन गोपाल मम आदि॥ 253॥

प्रह्लाद ने कहा—ब्रह्म स्तुति का छंद

हे समर्थ प्रभु, सब कुछ तुम्हारे हाथ में है। क्षण भर में ही तुम प्रलय कर देते हो, क्षण भर में ही सृष्टि। मुझे भक्ति की दृढ़ता का प्रसाद दो। सारे देवगण मन लगाकर तुम्हीं को निहार रहे हैं। सब साधु तुम्हें अगाध, अबाध कहते हैं। तुम हर रीति से अपराजेय हो। अनन्त हो, संत कहते हैं, सारा जग जानता है—तुम अथाह हो। देवगण और शेषनाग बताते हैं अलक्ष्य हो। अभेद्य हो, अछेद्य हो—वेद बताते हैं। अपार, निराकार हो। स्थिर, अतुलनीय हो, सब तुम्हें अनमोल कहते हैं। अद्बितीय, अभय हो—यही तुम्हारा गुणगान है। जप-तप के भी परे हो। अदेह, निस्संग, अभंग हो।

शेषनाग भी तुम्हारा पार नहीं पा सकते। निगम (वेद) तुम्हारे बारे में 'नेति, नेति' ही कहते हैं। शिव भी र कार का जाप करते हैं, तुम्हारी स्तुति करना भी असम्भव है। तुम सभी के साथ एक-सा व्यवहार करते हो, तुम कठोर तभी होते हो, जब कोई संतों को सताता है।

नरसिंह ने हुलसकर कहा, "माँगो, प्रह्लाद माँगो। तुम्हें सब कुछ दूँगा। जन गोपाल कहते हैं, नरसिंह रूपी भगवान ने प्रह्लाद को अपना आदि (प्रथम या सर्वोत्कृष्ट) भक्त मान लिया।

अध्याय 17

प्रह्लाद उवाच

चौपई

तुम बिन नाथ कछू नहीं मांगूं। देहु भगति दिढ तुम सूं मांगूं॥
अपनी प्रेम भगति मोहि दीजै । तुमरे चरण कमल रस पीजै॥ 254॥

रसना रांम नैंन तुम दरसन। श्रबन कथा चरननि कर परसन॥
वांनी बिमल होइ गुन गाऊँ। मन मनसा तुम सूं ल्यौ लांऊँ॥ 255॥
और प्रभू साध संगति मोहि दीजै। ऐ परसाद अबसि कै कीजै॥
जब मै हुतौ मात ग्रभ कूपा। वांहां तुव जन आइ मिले अनूपा॥ 256॥
तिन मो कूं ग्यांन दीयौ उपदेसा। अपनी संकति संम्रथ धरि भेंसा॥
तारिग रांम नांम समझायौ। मो असुर हि तुम संग लगायौ॥ 257॥
सो तुम साध संगति फल ऐसैं। जो मैं प्रभू बीसरौ कैंसै॥
तुम्हरे जन सब लेह उधारै। अपनी सक्ति जीव निसतारै॥ 258॥
नांम सहत ग्यांन बैराग। अहूंबुधि अरु मोह कौ त्याग॥
सरधा दया सील संतोष। उतिम गुन दे करै जु मोषि॥ 259॥
ऐसे गुण सतसंगति मांहीं। कै तुम क्रपा और कूं नांहीं॥
साधू क्रपा क्रपा तुम होई। या भब सरणि और नहीं कोई॥ 260॥

प्रह्लाद ने कहा, "आपके सिवाय मुझे कुछ नहीं चाहिए। मेरी माँग तो बस दृढ़ भक्ति की ही है। मुझे अपनी प्रेमभक्ति दीजिए, अपने चरणकमलों का रस पीने दीजिए। मेरी जिह्वा पर आपका नाम और नैनों में आपकी छवि बनी रहे। कानों में आपकी कथा, हाथों में आपके चरण बने रहें। निर्मल वाणी से आपका गुण गाऊँ, मन और इच्छाएँ आप ही में अनुरक्त हों। और प्रभो, मुझे साधुओं की संगति दीजिए। यह प्रसाद मुझे अवश्य भरपूर दीजिए। जब मैं माँ के गर्भ में ही था, उसी समय, आपके अनुपम भक्त (नारद) मुझे मिल गए थे। उन्होंने मुझे सदुपदेश दिया। अपनी शक्ति और सामर्थ्य से उन्होंने मुझे तारकमंत्र दिया। मुझ असुर को उन्होंने आपके साथ लगा दिया। आपके संत (नारद) की संगति का यह सुफल मैं कैसे भूलूँ? तुम्हारे भक्त सभी का उद्धार करते हैं, अपनी ही सामर्थ्य से जीवों को भवसागर से पार उतार देते हैं। (आपके) नाम के साथ ही आपके भक्त ज्ञान, वैराग्य लेकर आते हैं, अहंकार और मोह का त्याग सिखाते हैं। श्रद्धा, दया, शील, सन्तोष आदि सद्गुण देकर मोक्ष कराते हैं। ऐसे गुण या तो संतसंगति से मिलते हैं, या स्वयं आपकी कृपा से। संतों की कृपा वस्तुत: आपकी ही कृपा है, इसके सिवा संसार में कोई अन्य शरणस्थल नहीं है।

संतनि संग भगति कूं पावै। भगति पाइ तुम चरणां आवै॥
ता तैं मोहि दीजै सतसंगा। सेऊँ मन क्रम बचन अभंगा॥ 261॥
अठ सिधि नव निधि मुकति न लेहूं। तुम्हरे चरण निरंतर सेऊँ॥
सकल बिस्व कौ दुष मोहि दीजै। प्रांणीं जंतु सुषी सब कीजै॥ 262॥

इंद्र ब्रह्मा सिब पुरी न भावै। अरथ धरम की कूंन चलावै॥
राज रिध अमर पद थोरौ। भगति छांडि माँगै सो भोरौ॥ 263॥
ज्यूं चिंतामणि पै कौडी बांछै। कलपब्रछ पै कोदौ जाचै॥
इहि बिधि सेवग कछू न माँगै[49]। माता मन ले पुत्र निभाहै॥ 264॥
श्रप अगनि माटी जु छुडावै। बालक दुषी मात दुष पावै॥
मागनहार न भगत कहावै। अन्ति काल जाचिग पद पावै॥ 265॥

"भक्ति संतों की संगति से प्राप्त होती है। उसे प्राप्त करने वाले आपके चरणों तक पहुँचते हैं। सो, मुझे सत्संग (का वरदान) दीजिए, जिसका मैं मन, कर्म, वचन से अबाध सेवन कर सकूँ। मुझे न तो अष्ट सिद्धि, नव निधि की इच्छा है, न ही मोक्ष की। मुझे तो बस निरन्तर आपकी चरण-सेवा करनी है। संसार का सारा दुख मुझे देकर सभी प्राणियों को सुखी कर दीजिए। अर्थ (धन) और धर्म की तो बात ही क्या, मुझे तो इन्द्रपुरी, ब्रह्मपुरी और शिवपुरी भी नहीं सुहातीं। राजपाट, धन-दौलत, अमर जीवन—यह सब तुच्छ है। भक्ति छोड़ इन्हें कोई मूर्ख ही माँगेगा। यह वैसा ही होगा जैसे कोई चिन्तामणि छोड़कर कौड़ियों की इच्छा करने लगे। जैसे कोई कल्पवृक्ष से अधिक कोदों चाहने लगे। सेवक कुछ नहीं माँगता। माता पुत्र का मन स्वयं समझ जाती है। वह उसे साँप, आग और धूल से बचाती है। बालक के दुखी होने पर स्वयं भी दुखी हो जाती है। माँगने वाला तो भक्त कहा ही नहीं जा सकता। वह तो अन्त समय तक याचक ही कहलाता है।

सिंह स्वांन की ब्रति कहावै। टूंका हेत षसम संग ध्यावै॥
ज्यूं भाडैती भाडिस रीति। मसकति करै और नहीं प्रीति॥ 266॥
जो तुम सेइ लेइ कुछि आंनां। दास नहीं बमजूर[50] बषांनां॥
ता पर मूरष और न कोई। करि सनांन अरु कांम लगाई॥ 267॥
माँगै भगति मुकति सह कांमीं[51]। तुम कूं भावै अन्तरजांमीं॥
हूं बालक कछू मागि न जांनौ। तुम तै नाथ काहा है छांनौं॥ 268॥
सुर पुर नर पुर नाग न भावै। चरण कमल भजि मांहि समावै॥
जांहां जांहां जनम मोहि द्यो नांथा। अबचल भजन तुम्हारौ साथा॥ 269॥

सिंह जब श्वान की वृत्ति (स्वभाव) अपना ले तो उसकी दशा ऐसी हो जाएगी कि वह एक-एक टुकड़े के लिए स्वामी के पीछे लगा रहे। जो भाड़ा लेकर सेवा करने की तरह (यानी किसी तरह की आशा के वशीभूत) भक्ति करे, उसकी भक्ति को प्रीति नहीं, मसखरी ही कहा जा सकता है। जो भक्ति के बदले आपसे कुछ ले, वह सच्चा सेवक नहीं, बस मजदूर ही कहलाएगा। उससे बड़ा मूर्ख कोई नहीं,

वह परिश्रम करने के पहले ही स्नान कर लेता है। जो कोई मोक्ष-कामना भी भक्ति के ही माध्यम से करता है, अन्तर्यामी तुम्हें वही सुहाता है। मैं तो बालक हूँ, नहीं जानता कि क्या माँगूँ? नाथ, आपसे क्या छिपा है? मुझे देवों, नरों, नागों की नगरियों (के राज) में कोई रुचि नहीं, बस आपके चरण कमलों में ही रहना है। मुझे तो हर जन्म में आपका साथ ही चाहिए।

दोहा

तुम बिन कछू न चाहीयै । सुर पुर नर पुर नाग॥
इहि बिधि कीन्हीं बींनती । जन प्रह्लाद बड भाग॥ 270॥
तब दोऊ कर मांथैं दीया । साध साध प्रह्लाद॥
मम समान गुन गावही । कहै गोपाल सब साध॥ 271॥

"देवों की, नरों की, नागों की कोई नगरी नहीं चाहिए मुझे, आपके सिवा कुछ नहीं चाहिए।" भाग्यशाली प्रह्लाद ने इस प्रकार भगवान से विनती की।

जन गोपाल कहते हैं, "साधु, साधु" (नरसिंह ने) दोनों हाथ प्रह्लाद के मस्तक पर रखकर कहा, "लोग तुम्हारा वैसे ही गुणगान करेंगे, जैसे मेरा करते हैं।

अध्याय 18

निहक्रंम स्तुति कौ छंद

नहीं तांहां पाप। नहीं तांहां पुंन।
नहीं तांहां थूल। नहीं तांहां सूंन्य॥ 272॥
नहीं तांहां सीस। नहीं तांहां पांव।
नहीं तांहां भेद। नहीं ताहां भाव॥ 273॥
नहीं ताहां कांन। नहीं तांहां नैन।
नहीं तांहां मुष। नहीं तांहां बैन॥ 274॥
नहीं तांहां नास। नहीं तांहां सांस।
नहीं तांहां पिंड। नहीं ताहां बास॥ 275॥
नहीं तांहां बसत। नहीं तांहां असत[52]।
नहीं तांहां जीव। बिचारि न बुस्त॥ 276॥
नहीं तांहां पीठि। नहीं तांहां पेट।
नहीं तांहां श्रोणत। बीज सहेट॥ 277॥

नहीं तांहां संश्रत। आवागवन।
नहीं तांहां बोल। नहीं तांहां मुन्य॥ 278॥
नहीं तांहां चाल। नहीं तांहां हाल।
अजूंनि अजूंनि॥ 279॥

निष्कंप (ब्रह्म की) स्तुति का छंद

वहाँ (उस ब्रह्म में) न पाप है, न पुण्य, न स्थूल है, न सूक्ष्म। न सर है न पैर, न कोई भेद है, न कोई भाव। न कान है न आँख, न मुख है, न वाणी। न नासिका है, न साँस। न कोई देह न कोई गंध। न कोई सत (अस्तित्व) है न असत (अस्तित्व का अभाव)। न जीव है, न विचार, न वस्तु। न वहाँ पीठ है, न पेट। न बीज (वीर्य) है, न उसे समेटने का स्थान (गर्भ)। वहाँ न आवागमन है, न शरण। न बोल है, न मौन। वहाँ चाल है, न हाल।

अजन्म। अजन्म।)

दोहा

अपनी जांनै आप गति। और न जांनैं कोइ॥
जन गोपाल फल बीज मैं। फल तै बीजक होइ॥ 280॥
सात समद की मसि करूं। बसुधा कागद होइ॥
महमां भगति भगवंत की। क्यूं करि बरणैं कोइ॥ 281॥
सारद लिषत न अन्त हू। कहै सुनै ते[53] कोइ॥
अभै अमर पद पाईयै। भगति मुकति फल होइ॥ 282॥
सुनै सुनावै प्रीति जुत। हरि जन हरि जस ऐह॥
कहै गोपाल उर धारि कैं। रांम भगति सूं नेह॥ 283॥
मैं मति सारू आपनी। कही जु घटि बधि बात॥
जन गोपाल सुत हेत कौं। नीकैं समझै [मां]त[54]॥ 284॥

॥इति प्रह्लाद चरित्र सम्पूरण॥
चौपई॥ 200॥ दोहा॥ 37॥ छंद॥ 6॥ सरब॥ 243॥

वह अपनी गति स्वयं ही जानता है, और कोई नहीं। जन गोपाल कहते हैं, बीज अन्ततः फल है, और फल अन्ततः बीज। सातों समुद्र हों और सारी पृथ्वी कागज,

तब भी भगवद्भक्ति की महिमा लिखी नहीं जा सकती। स्वयं देवी शारदा भी यह काम नहीं कर सकतीं। भक्ति की महिमा जो भी कहता है, सुनता है वह अभयपद पाता है। मोक्ष भक्ति के फलस्वरूप ही मिलता है। जन गोपाल कहते हैं, हृदय में रामभक्ति के प्रति प्रेम धारण कर, हरि और हरिजन की महिमा गानी, सुननी चाहिए। मैंने अपनी मति के अनुसार, कुछ भूल-चूक के साथ ही सही (प्रह्लाद के जीवन की) यह कथा कही है। इसे वैसे ही ग्रहण करें (जैसे भूल-चूक के बावजूद) माता बालक की बात भली-भाँति समझ जाती है।

इस प्रकार प्रह्लाद चरित्र सम्पूर्ण हुआ। (200 चौपाई, 37 दोहे, 6 छंद, कुल मिलाकर 243)

सन्दर्भ

1. छंद क्रमांक हमारे दिये हुए हैं, क्योंकि पांडुलिपियों में क्रमांक सुसंगत रूप में नहीं मिलते। हालाँकि छंद 170 तक पांडुलिपि में क्रमांक लगभग हमारे क्रम जैसे ही हैं।
2. अन्य सभी पांडुलिपियों में तुरक—यही अधिक तर्कसंगत है।
3. अन्य पांडुलिपियों में पाऊँ, जो कि बेहतर है।
4. इसके बाद अधिकांश पांडुलिपियों में यह पंक्ति भी मिलती है :
   सनकादिक निश्राप यूँ दीनौं। हरनकसिब हरनाछि जु कीनौं॥
   (इस शाप के लगते ही दोनों द्वारपाल हिरण्यकशिपु और हिरण्याक्ष में बदल गए।
5. अन्य पांडुलिपियों में आराध जो कि बेहतर अर्थबोध देता है।
6. अन्य पांडुलिपियों में पाठ यहाँ थोड़ा अलग है।
7. देखें, *भागवत पुराण,* 7.1.40।
8. देखें, *भागवत पुराण,* 7.7. 2-16। यहाँ 20 और 21 के बीच, कुछ पांडुलिपियों में चार चौपाइयाँ और हैं।
9. अन्य सभी पांडुलिपियों में—'भगत' निश्चय ही बेहतर पाठ।
10. *भागवत पुराण,* 7.5.1-2 के अनुसार शुक्राचार्य के पुत्रों—शण्ड और अमर्क—को प्रह्लाद की शिक्षा का दायित्व सौंपा गया था।
11. तर्कसंगत पाठ है—'पंच'—अधिकांश पांडुलिपियों में यही मिलता भी है।
12. अन्य अनेक पांडुलिपियों में नरक, जीव।
13. आशय स्पष्ट नहीं है। सम्भवत: चार दिशाएँ, युग, वेद, वर्ण या जीवन के आश्रम...
14. पांडुलिपि L में ष अक्षर नहीं है।
15. मायावादियों द्वारा दिए जाने वाले प्रसिद्ध दृष्टान्त की ओर संकेत है। संसार को सत्य समझना वैसा ही भ्रम है जैसा कि रस्सी को साँप समझ लेना।
16. *भागवत पुराण* (7.6.6-8.) की छाप यहाँ स्पष्ट है। भर्तृहरि में भी यह भाव मिलता है, और चीनी ताओ दर्शन में भी। देखें, लॉरेंजन और माइथ,1979

17. अधिकांश पांडुलिपियों में यहाँ 'बिन' है, लेकिन यह असन्तोषजनक है। 'जन प्रह्लाद सत्य करि जानी' को जन गोपाल की अपनी टिप्पणी की तरह लिया जा सकता है, हालाँकि यह भी बहुत स्पष्ट नहीं है।
18. अधिकांश पांडुलिपियों में यहाँ साम, दाम, दंड, भेद मिलता है। राजपुत्र की शिक्षा के प्रसंग में यह बेहतर प्रतीत होता है। *भागवत पुराण* (7.5.19) में ज्ञेयचतुष्ट्य का उल्लेख है, जो स्पष्टतया साम, दाम, दंड, भेद ही हैं।
19. 'तेरी' यहाँ अधिक समीचीन है। यह अर्द्धाली पांडुलिपि H और L में ही मिलती है।
20. अन्य पांडुलिपियों में 'राई'।
21. केवल पांडुलिपि H में सखा के स्थान पर 'सिख' (शिष्य) है। दोनों अर्थ सम्भव हैं।
22. यह अध्याय *विष्णु पुराण* (1.5) पर आधारित प्रतीत होता है, साथ ही देखें, *भागवत पुराण* (7.5.33-47)
23. अन्य पांडुलिपियों में 'साट', निश्चय ही बेहतर पाठ।
24. यह संवाद मोटे तौर पर *भागवत* (7.2.17-19) पर आधारित है। हिरण्यकशिपु अपनी माँ को वचन देता है कि वह अपने भाई वराहावतार विष्णु द्वारा हिरण्याक्ष के वध का बदला लेकर रहेगा।
25. कुएँ में फेंके जाने का प्रसंग *भागवत* में नहीं है। *विष्णु पुराण* (अध्याय 19-20) की कथा में प्रह्लाद समुद्र में फेंके जाते हैं, लेकिन डूबने के बजाय तिरने लगते हैं, चट्टानें फेंककर उन्हें डुबोने के यत्न किए जाते हैं, लेकिन इनसे भी विष्णु प्रह्लाद को बचा लेते हैं।
26. H और L के सिवा सभी पांडुलिपियों में यहाँ 'न' है जो कि बेहतर है।
27. अधिकांश पांडुलिपियों में 'पित धीय', हमने यही पाठ स्वीकार किया है—'माता-पिता'।
28. अधिकांश पांडुलिपियों में 'ठाट'।
29. अन्य पांडुलिपियों में 'दयंत'
30. अन्य सभी पांडुलिपियों में 'परहस' या 'परिहस'।
31. अन्य पांडुलिपियों में 'मंत्र'।
32. अधिकांश पांडुलिपियों में 'बिचारी' लेकिन 'निवारी' से बेहतर अर्थबोध होता है।
33. 'पोट' के स्थान पर लगभग आधी पांडुलिपियों में 'मोट' मिलता है।
34. अन्य पांडुलिपियों में 'संभार'।
35. अधिकांश पांडुलिपियों में 'अरु'।
36. अधिकांश पांडुलिपियों में 'सो'।
37. अधिकांश पांडुलिपियों में 'बन'।
38. अधिकांश पांडुलिपियों में 'सत्र' या 'सत्रु'।
39. अन्य सभी पांडुलिपियों में 'राषनहार' या 'राषणहार'।
40. अधिकांश पांडिलिपियों में 'मरै'।
41. अधिकांश पांडुलिपियों में 'भगति भाव।'
42. लगभग आधी पांडुलिपियों में 'दूत'।
43. यहाँ अतिरिक्त 'न दी स' छोड़ दिया गया है। अन्य पांडुलिपियों में नहीं मिलता। स्पष्टतया यहाँ पांडुलिपिकार से गलती हुई है।
44. अन्य सभी पांडुलिपियों में पछिम भांनां।

45. अधिकांश पांडुलिपियों में 'लोपै', और दो में 'मेटै'।
46. अधिकांश पांडुलिपियों में 'षाई'
47. अधिकांश पांडुलिपियों में 'कहै जु अलाहु।' यह पाठ बेहतर प्रतीत होता है, यद्यपि निश्चित रूप से नहीं कहा जा सकता।
    अधिकांश पांडुलिपियों में 'नेति', प्रसंगानुकूल यही है।
49. अन्य सभी पांडुलिपियों में 'चाहै' बात एक ही है, लेकिन छंदानुरोध से 'चाहै' बेहतर है।
50. हमारी आधारभूत पांडुलिपि L के अलावा केवल H पांडुलिपि में ही यह चौपाई मिलती है। वहाँ शब्द 'वेमजूर' है। 'बेमजूर' बेहतर पाठ होगा।
51. इस अर्द्धाली का पाठ अधिकांश पांडुलिपियों में H और L से भिन्न है। इन दोनों में भी पाठ अलग-अलग है। हमने सभी को ध्यान में रखते हुए पाठ और अर्थ निर्धारित करने का प्रयत्न किया है।
52. यहाँ केवल पांडुलिपि L में ही 'बसत' (वस्तु?) पाठ है, जबकि अन्यत्र 'हसत' (हाथ) है। प्रसंगानुकूल 'बसत' ही है।
53. अधिकांश पांडुलिपियों में 'जे' या 'जो'।
54. कुछ पांडुलिपियों में 'मांत' के बजाय 'तांत' (पिता)।

अध्याय 7

बीस पद

जैसा कि परिचय में बताया जा चुका है, हमारी शोध-यात्रा में सुखद आश्चर्य देने वाला अनुभव रहा—जन गोपाल के श्रेष्ठ कवि रूप से परिचय। यहाँ प्रस्तुत चुनिन्दा बीस पद इसका प्रमाण हैं। इनसे जन गोपाल द्वारा कवि रूप में किये गए चुनावों की विविधता का भी पता चलता है। विरह की वेदना और वर्णाश्रम में निहित सामाजिक असमानता का विरोध यहाँ तुरन्त ध्यान खींचता है। गुरु दादूजी की स्तुति, प्रभु के प्रति प्रेम, ध्रुव, प्रह्लाद और कबीर जैसे पूर्ववर्ती भक्तों के प्रति सम्मान तो इन पदों में है ही।

जन गोपाल के अनेक पद प्रकाशित हो चुके हैं। रज्जब कृत *सर्वंगी* (1985, 1990 और 2010 के संस्करण) और मंगलदास स्वामी का *पद-संग्रह* (1963) इस लिहाज से महत्त्वपूर्ण हैं। जन गोपाल के कुछ पद गोपालदास की *सर्वंगी* (1993) और जगन्नाथदास के *गुण गंज नामा* (रज्जब, 1990 में सम्मिलित) में भी मिलते हैं। रज्जब और गोपालदास की सर्वंगियों में कबीर और दादू के साथ अन्य अनेक कवियों की रचनाएँ संकलित हैं। हमने दो पद कालेवार्त के लीवन संकलन (फिल्म नं. 2) की एक पांडुलिपि (जयपुर, तिथि अज्ञात) से भी लिये हैं।[1] हम मोनिका हॉर्स्टमान के आभारी हैं कि उन्होंने हमें इस पांडुलिपि की इंटरनेट फाइल उपलब्ध कराई। जन गोपाल के अनेक पद उपरोक्त में एक से अधिक स्त्रोतों में मिलते हैं। ऐसे पद सौ से अधिक हैं जो एकाधिक स्त्रोतों में दोहराए नहीं गए हैं। इन स्त्रोतों में मिलने वाले पदों (आरतियों समेत) की संख्या इस प्रकार है :

गोपालदास, *सर्वंगी* (1993)	4 पद
रज्जब, *सर्वंगी* (2010)	37 पद
मंगलदास (1963)	97 पद
जगन्नाथदास, *गुण गंज नामा* (रज्जब, 1990)	2 आरती
कालेवार्त की फिल्म 2, जयपुर	40 पद

जैसा कि परिचय में नोट किया गया है, जन गोपाल की जन्म तथा निधन तिथि निर्धारित करना असम्भव है। हम जानते हैं कि उनके गुरु दादू का निधन 1603 या 1604 में हुआ था। जन गोपाल दादू से पहली बार सम्भवत: 1585 में मिले थे। जन गोपाल ने अपने गुरु की *जनम लीला* जाहिर है कि दादू के निधन के कई बरस बाद लिखी थी। रज्जब और गोपालदास की *सर्वंगियों* की तिथि पर भी इस प्रसंग में ध्यान देना चाहिए। गोपालदास की सर्वंगी की पांडुलिपि की पुष्पिका में 1627 दर्ज है। रज्जब दादू के प्रत्यक्ष शिष्य थे, और स्पष्टतया उनकी *सर्वंगी* पुरानी तो है ही। दुर्भाग्य से हम यह भी ठीक-ठीक नहीं जानते कि इसकी रचना वस्तुत: किस वर्ष में हुई थी। विभिन्न पांडुलिपियों पर आधारित इसके विभिन्न संस्करणों में मिलने वाले पदों और रचनाओं की संख्या अलग-अलग है। ऐसा लगता है कि कुछ रचनाएँ रज्जब के निधनोपरान्त भी *सर्वंगी* में जोड़ दी गई हैं। हमारे द्वारा बरते गए संस्करणों (1990, 2010) में यह संख्या लगभग एक-सी ही है।

हमने जन गोपाल के जो पद चुने हैं, वे रज्जब की *सर्वंगी* के दो संस्करणों (1990, 2010) में लगभग एक-से ही मिलते हैं। 1990 के संस्करण की तुलना में 2010 वाले संस्करण में चार पद ज्यादा हैं। रज्जब की रचना के तिथि-निर्धारण की चर्चा करते हुए दलपत राजपुरोहित (2013 : 62) नोट करते हैं कि पीताम्बरदत्त बड़थ्वाल और क्षितिमोहन सेन की मान्यता थी कि रज्जब की *सर्वंगी* दादू के जीवनकाल में ही तैयार की जा चुकी थी। वे यह भी नोट करते हैं कि कालेवार्त (जिन्होंने 1978 में रज्जब की *सर्वंगी* पर पीएच.डी. की थी) ने 2006 में रज्जब *सर्वंगी* का रचना-वर्ष 1620 होने का अनुमान किया है। कुल मिलाकर मोटे तौर पर यही कहा जा सकता है कि जन गोपाल की अधिकांश कृतियाँ—पद, चरित, *दादू जनम लीला* आदि—1620 से 1625 के बीच रची गई हैं।

यहाँ दिये गए पद जिन स्रोतों से लिये गए हैं, उनके संकेत निम्न प्रकार से हैं :

A—धर्मपाल सिंहल, रज्जब की *सर्वंगी*, 1990

B—ब्रजेन्द्र कुमार सिंहल, रज्जब की *सर्वंगी*, 2010

C—कालेवार्त की फिल्म नं. 2, जयपुर पांडुलिपि।

D—गोपालदास की *सर्वंगी*।

E—मंगलदास, *संत साहित्य सुमन माला*।

F—जगन्नाथदास कृत *गुण गंज नामा*।

1. आरती आगम देव अनन्त

A पृ. 589 (*गुण गंज नामा*), यह पद E में आरती सं. 2 है, पृ. 103। यहाँ पाठ E से ही लिया गया है।

आरती आगम देव अनंता, बहु विधि सेव[2] करै भगवंता॥ टेक॥
ब्रह्मा विष्णु महेश्वर ध्यावै, दरसन देहु सेव फल पावै॥
दत्तजु गोरष धू पहलादा[3], साधक सिध देव मुनि साधा॥1॥
नाम कबीर करै रैदासा, पीपा जन दादू हरि पासा[4]॥
आरती अगम अनन्त अपारा, जन गोपाल न लहै विचारा[5]॥2॥

मैं उन अनन्त देव की आरती करता हूँ, जिनकी सेवा मुनिजन भाँति-भाँति से करते हैं। जिनका ध्यान स्वयं ब्रह्मा, विष्णु व महेश करते हैं और दर्शन पाकर, सेवा का फल प्राप्त करते हैं। जिनकी साधना दत्तात्रेय, गोरख, ध्रुव और भक्त प्रह्लाद, साधू, सिद्ध, देवता एवं मुनि सभी करते हैं। नामदेव, कबीर, रैदास, पीपा, दादू आदि श्रेष्ठजन भी उन्हीं की साधना कर हरि को प्राप्त करते हैं। मैं जन गोपाल उन अगम अनन्त अपार की आरती करता हूँ, जो अचिन्त्य अनिर्वचनीय और अथाह हैं।

2. आयौ भगति कौ पुंज भगवंत कौ लाडि लौ

(B 405; E में संख्या 40. पाठ C से।)

आयौ भगति कौ पुंज भगवंत कौ लाडि लौ। जाहि देषत दुष दोष भाजै॥
सकल सुष पाइति दरस दादू तणै। नांव जस[6] प्रगट तिहूं लोक राजै॥टेक॥
ज्यूं आयौ मेघ नौ षंड तब नीपजी। सबही आंनंद करै रंक राजा॥
षाहु कोउ उ देहु अरु[7] क्यौं ही करौ। पर कै स्वारथि नहिं आप काजा[8]॥1॥
ज्यूं आयौ ब्रिछ बहु भांति फूल्यौ फल्यौ। षाहु कोउ फल[9] बैठि छांहीं।
कीट पसु पंषि पंथी जिते जगत के। भगत भगवंत के आप नांहीं॥2॥
ज्यूं आयौ नीर नौसै निंवासी नंदी। मैल कुसुमल हरैं पाप काटैं॥
सकल जीव की ताप त्रिश्नां हरैं। करै उपगार नहीं काज साटैं॥3॥
मेघ अरु बृछ नंदीन गुंण ऐक दोइ। संत के गुंननि को अन्त पावै।
दींनदयाल दादू गुर देव के। कितेक गुंण जन गोपाल गावै॥4॥

भक्ति के पुंज, भगवान के लाड़ले दादू पधारे हैं, जिनके दर्शन मात्र से सभी कष्ट व दोष दूर हो जाते हैं। दादू का नाम व यश तीनों लोकों में व्याप्त है, उनके दर्शन भर से समस्त सुख प्राप्त होते हैं। जैसे आकाश में जल से भरे बादलों के छा जाने से यह सारा जगत उपजता/पुनर्जीवन प्राप्त करता है और राजा से लेकर रंक तक सभी आनन्दित हो उठते हैं। केवल देह पालन के लिए खाने से क्या लाभ? स्वार्थ छोड़ परहित के लिए क्यों नहीं जीते? वृक्ष में फल लगते हैं, लेकिन उन्हें खाते दूसरे लोग हैं, स्वयं वृक्ष नहीं। लोग वृक्षों के फल खाते भी उन्हीं की छाया में बैठते हैं। वृक्षों पर आने वाले कीट, पशु और पक्षी हों, मनुष्य हों या जगत के अन्य प्राणी—भक्त तो इन सभी से निराले हैं।

नदी भी नि:स्वार्थ भाव से जल उपलब्ध कराती है जिससे मैल धुलता है, पाप कटते हैं। स्वयं नदी नाव द्वारा पार की जा सकती है। नदी सभी प्राणियों की प्यास बुझाती है, सब पर उपकार करती है। लेकिन, मेघ हो या वृक्ष या नदी, इन सबमें कुछ ही गुण हैं, भक्तों के अनंत गुणों से इनकी क्या तुलना? गुरु दादू के गुण तो अनन्त हैं, उनमें से जन गोपाल कितनों का गान करे?

3. अति उछाह अंमरा पुरी

(406a; E. 59. पाठ C से)

अति उछाह अंमरा पुरी। आए दादू दींन दयाल॥
संतनिं मंनिं आंनंद भयौ। मांनौं मिले गुपाल॥ टेक॥
दरसंण देषत[10] ही गई। त्रिबिधि ताप तंनिं दूरि॥
भरंम कर्म जीव के जरे[11]। रांम रह्या भरपूरि॥1॥
धू प्रहिलाद उधारिया। नांमां[12] अर रैदास॥
काटण करंम कबीर के। जंन की पुरवण आस॥2॥
छत्रपति भोपति मोहिया। सुनंत सबद हरि नांम।
आग्याकारी सब भये। दुष्टनि गंजन रांम[13]॥3॥
संत सधारण केसवा[14]। दुष षंडण सुष राइ।
रही टेक हरि नांव की। जंन गुपाल गुंन गाइ॥4॥

दीनदयाल दादू के आगमन से अमरापुरी में आनन्द-उत्सव का माहौल बन गया है। संतों का मन आनन्द से ऐसे भर गया है, मानो उन्होंने गोपाल को ही पा लिया हो। दर्शन मात्र से तीनों प्रकार के ताप नष्ट हो गए। जीव के सारे दुष्कर्म

नष्ट हो गए, राम से भरपूर मिलन हो गया। राम ने ध्रुव, प्रह्लाद, नामदेव और रैदास का उद्धार कर दिया। कबीर को जन्म-मरण के चक्र से मुक्त किया और जन गोपाल/ संतों की सारी इच्छाएँ पूर्ण कर दी। हरिनाम का जाप सुनकर छत्रपति, भूपति और राजाओं ने मोहित होकर अपने हठ त्याग दिए, वे स्वामिभक्त हो गए। राम दुष्टों का दलन करने वाले हैं। केशव संतों का उद्धार करने वाले हैं। वे दुष्टों का दलन कर सुखराशि देते हैं। हरि नाम का आश्रय लेकर जन गोपाल उनके गुण गाते हैं।

4. दीन को दयाल माधौ

(A पृ. 127; B पृ. 269. पाठ A से)

दीन को दयाल माधौ। पतित हीं उधारे॥
महादुष्ट अधम करम। रांम कहत तारे॥ टेक॥
पूछी नहीं जाति पांति। कुल दोष निवारे॥
देषत ही नीच ऊँच। सकल काज सारे॥1॥
सुद्रादिक दुसह जोनि। दुकिरत करि भारे॥
गए पार तजि बिकार। जब ही हरि संभारे॥2॥
गज गनिका अजामेल। सुक्रित सब हारे॥
नांव लेत लाज भई। अपने करि पारे॥3॥
दीन भये रांम कहे। कालहू बिसारे॥
जन गोपाल पावक प्रभु। अघ आदिक जारे॥4॥

दीनदयाल माधव पतितों का उद्धार करने वाले हैं। राम का नाम लेने भर से महादुष्टों के अधम से अधम कर्म नष्ट हो जाते हैं, वे भवसागर तिर जाते हैं। राम किसी दोष का निवारण करने से पहले जाति-पाँति कुलनाम नहीं पूछते। उनकी कृपादृष्टि से उच्च-निम्न सभी लोगों के काम सध जाते हैं। शूद्र-कुल में जन्म लेने की असह्य पीड़ा दूर हो जाती है। हरि का आश्रय पा लेने वाले भवसागर तिर जाते हैं। गज, अजामिल, गणिका पुण्य कर्मों से दूर थे, वे तो अपने घमंड में (राम का) नाम तक नहीं लेते थे। किन्तु अन्त समय, घमंड काम नहीं आया। दीन भाव से जब उन्होंने राम को पुकारकर वे कालपाश और संसारचक्र से मुक्त हो गए। जन गोपाल कहते हैं कि हरि सभी पापों को बुझा देने वाली अग्नि हैं।

5. हरि बिन सब ब्रज सूनो लागै

(A पृ. 89; B पृ. 228; E सं. 9. पाठ E से)

हरि बिन सब ब्रज सूनो लागै।
प्राण गए जैसो तन माई। सब कोऊ तजि भागै[15] ॥ टेक॥
कला चंद निसान[16] बहु विधि, भूपै भूप संगाती॥
लागत बुरे सुहात न कबहू। दूलह बिना बराती॥1॥
व्यंजन[17] बहुत सौंझ नाना विधि। मधु मेवा र मिठाई॥
फीके लगत नौन[18] अरु घृत बिन। कोई विवसाइ[19] न षाई॥2॥
शशि बिन रैण सूर बिन वासर। दीपक बिन ग्रह जैसो॥
जन गोपाल विरही दुष जानै। प्रभु बिन जीवन ऐसो॥3॥

हरि के बिना सारा ब्रज सूना-सूना लग रहा है। जैसे प्राण देह को छोड़ जाते हैं, वैसे ही सब-के-सब ब्रजवासी मानो ब्रज छोड़ गए हैं। छत्र,चँवर आदि राज चिह्नों के बिना राजा नहीं शोभता और दूल्हे के बिना बारात। मधु, फल मेवा युक्त भोजन भी नमक और घी के बिना किसी को नहीं सुहाता। विरह का दुख विरही ही समझता है। प्रभु के बिना जीवन वैसा ही है जैसे चाँद के बिना रात, सूरज के बिना दिन और दीपक के बिना घर।

6. हों दरस पियासी मुझ काहे न दिषावे

(C 404; E सं. 13. पाठ E से)

हों दरस पियासी मुझ काहे न दिषावे। हरि निमोही हीया को दरद न आवै[20] ॥ टेक॥
जल बिन मीन तलफ तन त्यागै। दया रहित जान[21] संग न लागै॥
ज्यो रवि कमल सनेह बधावे। जल बिछुरै रवि ताहि जलावे॥1॥
पिव पिव करत पुकारत डोलै[22]। जलधर निठुर निमष[23] नहिं बोलै॥
तलफत जरत पुकारत बीती। कठिन गोपाल प्रेम रस रीती॥2॥

मैं दर्शनों की प्यासी तड़प रही हूँ, लेकिन निर्मोही हरि के हृदय में तनिक पीड़ा नहीं व्यापती। जल के बिना मछली तड़प-तड़प कर प्राण त्याग देती है, किन्तु निर्दयी जल उसके पास नहीं जाता। कमल से प्रेम जताने वाला सूर्य भी जल न हो तो कमल को जला देता है। पपीहा कितना ही पीव-पीव पुकारता डोले, निष्ठुर बादल

एक पल भी नहीं बोलता नहीं बरसता। जन गोपाल कहते हैं प्रेम की रीति कठिन है, प्रेमी का जीवन तड़पते, जलते हुए, पुकारते हुए ही बीत जाता है।

7. इहै अन्देसा क्यों देउं सन्देसा

(E 16. पाठ E से)

इहै अन्देसा क्यों देउं सन्देसा। को पहुँचावे मेरे पीव के देसा॥ टेक॥
जबहूं लिषों प्रेम की पतियां। विरह अनल ऊठत मेरी छतियां॥1॥
कागर जरत कवन विधि पतियां।
जब मुषि मौन गहों करि लेषो। मनमुष अषिर द्रिष्टि न देषो॥2॥
नैन नीर कागर गर्यो पेषो।
जोरु लिषाऊँ औरन पासा। अपनी सी गति देषों तासा॥
जन गोपाल जिये षरा उदासा॥3॥

सन्देश भेजना चाहती हूँ, लेकिन अन्देशा यह है कि प्रिय तक पहुँचेगा कैसे? जब भी प्रेमपत्र लिखने बैठती हूँ, हृदय में ऐसी विरहाग्नि जल उठती है कि कागज ही जल उठता है। पत्र कैसे लिखूँ? दूर होने के कारण बात तो हम कर ही नहीं सकते, लिखने के लिए भी शब्द नहीं सूझते। मेरे नैनों से निकलता नीर कागज भिगो देता है, किसी और को बोलकर लिखाना चाहूँ, तो उसकी दशा भी मुझ-सी ही हो जाती है। ऐसी ही उदासी के साथ जी रहे हैं जन गोपाल।

8. जोलों जाति स्वभाव लिये

(A पृ. 130; B पृ. 272; C 405a; E सं. 39. पाठ E से)

जोलों जाति स्वभाव[24] लिये।
कहा भयो जे[25] माला पहरी। कहा भयो जु तिलक दिये॥ टेक॥
जौलूं विप्र न तज़त बंभनिंयां। बैंस्य न छाडत बांनिं[26]॥
जोलों षत्री षड्ग न त्यागैं। तोलों भगति न जानी॥1॥
जोलों जात[27] भगत नहीं तोलों। भगति रु[28] जाति विचारे॥
द्वै घोरां द्वै नाव बैठ[29] करि। कौने पायो पारे॥2॥
जो न पत्यावो भागवत पूछो। सन्त जनन की रीति॥
हास अनन्य[30] वर्ण तें न्यारो। हरि सुमिरन सूं प्रीति॥3॥

नारद विषय कहत नारायन। मिलों न कुल के भाइ॥
जन गोपाल प्रेमवश[31] माधो, ब्रह्म[32] चंडाल न जाइ॥4॥

स्वभाव में जाति बनी रही तो माला, तिलक धारण करने का क्या लाभ? ब्राह्मणपन छोड़े बिना ब्राह्मण, बनियापन छोड़े बिना वैश्य और तलवार छोड़े बिना क्षत्रिय भक्ति नहीं जान सकता। विचार करो—जाति और भक्त का साथ निभ कैसे सकता है? दो घोड़ों पर या दो नावों पर एक साथ सवारी करके कोई कहीं जा सकता है क्या? मेरी बात पर विश्वास नहीं तो संतों की रीति समझने के लिए *भागवत* पढ़ो। (भगवान के) सेवक तो अनोखे,सभी वर्णों से न्यारे हैं,उनकी प्रीति केवल हरि-भजन में होती है। नारद जाति-कुल की बात नहीं करते, वे बस नारायण-नारायण करते डोलते हैं। जन गोपाल कहते हैं कि माधव ब्राह्मण-चंडाल में अन्तर नहीं करते, वे तो प्रेम के वश में हैं।

9. जीव देषि रे जंम काल बईठा

(C 406b; E सं. 75. पाठ C से)

जीव देषि रे जंम काल[33] बईठा।
कै लीया कै लेइगा। अति आतुर दीठा॥ टेक॥
नांभी थैं पवंनां उठै[34]। चलि बाहरी आवै[35] रे॥
नां जांणौं वह बाटडी। क्यूं हीं आंवण पावै रे॥1॥
जो पल मारी सो सही। आगै नहीं सूझै रे॥
कर सौ लै संनमुंष करै। पाछै नहीं बूझै रे॥2॥
धरणीं पा व उठाइये। आगैं नहीं जांणै[36] रे॥
कहि गोपाल क्यूं ही बंणै[37]। भजि रांम[38] डरांणौं रे॥3॥

जीव, तू देख तो सही यम, काल बैठा हुआ है। इतने आतुर भाव से तूने जो कुछ जुटाया, उसमें से तू साथ क्या ले जा पाएगा? नाभि से उठकर पवन बाहर जा रही है। न मुझे यह ज्ञात है कि वह कौन सा राह ले रही है और न ये ही कि वह वापस कैसे आएगी। मृत्यु कब प्रहार करेगी, कब आकर हाथ पकड़ ले जाएगी, यह कोई नहीं जानता। एक बार हमारे पाँव इस धरती से उठे तो हम आगे कहाँ जाएँगे, क्या होगा, यह भी कोई नहीं जानता। जन गोपाल कहते हैं, इसी भय से मैं राम नाम जपता हूँ।

10. क्यूं वैराग लियो बनवारी

(E सं. 28. पाठ E से)

क्यूं वैराग लियो बनवारी । वे क्यूं छाडि गए कंत नारी॥ टेक॥
कोनक बोल बस्यो मन मांही । गए विदेश फिरे तुम नांही॥
औगण कौन चितां धरि राष्यो । माया मोह सबै तजि नाष्यो॥ 1॥
कारण कौन भये बनवासी । धन परिहरि करि रहे उदासी॥
कहि गोपाल अब अभागनि नारी । परम सनेही चितां बिसारी॥ 2॥

उन्होंने वैराग्य क्यों ले लिया, वन क्यों चले गए? प्रेमी ने प्रेमिका को क्यों त्याग दिया? मेरे मन में ये किसके बोल बसे हुए हैं? तुम तो विदेश चले गए और लौटे ही नहीं। किसकी बातें चित्त में धारण कर तुमने सब मोह-माया त्याग दी? किस कारण तुम धन-सम्पदा छोड़ वनवासी-वैरागी हो गए? जन गोपाल कहते हैं कि हे अभागिन तेरे उस परम स्नेही ने अब तुझे अपने चित्त से उतार दिया है।

11. माधो अगणित गुण तेरे शेष कहै

(C. 406a; E सं. 6. पाठ E से)

माधो अगणित गुण तेरे शेष कहै । सुर नर मुनि कोऊ अन्त न लहै॥ टेक॥
मुष तो सहस फुनि रस न रटै[39] । शंकर समाधि लाये ब्रह्मा जु पढै॥ 1॥
सरस्वती निसदिन[40] लिखितहारी । नारद कीर्ति करे निगम चारी॥ 2॥
शुक सनाकादिक संतनि गायो । गोपाल पतित तेरे[41] शरण आयो॥ 3॥

शेषनाग तुम्हारे अनगिनत गुण गाते हैं, माधव। तुम ऐसे अनिर्वचनीय और अनंत हो कि सुर, नर, मुनि कोई भी तुम्हारी सीमा नहीं पा सका। सहस्त्र मुखों से तुम्हारे गुणों का बखान करने पर भी शेषनाग ने किसी गुण को दोहराया नहीं। इन्हीं गुणों के कारण शंकर तो ध्यानमग्न ही हो गए, ब्रह्मा तुम्हारे गुणों का पाठ किये जा रहे हैं। सरस्वती नित्यप्रति उन्हें लिखे जा रही हैं। नारद तुम्हारी विरुदावली गा रहे हैं, चारों वेद भी गुणगान कर रहे हैं। जिनके गुणों का गायन शुकदेव, सनक आदि ऋषि व संत कर रहे हैं, उन्हीं पतितपावन की शरण में मैं पतित गोपाल आ गया हूँ।

12. माँगौं मैं दानिं रांम राजा

(C 404b. पाठ C से)

माँगौं मैं दानिं रांम राजा। और न कोई॥
अरथ ध्रम कांम मोछि। आप देवै सोई॥ टेक॥
जननीं दुषित भये बन चारी।
धूव हि अभै पद दीयौ अति भारी॥ 1॥
जंन प्रह्लाद की प्रतंग्या पारी।
अरू ग्राह तैं गज लीयौ उबारी॥ 2॥
जिनिं अम्बरीष हित दूर्बासा त्रास्यौ।
चक्र सुदरसंन सदा संगि बास्यौ॥ 3॥
द्रुपत सुता कौ जिंनिं बसन बढायौ।
कैरूंन कौ अभिमांन गंवायौ॥ 4॥
जन नांमां की पैज जिंनीं राषी।
गाइ देवल फेर्यौ कीयौ जग साषी॥ 5॥
जंन कबीर जल पवक मैं राषे।
प्रगट भये गज आगैं जब नांषे॥ 6॥
रैदास कौं फिरी सुर सुरी धारा।
पीपा पर सिध कीये परचे अपारा॥ 7॥
धनां कौ षेत बिंन बीज निपायौ।
सेनिं काजि न्रिप आंनिं रिझायौ॥ 8॥
घाट के कपाट षोलि अबिनासी पाए।
सात महौछै गुर दादू आए॥ 9॥
जाचिग पहाउ गावै पावै मन काजा।
गोपाल जंन कौं दीजै भगति जिहाजा॥ 10॥

मैं उन्हीं दानशील राजा राम से माँगूँगा, किसी और से नहीं। चारों पुरुषार्थों-धर्म, अर्थ, काम, मोक्ष—के दाता आप ही हैं। जब ध्रुव ने घर छोड़ वन की राह पकड़ी, उसकी माता दुख व सन्ताप से भर गईं, तब आपने हो अभयदान देकर ध्रुव को परम पद प्रदान किया। आपने ही जन प्रह्लाद की प्रतिज्ञा का मान रखा और ग्राह (मगरमच्छ) की जकड़ से गज का उद्धार किया। अम्बरीष के हितार्थ आप ही ने दुर्वासा को अपनी उँगली पर स्थित सुदर्शन चक्र से डराया। द्रौपदी का

वस्त्र बढ़ाकर आपने कौरवों का मानमर्दन किया। आप ही ने नामदेव की वाणी के सत्य की रक्षा की। उन्होंने जिस ओर मुँह करके गायन किया, मन्दिर का द्वार उसी ओर हो गया। आप ही ने कबीर की जल व अग्नि से रक्षा की, जब आप (कबीर को कुचलने के लिए भेजे गए) हाथी के सम्मुख आए, तो वह आपके सामने झुक गया। रैदास के लिए आपने गंगा की धार मोड़ दी और पीपा के यश को आपने चारों ओर फैला दिया।[42] आप ही के प्रताप से धन्ना के खेत में बिना बीज फसल उग आई। सेना नाई के लिए आपने राजा को प्रसन्न किया। गुरु दादू ने मन के द्वार खोलकर अविनाशी को पा लिया, और अनेक भोज दिये। ब्रह्ममुहूर्त में इस पद का गायन करके अपने मनोनुकूल फल पाने वाले इस जन गोपाल को आप भवसागर पार कराने वाला भक्ति जहाज ही दें।

13. मैं षासा वंदा गुलाम यार

(C 404; E सं. 49. पाठ E से)[43]

मैं षासा वंदा गुलाम यार तेरा ।
राषि पनाह[44] गुनह बगस। गनी गुंसाई मेरा॥ टेक॥
मुलाजादा[45] वरदा तेरा। चेरा में बेचारा॥
चरणों राषि बंदगी दीजै[46]। नेक न कीजै न्यारा॥1॥
मा मेरी तुन्हारे घर दासी। बाप भी दास तुम्हारा॥
षास षेल कुरसी तैं[47] साहिब। करम करीम हमारा॥2॥
बद विसयार अमल में कीये। नेकी नांव न आवै॥
तूं पर्दपोश रहमान राजिक। जन गोपाल तुझ गावै॥

दोस्त, मैं तुम्हारा खास, वफ़ादार गुलाम हूँ। मेरे प्रभु गुसाईं मेरे गुनाह बख़्श कर मुझे अपनी शरण में ले ले। मैं मुल्ला का पुत्र (या सरकारी कर्मचारी का पुत्र) तेरा सिपाही हूँ। मैं बेचारा तेरा चेला हूँ। अपने चरणों में मुझे पड़ा रहने दे। मुझे अपनी चरण-सेवा करने दे, अपने से कभी भी दूर न कर। मेरी माँ तुम्हारे घर की दासी है और पिता भी तुम्हारा दास ही है। दयासागर, कृपानिधान प्रभु, इस विशेष खेल में तुम्हीं सर्वोच्च हो। मेरा सारा व्यवहार तो इतना खराब है। भलाई मुझमें जरा-सी भी नहीं। किन्तु तुम सदा के क्षमाशील, दयानिधान व सर्वोच्च हो। जन गोपाल तुम्हारे गुण गाता है।

14. मेरो मन मोह्यो री माई

(E सं. 4. पाठ E से)

मेरो मन मोह्यो री माई। पूरण परमानन्द॥
अब जब आवै तब तब भावै। पल भरि रह्यो न जाई॥ टेक॥
तन मन सब विकल सुध विसरी। आनन और सहाई॥
जन गोपाल प्रभु जगत मनोहर। कौन ठगोरी लाई॥1॥

हे माँ! इस पूर्ण परमानन्द ने मेरा मन मोह लिया है। जब भी आए है, मुझे सुख देता है। उसके बिना अब एक पल भी बिताना सम्भव नहीं। तन और मन विकल हो उठे हैं, मुझे अब होश नहीं, मैंने अपना आपा खो दिया है। तुमने मुझे पूर्णरूपेण आनन्दित कर दिया है। जन गोपाल कहते हैं आखिर तुमने ऐसा कौन-सा जादू कर दिया कि अब मुझे सारा जगत मनोहर लगने लगा है।

15. मोहन बैंन सुंनाइ

(C 404a; E सं. 12. पाठ C से)

मोहन बैंन सुंनाइ। हूं हरि बावरी कींनीं॥
बिरह बांन बेधि प्रांन। सुधि बुधि हरि[48] लींनीं॥ टेक॥
ग्रह काज लोक लाज। बिसरी संग डोलौं।
सुत पति[49] कुल काटूंब छाडि। कांह कांह बोलौं॥1॥
जैसें जल हींन मींन। तलफत दिंन राती॥
जीवन धंन प्रांन नीर। बिछुरे कौंन संगाती॥2॥
निंसा न नींद दिवस न भूष। बेदन अति[50] बाढी॥
दह दिसि मघ जोवति नित। इक ठग त्रीय थाढी[51]॥3॥
ज्यूं चकोर चंद हेत। चत्रिग मेघन[52] भावै।
जन गोपाल हरि दयाल। कौंन आंनिं मिलावै॥4॥

मोहन बाँसुरी बजा रहे हैं। हरि ने मुझे बावला कर दिया है। विरह के बाणों से मेरे प्राण बेधकर मेरी सुध-बुध हर ली है। घर के कामकाज, लोकलाज भूलकर मैं उन्हीं के संग डोलती-फिरती हूँ। पुत्र-पति, कुल और कुटुम्ब को छोड़कर कान्हा-

कान्हा रटती रहती हूँ। जल बिन मछली सी दिन-रात तड़पती हूँ। जीवन, धन प्राण रूपी जल से बिछुड़ जाने पर कौन संगी साथ रह सकता है? वेदना इतनी बढ़ गई है कि मुझे न रात में नींद है, न दिन में भूख। जैसे चकोर चाँद को निहारता है और चातक को मेघ भाते हैं, वैसे ही मैं भी हरि की बाट देखती हूँ। किसी ठग की पत्नी की तरह खड़ी मैं दसों दिशाओं में उसकी वापसी की राह तकती रहती हूँ। दीनदयाल हरि से जन गोपाल को कौन मिलवाएगा?

16. पहलही हेट सिरदार पकड्यो सवल

(E सं.19. पाठ E से)[53]

पहलही हेट सिरदार पकड्यो सबल। बोदर्या पाषर्या पांच आदू॥
ग्यान शमसेर गहि बड़ो गढ जीतबा। गरजियो शूर दमदार दादू॥ टेक॥
टोप संतोष अंग सहज वषतर वन्यो। शील आवध सुरति जोग दल साथि॥
तुरी चेतन चढ्यो आवाकी चूरियो। हथो मनमथ कियो द्रुत गढ हाथि॥ 1॥
त्रिविध बाजार नौकोट बहत्तर तपा। दिये दीपक दवैं प्रगट दश पोलि॥
पचीसवें ब्रह्माण्ड पावक प्रजालियो। दले सांवत घाटी सहर रौलि॥ 2॥
अगम तैं गमकियो जहाँ निगम पनुंचै नहीं। सबद नीसाण धुणि सुणौ सूरशेष॥
अदल गुरु की दया नगर निरभै हुवा। दादुवे तणा सुवस बसै देश॥ 3॥

पहली ही चोट से उन्होंने मेरे मन के पाँचों तीरों (इन्द्रियों) को भोथरा करके उस पर काबू कर लिया। फिर ज्ञानरूपी तलवार से सज्जित शूरवीर दादू गढ़ जीतने के लिए गरज कर आगे बढ़े। सन्तोष को शिरस्त्राण, सहज को ढाल-बख्तर, शील को अस्त्र, सुरति योग को सेना, और चेतना को नगाड़ा बनाकर उन्होंने धावा बोला। कामवासना को मारकर शीघ्र ही किला फतह कर लिया। तीनों बाजारों (मनसा, कर्मणा, वाचा? अथवा वायु, पित्त कफ?), नवों कोटों (नवों भावों या रसों), बहत्तर हजार नाड़ियों को तपा कर दसों द्वार प्रकाशित कर दिए। पच्चीसवें ब्रह्मांड को आग से जला दिया। शहर के दुष्ट सामन्तों का दलन करके शान्ति स्थापित कर दी। जहाँ आगम-निगम की पहुँच नहीं, वहाँ अगम पहुँच गया, सब कुछ सुवासित हो गया। शूरशिरोमणि, आप ही के प्रताप से अब सबद का नगाड़ा बजता सुनाई पड़ रहा है। गुरु के कृपापूर्ण अभयदान से अब नगर सुरक्षित हो गया है। देश अब दादू जी के अधिकार में है।

17. पंडित कहा पषारहु अंगा

(A पृ. 402; B पृ. 582; E सं. 25. पाठ E से)

पंडित कहा पषारहु अंगा।
मन मलीन तन निर्मल नांही। मन चंगा तो कठौती गंगा॥ टेक॥
मुष मलीन दर्पण में देषै। समझै नहीं ग्यान गुरु बाणी॥
ताहि धोइ आरसी विगारै। मैल न जाइ न्हाइ बहु पाणी॥ 1॥
भीतर मैल धोइये बाहिर। तौ करवापन कैसे जाई॥
इहु दृष्टान्त इहांही[54] देषो। अडसठ तीरथ तूम्बी न्हाई॥ 2॥
वेद कहत सबब साध पुकारत। भजन बिना कैसे मल जाई॥
जन गोपाल दयाल नाम तैं। पतित अनंत[55] परम गति पाई॥ 3॥

पंडित, तुम क्यों अपने अंग धोते हो, मन तो मलिन है। कितना भी नहा-धो लो, तुम निर्मल हो ही नहीं सकते। मन निर्मल हो तो कठौती/परात में रखा पानी भी गंगाजल सा पवित्र हो जाता है। यदि तुम गुरु द्वारा दिए गए ज्ञान को नहीं समझते तो दर्पण में मुख मलिन ही दिखेगा। मुख के स्थान पर तुम यदि दर्पण ही धोने लगोगे, तो मुख साफ नहीं होगा, उलटे दर्पण ही खराब हो जाएगा। मैल तो भीतर है, धो बाहर रहे हो, तो मैल का कड़वा (बुरा) असर जाएगा कैसे? यह दृष्टान्त से समझो कि अड़सठ तीर्थों का जल भर देने से तुम्बी का कड़वापन चला नहीं जाता। वेद और साधुजन यही कहते हैं कि बिना भक्ति के कोई दाग नहीं धुलता। जन गोपाल का कहना है—दयालु के नाम—प्रताप से अनगिनत लोगों ने परमपद पा लिया है।

18. प्यारे मोहन हौ तुंम दरस दिषावो आइ

(C 405b; E सं. 37. पाठ C से)

प्यारे मोहन हौ तुंम दरस दिषावो आइ।
बिरह बिथा तंन जीत लई हूं। का सौ[56] कहौं सुंणांइ॥ टेक॥
जल बिंन मीन तलफि तंन त्यागत। बिथा न जांनंत नीर॥
बिछुरत मरत बहुत दुष पावत। वा जलहर की तीर॥
ऐक वोर कौ नेह कहां लौं। सुंनहुं न संत सधीर॥
अब की बेर क्रिपा करि। मेटौ तंन की पीर॥ 1॥
पीव पीव करत पपीहा डोलत। और न बोलत बैंन॥
सायर नंदी निंवांन भरे जल। देषत अपनें नैंन॥

स्वांति बूंद सौं नेह निरन्तरि। अनंत नहीं चित चैंन॥
जलधर षुसी आपणी बरषत। ताहि नहीं सुष दैंन॥2॥
रबि बिंन कंवल निंमष नहीं बिगसत। बिगसत रबि कै भाइ॥
षोडस कला तुछ करि देषत। द्वादस सौ मन लाइ॥
जल बिछुरें रबि ताहि जरावत। प्रीति कहां ठहराइ॥
कहियत हौ प्रभु अन्तरजांमी। क्यूं न कहौ संमझाइ॥3॥
नौ लष तार उदै भये अम्बर। सुकचि रही मन मांहिं॥
रबि कै तेज तपति अति बाढी। अनंत कहूं रति नांहिं॥
मावस संगि उभै तिथि ले करि। लंघण करत बिहाइ॥
प्रीति कमोदिंनिं कै निस बासुरि। ससि बिगसै बिगसाइ॥4॥
अपनीं चाड[57] आइ ढिग बैसत। भाँवर भलौ रस जांन[58]॥
चंचल चपल चहूं दिसि डोलत। रहत नहीं रति मांहिं[59]॥
कै वै बेलि बिढू[60] कै सूकै। ताहि नहीं हित हांनिं॥
सबहिंन के मंन के मोहन प्रभु। तुंम मोहे कहूं[61] प्रांनिं॥5॥
असरण सरण पतित के पांवन। बंधू दींनदयाल॥
प्रगट बिरद तिहुं लोक सुंन्यो मैं। काहे न करौ संभाल॥
तुंम बिंन अवर कौंन सौं कहिये। सुष दुष अपनें हाल॥
प्रीति परस परस्यूं सुष पावत। गावत जंनगोपाल॥6॥

प्यारे मोहन अब तो दर्शन दे दो। विरह-व्यथा से परास्त तन का दुख मैं किससे कहूँ? मछली जल बिन तड़प-तड़प कर तट पर ही प्राण त्याग देती है, पर जल उसकी व्यथा से अनभिज्ञ रहता है। मेरे हाल से बेखबर धीरज धारे बैठे संत सुनो, ऐसा एकतरफा प्रेम कब तक चलेगा। इस देह की पीड़ा कम करो। पपीहा निरन्तर पीव शब्द ही बोलता डोलता है, किसी अन्य शब्द का उच्चारण तक नहीं करता; देखता है कि सागर, नदियाँ और तालाब सब जल से भरे हैं, लेकिन उसे तो बस स्वाति नक्षत्र में बरसे बादल-जल की ही आकांक्षा है, उसी से नेह है, अन्यत्र कहीं चैन नहीं। उधर, बादल तो बस अपनी इच्छा से बरसते हैं, उन्हें पपीहे के सुख-दुख से क्या लेना देना? सूर्य के बिना कमल, तनिक भी नहीं खिलता। सूर्योदय होते ही वह खिल उठता है। सोलह कलाओं वाले चन्द्र से उसे कोई वास्ता नहीं; उसका मन बारह कलाओं वाले सूर्य में ही लगा रहता है। उधर, जल से बिछुड़ते ही वही सूर्य कमल को जला डालता है। तब सूर्य का प्रेम कहाँ चला जाता है?

प्रभु आप तो अन्तर्यामी हैं, यह बात आप ही मुझे समझाएँ। आकाश में नौ लाख तारे सकुचाए से वहीं के वहीं बने रहते हैं, भले ही दिन में सूर्य उन्हें तपाता

रहे, पर उनकी प्रीति बनी रहती है। कुमुदिनी की प्रीति चाँद से है, वह रात में ही खिलती है। अमावस्या का वह लंघन कर जाती है, खिलती ही नहीं। भँवरा हर समय इधर-उधर डोलता है, किन्तु बैठता फूल पर ही है क्योंकि उसका प्रेम तो फूलों के रस से है। बेल चाहे बढ़े, मुरझाए अथवा सूखे, भँवरे का कोई लेना-देना नहीं। अन्य सभी के लिए तुम मन को मोहने वाले, प्रेम के पात्र हो, किन्तु मेरे लिए तो तुम जीवन ही हो। आप शरणहीन के लिए शरण हो, दीनबन्धु, पतित-पावन हो। तीनों लोकों में तुम्हारी विरुदावली गूँजती है। तुम क्यों नहीं मुझे सँभाल लेते? तुम्हारे सिवा मैं किससे अपने दुख-सुख का हाल कह सकता हूँ। जन गोपाल कहते हैं कि मुझे अपनी प्रीति का स्पर्श-सुख प्रदान करो।

19. सषी हूं बावरी भई

(C 406a; E सं. 20. पाठ C से)

सषी हूं बावरी भई॥
नैंननि हूं देषै नहीं। बातैं सुनंत सुधि गई॥ टेक॥
मोहंन बैंन सुंनांइ कैं। भुरकी[62] कांनिं दई॥
उठें उठत बैठे बैठत। हरि डोरि हाथि लई॥1॥
जोगंनि कौ भेष कींनौं। किंगुरी कांधि ठई।
सीच्या हूं कुंमिलात है। मैं दुष की बेलि[63] बई॥2॥
लोक लाज कुल कांनिं पूरातंन। चाल सबै चूकई॥
सबको जांनैं बीगरी। तब तैं पकरी बाट नई[64]॥3॥
मुझ सयांनीं सो कहै। जाहि भावत है भुरई॥
दास[65] गोपाल बिंनां मिलें। दुष बाढत पोष[66] पई॥4॥

सखी मैं तो बौरा गई हूँ। अभी तो मैंने उन्हें नेत्रों से देखा भी नहीं, बस गुण सुनकर ही मैं सुध-बुध गँवा बैठी हूँ। मोहन ने मेरे कानों में बंसी की धुन बजाकर मुझे मत्त कर दिया है। मेरी डोर अब हरि के हाथों में है। वे जब उठाते हैं, उठ खड़ी होती हूँ, बैठाते हैं, बैठ जाती हूँ। मेरा वेश जोगिनी का है, कन्धे पर किंगरी टँगी हुई है। मैं ऐसी दूषित बेल हूँ, जो जल देने पर भी कुम्हला रही है। मैंने अब तक निभाई जा रही लोकलाज और कुल-मर्यादा त्याग दी है। सभी कहते हैं कि मैं बिगड़ गई हूँ, किन्तु मैं जानती हूँ कि मैंने एक नई राह पकड़ ली है। लोग मुझे सयानी होने को कहते हैं, किन्तु मुझे तो यही भोलापन, बुद्धूपन भाता है। जन गोपाल कहते हैं कि गोपाल मोहन से मिले बिना मेरे दुख व कष्ट बढ़ जाएँगे; यह देह खोखली हो जाएगी, जीर्ण हो जाएगी।

20. सुन्दरि षेलो री वसंत

(E सं. 69. पाठ E से)

सुन्दरि षेलो री *वसंत*। मोहन संग सुमति *गूजरी* नारी॥[67]
ललित लेहु रिझाइ लाल को। सोहै सुहागनि भारी॥ टेक॥
गौरी गरब निवारि सकल विधि। नवन पकरि उर ध्यावो॥
रामकली रावण संग छोडो। तो फगवा फल पावो॥1॥
आसावती आस तजि अवरै। पूगी मन की साधा॥
छाडि *कल्याण* करौ पिय *सारंग*। निमित नेह मन बाधा॥2॥
जैतश्री जगदीश ही जानो। अंग अवर नहिं आनै॥
सोई *धनाश्री* सो लाल दयालै। प्रेम प्रीति पहिचानै॥ 3॥
करि *कल्याण* कल्याण राइ संगि। *केदारो करद*[68] बजाही॥
पंचम गाइ *देवगंधारै*। जन गोपाल मिलि ताही॥4॥

हे सुमति, हे *गूजरी*, हे सुन्दरी, तुम मोहन संग *वसंत* खेलो। तुम पर सुहाग खूब फब रहा है, अब अपने सौन्दर्य (*ललित*) से अपने लाल को, प्यारे को रिझा लो। हे *गौरी*, अपना सारा मान खत्म करके प्रेम में झुक जाओ और साहसपूर्वक हृदय में प्रिय को बसा लो। हे *रामकली*, रावण का संग जब छूटेगा यानी कि अहंकार जब खत्म होगा तो होली खेलने का आनन्द आएगा। आसावती (*आसावरी*) जब मन की दूसरी इच्छाएँ, आशाएँ खत्म हो जाएँगी, तभी मन की साध पूरी होगी। *सारंग* (यानी नारी) तुम अपने *कल्याण* की चिन्ता छोड़कर प्रेम करो। प्रेम के कारण ढूँढ़ने से मन में बाधाएँ ही उत्पन्न होती हैं। जगदीश को ही *जैतश्री* समझो, जिनके बिना जीना सम्भव नहीं, जिनके सिवा कोई अन्य नहीं। जिन पर लाल कृपालु हैं,जिसके प्रेम को वे स्वीकार करते हैं, वही *धनाश्री* अर्थात् धनवान है। *कल्याण* करने वाले महाराज का संग ही तुम्हारा कल्याण करेगा। वे *करद* पर केदार राग बजाएँगे। *देवगंधार* पंचम (सुर) में जो गाएँगे, जन गोपाल कहते हैं प्रिय उन्हीं को मिलेंगे।

सन्दर्भ

1. देखें कालेवार्त और डी. ब्राबांदेर, 1980
2. A : संत।
3. A : नारद ध्रू सुष जन प्रह्लादा।
4. A : दासा।

5. A : जन गोपाल जन है बिचारा।
6. E : जग।
7. E : कोउ लेहु अरु देहु।
8. इस पंक्ति का अर्थ बहुत स्पष्ट नहीं है। हमने यथासम्भव बेहतर व्याख्या दी है।
9. E : कोउ किते फल।
10. E : करते।
11. E : भगे।
12. E : पीपा।
13. E : में यह पंक्ति नहीं है।
14. E : केतवे।
15. A और B : जो देषै सो भागै।
16. A और B : नीसान।
17. A और B : बिंजन।
18. A और B : लौन।
19. A : व्यौसाइ. B : ब्यौसाय।
20. C : हरि त्रिमोही कै पीर न आवै।
21. C : जल।
22. C : पिषी पीव करत पपीहा डोलै।
23. C : निंमुषां।
24. A : सुच भाव. B and C : सुभाव।
25. C : गलि।
26. यह पूरी पंक्ति E में नहीं है। यह पाठ हमने C से लिया है। A और B में भी यह पंक्ति है। इससे पद का अर्थ और छंद दोनों रूप जाते हैं।
27. A : जीत। B और C जाति।
28. A और B में रु, लेकिन C में न जो बेहतर है।
29. A : वैसि। B : बैसि। C : बैठि।
30. A : दास अन्यन। B : दास अनिन्य; C : दास आंनिन। दास अनन्य सबसे बेहतर है।
31. A : ये स बसि। B और C : प्रेमबसि।
32. A, B, E में ब्रह्म। C में रोचक पाठ भेद-जाति।
33. E : पास। बेहतर पाठ।
34. E : चलै।
35. E : धावै।
36. E : जाणों।
37. E : परे।
38. E : रोम।
39. C : मुंष तौ दूणीं रसनां रढै।
40. C : सबद।
41. C : प्रभु।
42. कालेवार्त के अनुसार जन गोपाल तथा परवर्ती स्रोतों में एक कथा मिलती है कि भगवान ने गंगा की धारा का रुख बदल दिया ताकि रैदास ब्राह्मणों से पहले स्नान कर सकें, लेकिन

कालेवार्त इस कथा के स्रोतों का सन्दर्भ नहीं देते।

43. उर्दू-फारसी शब्दावली की प्रमुखता इस पद की विशेषता है। हमारा अनुवाद तथा व्याख्या मंगलदास के नोट्स पर आधारित है।
44. C : पनह या षनह।
45. मुलाजादा शब्द का सीधा अर्थ तो मुल्ला का पुत्र है, लेकिन यहाँ यह अटपटा लगता है। आशय सम्भवतः मुला (जिम) यानी सरकारी कर्मचारी का पुत्र हो सकता है। आगे कहते भी हैं—मेरा पिता भी तुम्हारा सेवक है। यह भी सम्भव है कि 'मुलाजादा' शब्द वंश के कारण स्वयं पर निराधार गर्व करने वाले, अयोग्य व्यक्ति के लिए कटाक्ष के तौर पर बरता गया हो। जैसे किसी निठल्ले को रईसजादा या मूर्ख को पंडितपुत्र कहा जाए।
46. C : कीजै।
47. C : तूं।
48. E : हर।
49. E : मात-पिता।
50. E : मन।
51. E : नित इक ठग हुइ ठाढ़ी।
52. E : घन।
53. इस पद की शब्दावली कठिन है, अनुवाद और व्याख्या में हमें मंगलदास की टिप्पणियों से सहायता मिली है। ध्यान दें कि इस पद में जन गोपाल का नाम नहीं है।
54. A और B में यहाँ तुम जोड़ा गया है।
55. A : अनेक।
56. E : का सनि।
57. E : चाह।
58. E : जानि। बेहतर छंदानुरोध।
59. E : रुचि मानि। बेहतर छंदानुरोध।
60. E : बढ़ो।
61. E : किनि।
62. E में भुरकी के पहले मोहि।
63. E : विष की बेल।
64. E में वह पंक्ति नहीं है।
65. E : जन।
66. E : षोष। बेहतर पाठ।
67. इस पद से जन गोपाल का शास्त्रीय संगीत-ज्ञान प्रकट होता है। यहाँ नायिका और नायक के लिए बरते गए सभी सम्बोधन और विशेषण वस्तुतः शास्त्रीय संगीत के रागों के नाम हैं।
68. करद का अर्थ स्पष्ट नहीं है। शायद किसी वाद्य का नाम हो, यह भी सम्भव है कि पांडुलिपि में परज (एक राग का नाम) के स्थान पर करद हो गया हो।

सन्दर्भ ग्रंथ

अबुल फ़ज़ल, *आईन ए अकबरी* (दि हिस्ट्री ऑफ अकबर, आठ खंडों में, सम्पादन और अनुवाद—व्हीलर एम. थैक्स्टन), 2015-22, मूर्ति क्लासिकल लाइब्रेरी ऑफ इंडिया, कैंब्रिज एम.ए., हार्वर्ड यूनिवर्सिटी प्रेस।

अग्रवाल, पुरुषोत्तम, 2009, *अकथ कहानी प्रेम की कबीर की कविता और उनका समय*, दिल्ली, राजकमल प्रकाशन।

— 2019, वर्नाकुलर मॉडर्निटी एंड दि पब्लिक स्फीयर ऑफ भक्ति (*चाइना, इंडिया एंड आल्टरनेटिव मॉडर्निटीज*, सं. संजय कुमार, सत्य मोहंती, अर्चना कुमार और राजकुमार में संकलित, पृ. 168-184), न्यू यॉर्क, राउटलेज।

— 2021, कबीर, कबीर : *दि लाइफ एंड वर्क ऑफ दि अर्ली मॉडर्न पोयट-फिलासफर*, नई दिल्ली, वेस्टलैंड।

— 2023, *कबीर ग्रंथावली* : परिमार्जित संस्करण, नई दिल्ली, राजकमल प्रकाशन।

आलम, मुजफ्फर 2004, *दि लैंग्वेज ऑफ पॉलिटिकल इसलाम : इंडिया 1200-1800*, शिकागो, यूनिवर्सिटी ऑफ शिकागो प्रेस।

— 2012, 'दि डिबेट विदिन : ए सूफी क्रिटिक ऑफ रिलिजियस लॉ, तसव्वुफ एंड पॉलिटिक्स इन मुगल इंडिया' (ओ. हालन और वाशब्रुक में पृ. 6-27)

अली एम. अतहर, 2006, *मुगल इंडिया : स्टडीज इन पॉलिटी, आइडियाज, सोसायटी एंड कल्चर*, नई दिल्ली : ऑक्सफोर्ड यूनिवर्सिटी प्रेस।

बाब, लॉरेंस, 1983, 'डेस्टिनी एंड रेस्पांसिबिलिटी : कर्म इन पॉपुलर हिन्दूइज्म' (सी.एफ. कीज और ई. वी. डेनियल में पृ. 164-81) बर्कली, यूनिवर्सिटी ऑफ कैलिफोर्निया प्रेस।

बहुरा, गोपाल नारायण, 1976, *लिटरेरी हेरिटेज ऑफ दि रूलर्स ऑफ आमेर एंड जयपुर*, जयपुर, महराजा सवाई मान सिंह द्वितीय म्यूजियम।

बंघा, इमरै 2015, 'ए क्यूरियस किंग, ए सायकिक लेपर एंड दि वर्किंग ऑफ कर्म : बाजिद्स एंटरटेनिंग नैरेटिव्स' (फ्रेंचेस्का ओरसिनी एवं के. बटलर शॉफील्ड (सं.) *टेलिंग्स एंड टेक्स्ट्स : म्यूजिक, लिटरेचर एंड परफार्मेंस इन नॉर्थ इंडिया*, पृ. 359-81, कैंब्रिज, यू.के. ओपन बुक पब्लिशर्स।

बेली, सी.ए. 1999, *एंपायर एंड इनफार्मेशन : इंटेलिजेंस गैदरिंग एंड सोशल कम्युनिकेशन इन इंडिया 1780-1870*, नई दिल्ली, कैंब्रिज यूनिवर्सिटी प्रेस।

भगवद्गीता, 1960, सम्पादन और अनुवाद—सर्वपल्ली राधाकृष्णन, लंदन, जार्ज एलेन एंड अनविन।
भागवत पुराण, 1971, चिमनलाल गोस्वामी कृत अंग्रेजी अनुवाद सहित मूल संस्कृत पाठ, गोरखपुर, गीताप्रेस।
बृहदारण्यक उपनिषद, 1953, सर्वपल्ली राधाकृष्णन द्वारा सम्पादित और अनूदित *दि प्रिंसिपल उपनिषद्स* में, लंदन, एलेन एंड अनविन।
ब्राउन, पीटर, 2015, *दि रैंसम ऑफ दि सोल : आफ्टर लाइफ एंड वेल्थ इन अर्ली वेस्टर्न क्रिश्चियनिटी,* कैंब्रिज, एमए., हार्वर्ड यूनिवर्सिटी प्रेस।
ब्रूशेट, पैटन ई. 2019, *ए जैनॉलॉजी ऑफ डिवोशन : भक्ति, तंत्र, योग एंड सूफीज्म इन नॉर्थ इंडिया,* न्यू यॉर्क, कोलंबिया यूनिवर्सिटी प्रेस।
कालेवार्त, विनांद एम., 1978, *दि सर्वंगी ऑफ दि दादूपंथी रज्जब,* लेवेन, डिपार्टमेंट ओरियंटलिस्टीक कैथोलिके यूनिवर्सिटाट लेवेन।
— 2000, *दि हेजियोग्राफीज ऑफ अनन्तदास : दि भक्ति पोयट्स ऑफ नॉर्थ इंडिया,* रिचमंड, सरे, कर्जन प्रेस, डॉ. स्वप्ना शर्मा के साथ।
— 2009, *डिक्शनरी ऑफ भक्ति : नॉर्थ इंडियन भक्ति टेक्स्ट्स इनटू खड़ी बोली, हिन्दी एंड इंग्लिश,* डॉ. स्वप्ना शर्मा के साथ (तीन खंड) नई दिल्ली, डीके प्रिंटवर्ल्ड।
कालेवार्त, विनांद एम. और एल. डि बारबंदरे 1980, *निर्गुण लिटरेचर ऑन माइक्रोफिल्म,* लेवेन, बेल्जियम, आईएवीएआरआई बुलेटिन, 9, पृ. 28-48
कालेवार्त, विनांद एम. और पीटर फ्राइडलैंडर 1992, *दि लाइफ एंड वर्क्स ऑफ रैदास,* नई दिल्ली, मनोहर।
कालेवार्त, विनांद एम. और मुकुंद लाठ (सम्पादन और अनुवाद), 1989, *दि हिन्दी पदावली ऑफ नामदेव,* दिल्ली, मोतीलाल बनारसीदास।
कालेवार्त, विनांद एम और बी. ओप डि बीक (सं.) 1991, *डिवोशनल हिन्दी लिटरेचर : ए क्रिटिकल एडीशन ऑफ पंचवानी—दादू, कबीर, नामदेव, रैदास और हरदास विद दि हिन्दी सांग्स ऑफ गोरखनाथ एंड सुन्दरदास एंड ए कंपलीट वर्ड इंडेक्स,* दो खंड, नई दिल्ली, मनोहर।
चतुर्वेदी, परशुराम, 1964, *उत्तरी भारत की संत परम्परा,* द्वितीय संस्करण, इलाहाबाद, भारती भंडार।
चित्रे दिलीप, 1971, *सेज तुका.,* नई दिल्ली, पेंग्विन बुक्स।
छांदोग्योपनिषद, देखें *बृहदारण्यकोपनिषद*।
क्लैमेंटेन ओझा, कैथरीन, 1999, 'लि ट्राइडेंड सूर लि पालास : उन काबेल एंटि बिष्नुआइट डान उन रोमाउए हिन्दउ ल' *एपोक कोलोनियल,* पेरिस, प्रेस द ल 'एकोल फ्रांस्वै द' एक्सट्रीम-ओरिएंट।
क्लूनी, फ्रांसिस एक्स, 2014, *हिज हाइडिंग प्लेस इज डार्कनेस : ए हिन्दू-कैथोलिक थियोपोयटिक्स ऑफ डिवाइन एब्सेंस,* स्टैनफोर्ड, स्टैनफोर्ड यूनिवर्सिटी प्रेस।
दादूदयाल ग्रंथावली, 1966, सं. परशुराम चतुर्वेदी, वाराणसी, नागरी प्रचारिणी सभा।
डर्क्स, निकोलस, 1989, 'दि इंवेंशन ऑफ कास्ट : सिविल सोसायटी इन कॉलोनियल इंडिया', *सोशल एनालिसिस* 5, पृ. 42-52
— 2001, *कास्ट्स ऑफ माइंड : कॉलोनियलिज्म एंड दि मेकिंग ऑफ मॉडर्न इंडिया,* प्रिंसटन, न्यू जर्सी, प्रिंसटन यूनिवर्सिटी प्रेस।
ईटन, रिचर्ड एम., 1978, *सूफीज ऑफ बीजापुर 1300-1700 : सोशल रोल्स ऑफ सूफीज इन मीडिएवल इंडिया,* प्रिंसटन, प्रिंसटन यूनिवर्सिटी प्रेस।

— 2000, 'टेम्पल डिसकैरेशन एंड इंडो मुस्लिम स्टेट्स', गिलमार्टिन और लारेंस में, पृ. 246-281
— 2019, *इंडिया इन दि पर्सियानाइट एज : 1000-1765,* नई दिल्ली, एलेन लेन।
अनर्स्ट, कार्ल, 1992, *एटर्नल गार्डेन : मिस्टिसिज्म, हिस्ट्री एंड पॉलिटिक्स एट ए साउथ एशियन सूफी सेंटर,* एलबनी, स्टेट यूनिवर्सिटी ऑफ न्यू यॉर्क प्रेस।
गिलमार्टिन, डेविड और ब्रूस बी. लारेंस (सं), 2000, *बियांड तुर्क एंड हिन्दू : रिथिंकिंग रिलिजियस आइडेंटिटीज इन इसलामिकेट साउथ एशिया,* गेंसविले, एफ. एल : यूनित्रर्सिटी ऑफ प्रेस फ्लोरिडा।
गोल्ड, डेनियल, 1995, 'दि इस्टैबिलिटी ऑफ दि किंग : मैजिकल इनसेनिटी एंड दि योगीज पावर इन दि पॉलिटिक्स ऑफ जोधपुर, 1803-1843', सं. लॉरेंजन में संकलित, पृ. 120-32
गुडी, जैक, 1996, *दि ईस्ट इन दि वेस्ट,* कैंब्रिज, यूके, कैंब्रिज यूनिवर्सिटी प्रेस।
गोपालदास, 1993, *दि सर्वंगी ऑफ गोपालदास : ए 17th सेंचुरी एंथॉलॉजी ऑफ भक्ति लिटरेचर,* सं. विनांद एम. कालेवार्त, नई दिल्ली मनोहर।
गोस्वामी, बी. एन. और जे.एस. ग्रेवाल, 1967, *दि मुगल्स एंड दि जोगीज ऑफ जखबार : सम मदद-ए-माश एंड अदर डॉक्यूमेंट्स,* शिमला, इंडियन इंस्टीट्यूट ऑफ एडवांस्ड स्टडीज।
हबीब, इरफान, 2009, 'टू इंडियन थ्योरिस्ट्स ऑफ दि स्टेट : बरनी एंड अबुल फ़ज़ल', *माइंड ओवर मैटर : एसेज ऑन मेंटलटीज इन मीडिएवल इंडिया,* (सं. डी. एन. झा और यूजियाना वनिना) में संकलित, पृ. 15-39, नई दिल्ली, तूलिका बुक्स।
हॉली, जॉन स्ट्रैटन, 2016, 'कैन देयर बी ए वैष्णव कबीर?' *स्टडीज इन हिस्ट्री* 32, 2 : 147-61
हेस, लिंडा, 1987, 'श्री कबीर कलेक्शंस : ए कंपैरेटिव स्टडी', *दि संत्स : स्टडीज इन ए डिवोशनल ट्रैडीशन इन इंडिया,* सं. के. शॉमर और डब्ल्यू. एच. मैक्यलियोड में संकलित, पृ. 111-141), बर्कली, बर्कली रिलीजस स्टडीज सीरीज।
हॉपकिंस, टी. 1966, 'दि सोशल टीचिंग ऑफ दि भागवत-पुराण' (*कृष्ण : मिथ्स, राइट्स एंड एटिट्यूड्स,* सं. एम. सिंगर में संकलित पृ. 3.22), शिकागो, यूनिवर्सिटी ऑफ शिकागो प्रेस।
हॉर्स्टमान, मोनिका, 2002, 'दि रामानंदीज ऑफ गलता (जयपुर, राजस्थान)', *मल्टीपल हिस्ट्रीज : कल्चरल एंड सोसायटी इन दि स्टडी ऑफ राजस्थान* (सं. लारेंस बाब, वर्षा जोशी और माइकेल माइस्त में संकलित), पृ. 141-197, जयपुर और नई दिल्ली, रावत पब्लिकेशंस।
— 2017, 'नाथ एंड दादूपंथी क्रिटीक ऑफ जैन्स', *इंटरनेशनल जर्नल ऑफ जैन स्टडीज* 13, 1, 1-72
— 2021a, *भक्ति एंड योगा : ए डिस्कोर्स ऑन सेवेंटींथ सेंचुरी कोडिक्स,* दिल्ली, प्राइमस बुक्स।
— 2021b, 'गुरु दादू इन दि पर्सेप्शन ऑफ हिज डायरेक्ट डिसाइपल्स', अप्रकाशित प्रति।
इंडेन, रोनाल्ड बी., 2000, *इमेजनिंग इंडिया,* इंडियानापोलिस, इंडियाना यूनिवर्सिटी प्रेस।
ईश्वर-गीता, 2015, सम्पादन और अनुवाद ए.जे. निकलसन (*दि लॉर्ड शिवाज सॉन्ग : दि ईश्वर-गीता,* एलबनी, स्टेट यूनिवर्सिटी ऑफ न्यू यॉर्क प्रेस।
जाफरी, सरदार, 1965, *कबीर बानी,* नई दिल्ली, जिया प्रकाशन।
जन गोपाल, 1988, *दि हिन्दी बायोग्राफी ऑफ दादू दयाल* (मूल पाठ सहित), सं. अनु. विनांद एम. कालेवार्त, दिल्ली, मोतीलाल बनारसीदास।
जन गोपाल, *प्रह्लाद चरित्र* के एक अन्य अनुवाद के लिए देखें लॉरेंजन 1996, जन गोपाल के कुछ पदों के लिए देखें मंगलदास स्वामी 1963, रज्जब 1969 और 1990, तथा गोपालदास 1993

जॉयस, जेम्स, 2001, *ए पोर्ट्रेट ऑफ दि आर्टिस्ट एज ए यंग मैन,* वेयर, हर्टफोर्डशायर, वड्र्सवर्थ एडीशन।

कबीर 1965, *बीजक,* विचारदास शास्त्री कृत टीका सहित, इलाहाबाद, रामनारायणलाल बेनीमाधव।

कुमार, धर्म और मेघनाद देसाई (सं), 1984, *दि कैंब्रिज इकोनॉमिक हिस्ट्री ऑफ इंडिया* (खंड 2), 1757-1970, हैदराबाद, ओरियेंट लांगमैन।

लाल, मनोहर (सं.), 2017, *गुलेरी रचनावली* (खंड दो), नई दिल्ली, किताबघर प्रकाशन।

लाठ, मुकुंद (सं. अनु.), 1981, *हाफ ए टेल : ए स्टडी इन दि इंटररिलेशनशिप बिटवीन आटोबॉयोग्राफी एंड हिस्ट्री* (अर्द्ध कथानक), जयपुर, राजस्थान प्राकृत भारती संस्थान।

ल ज्योफ, जे, 1981, *ला नैसेंस द परजेटरी,* पेरिस, एडीशंस गैलीमार।

लॉरेंजन, डेविड एन., 1987a, 'ट्रैडीशंस ऑफ नान-कास्ट हिन्दूइज्म : दि कबीरपंथ', *कंट्रीब्यूशंस टू इंडियन सोशियोलॉजी* 21, 2: 263-83

— 1987b, 'दि कबीरपंथ एंड सोशल प्रोटेस्ट', *दि संत्स : स्टडीज इन ए डिवोशनल ट्रैडीशन इन इंडिया* (सं. कैथरीन शामर और डब्ल्यू.एच. मैक्लिओड में संकलित, पृ. 281-303, दिल्ली, मोतीलाल बनारसीदास।

— 1991, 'कबीर लीजेंड्स एंड अनन्तदास' *कबीर परचई,* अलबनी : स्टेट यूनिवर्सिटी ऑफ न्यू यॉर्क प्रेस।

— 1996, *प्रैजेजे टु ए फार्मलेस गॉड,* अलबनी, स्टेट यूनिवर्सिटी ऑफ न्यू यॉर्क प्रेस। (इस पुस्तक में शुकदेव सिंह के सहयोग से किया गया 'प्रह्लाद चरित्र' का अनुवाद भी संकलित है।)

— 2003, 'यूरोपियंस इन लेट मुगल साउथ एशिया : दि पर्सेप्शंस ऑफ क्रिश्चियन मिशनरीज', *दि इंडियन सोशल एंड इकोनॉमिक हिस्ट्री रिव्यू* 40, 1: 1-31

— 2006, *हू इन्वेंटेंड हिन्दूइज्म? एसेज ऑन रिलीजन इन हिस्ट्री,* नई दिल्ली, योदा प्रेस।

— 2015, *ए डायलाग बिटवीन ए क्रिश्चियन एंड ए हिन्दू अबाउट रिलीजन बाई ज्यूसेपे मारिया दा गार्गनानो,* मेक्सिको सिटी, एल कालेकिया द मेहिको, मूल हिन्दुस्तानी तथा इटैलियन पाठ और अंग्रेजी अनुवाद। (इलेक्ट्रॉनिक प्रकाशन)

— 2020, 'हिन्दू थियोडिसी एंड जन गोपाल', *केरवान : इंटरनेशनल जर्नल ऑफ एफ्रो-एशियाटिक स्टडीज* 24, 1 : 133-53

— 2021, 'कबीर एंड दि अवतार्स', *केरवान : इंटरनेशनल जर्नल ऑफ एफ्रो-एशियाटिक स्टडीज* 25,1: 223-53

लॉरेंजन डेविड, एन. और आर. माइथ, 1979, 'एल लिएजी य एल शतकत्रय दि भर्तृहरि : डिस्कवरीमिनेतो दि ऊना रिलेशियों अंत्र दोस टेक्स्टोस क्लासिकोस दि चाइना ए इंडिया', *स्टडियोस दि एशिया य अफ्रीका* 14, 696-707

ल्यूक्रेटिस, 2007, *दि नेचर ऑफ थिंग्स (दि रिरम नेचुरा),* अनु. ए.ई. लंदन, पेंग्विन।

लूथर, मार्टिन, 2018, *दि एसेंशियल लूथर,* सं. अनु. ट्रिंटजे हेल्फरीख, इंडियानापोलिस, हैकेट पब्लिशिंग कंपनी।

मानव धर्म-शास्त्र (मनु-स्मृति), 1983, सं. जे.एल. शास्त्री, दिल्ली, मोतीलाल बनारसीदास।

मानव धर्म-शास्त्र. (मनु-स्मृति), 1988, अनु. जी. बूहलर, दिल्ली, मोतीलाल बनारसीदास।

मंगलदास स्वामी, 1962, *श्री महाराज हरिदास जी की वाणी सटिप्पणी अपर निरंजनी महात्माओं की रचना अंश,* जयपुर, निखिल भारतीय निरंजनी महासभा।

मंगलदास, स्वामी (सं.), 1963, *संत-साहित्य-सुमन-माला,* प्रकाशन ब्योरे अनुपलब्ध। इसमें जन गोपाल के 97 पद तथा कुछ और लघु रचनाएँ संकलित हैं।

मेस, जेम्स, एल. (प्रमुख सम्पादक), 2000, *दि हार्पर कॉलिंस बाइबिल कमेंट्री,* संशोधित संस्करण, सान फ्रांसिस्को, हार्पर कॉलिंस [दि सांग ऑफ सांग्स के टिप्पणीकार माइकेल वी. फाक्स हैं।]

मेनारिया, ओंकारलाल, 1974, 1978, *राजस्थानी-हिन्दी हस्तलिखित ग्रंथ-सूची* खंड 3 और 4, जोधपुर, राजस्थान प्राच्य विद्या संस्थान।

मिल्टन, जॉन, 2005, *पैराडाइज लॉस्ट,* सं. डी.एस. कास्टन, इंडियानापोलिस, हैकेट पब्लिशिंग कम्पनी, (प्रथम प्रकाशन 1667 के आस-पास)।

मिश्र, सत्य नारायण, 1974, *संत कवि तुलसीदास निरंजनी : साहित्य और सिद्धान्त,* कानपुर, साहित्य निकेतन।

मोरे, एस. एच. 1977, *सेवादास निरंजनी : व्यक्तित्व एवं कविता, एक अनुशीलन,* मथुरा, जवाहर पुस्तकालय।

मुखिया, हरबंस, 2020, 'ए रेशनेलिटी इम्मर्स्ड इन रिलिजियासिटी : रीजन एंड रिलिजियासिटी इन अबुल फ़ज़ल'स ऊब्र', *मीडिएवल हिस्ट्री जर्नल* 23, 1 : 50-73

मुक्ता, परिता, 1994, *अपहोल्डिंग दि कॉमन लाइफ : दि कम्युनिटी ऑफ मीराबाई,* दिल्ली, ऑक्सफोर्ड यूनिवर्सिटी प्रेस।

नाभादास 1969, *श्री भक्तमाल,* प्रियादासा और सीतारामशरण भगवानप्रसाद रूपकला की टीकाओं सहित, लखनऊ, तेजकुमार प्रेस।

नारायणदास, 1978, *श्री दादूपंथ परिचय* (तीन खंड), जयपुर, श्री दादू दयाल महासभा।

— 1980, *राजस्थानी संत साहित्य परिचय,* जयपुर, श्री दादू दयाल महासभा।

नोवेत्ज़्के, क्रिश्चियन ली, 2009, *हिस्ट्री, भक्ति एंड पब्लिक मेमोरी : नामदेव इन रिलीजस एंड सेकुलर ट्रैडीशंस,* रानीखेत, परमानेंट ब्लैक।

— 2012, 'दि ब्राह्मण डबल : दि ब्राह्मणिकल कंस्ट्रक्शन ऑफ एंटी-ब्राह्मणिज्म एंड एंटी कास्ट सेंटीमेंट इन दि रिलीजस कल्चर ऑफ प्रिकालोनियल महाराष्ट्र, (*रिलिजियस कल्चर्स इन अर्ली मॉडर्न इंडिया : न्यू पर्सपेक्टिव्स,* सं. आर. ओ' हानलान, रोजालिन और डी. वाशब्रुक में संकलित, पृ. 100-120. लंदन : राउटलेज।

— 2016, *दि कोटिडियन रिवोल्यूशन : वर्नाकुलराइजेशन, रिलीजन एंड दि प्रिमाडर्न पब्लिक स्फीयर इन इंडिया,* न्यू यॉर्क, कोलंबिया यूनिवर्सिटी प्रेस।

— 2019, 'दि पॉलिटिकल थियोलॉजी ऑफ भक्ति ऑर व्हेन डेवोशनलिज्म मीट्स वर्नाकुलराइजेशन', (*भक्ति एंड पावर: डिबेटिंग इंडियाज रिलीजन ऑफ दि हार्ट,* सं. जे.एस. हॉली, सी.एल. नोवेत्ज्के और एस. शर्मा में संकलित, पृ. 85-94) सीएटल, यूनिवर्सिटी ऑफ वाशिंगटन प्रेस।

ओ' हानलॉन, रोजालिन और डेविड वाशब्रुक (सं.), 2012, *रिलिजियस कल्चर्स इन अर्ली मॉडर्न इंडिया,* लंदन, राउटलेज।

ओर, डब्ल्यू. जी., 1947, *ए सिक्सटींथ सेंचुरी इंडियन मिस्टिक,* लंदन, लुटरवर्द प्रेस।

ओरसिनी, फ्रेंचेस्का और समीरा शेख (सं.), 2014, *आफ्टर तिमूर लेफ्ट : कल्चनर एंड सर्कुलेशन इन फिफ्टींथ सेंचुरी इंडिया,* नई दिल्ली, ऑक्सफोर्ड यूनिवर्सिटी प्रेस।

पावेल्स, हाइडी, 2009, 'दि सेंट, दि वारलॉर्ड एंड दि एंपरर : डिस्कोर्सेज ऑफ ब्रज भक्ति एंड बुंदेला लायल्टी', *जर्नल ऑफ सोशल एंड इकोनॉमिक हिस्ट्री ऑफ दि ओरिएंट* 52, पृ. 187-228

— 2012, 'ए टेल ऑफ टू टेंपल्स : मथुराज केशलदेव एंड ओरछाज चतुर्भुजदेव', ओ' हालनान और वाशब्रुक में संकलित, पृ. 146-167

पिंच, विलियम आर, 2006, *वारियर एसेटिक्स एंड इंडियन एंपायर्स,* कैंब्रिज, यूके, कैंब्रिज यूनिवर्सिटी प्रेस।

पोलक, शैल्डॉन, 2009, *दि लैंग्वेज ऑफ गॉड्स इन दि वर्ल्ड ऑफ मेन : संस्कृत, कल्चर एंड पावर इन प्रिमाडर्न इंडिया,* बर्कली : यूनिवर्सिटी ऑफ कैलिफोर्निया प्रेस।

राघवदास, 1965, *भक्तमाल,* चतुरदास कृत हिन्दी टीका सहित, सं. अगरचंद नाहटा, जोधपुर, राजस्थान ओरियंटल रिसर्च इंस्टीट्यूट।

राघवदास, 1969, *भक्तमाल,* चतुरदास कृत टीका और नारायणदास कृत आधुनिक व्याख्या सहित, सं. नारायणदास, जयपुर, श्री दादू दयाल महासभा।

रज्जब, 1967, *श्री रज्जब वाणी,* नारायणदास कृत व्याख्या सहित, अजमेर, नारायणसिंह शेखावत।

रज्जब, 1990, *सर्वंगी,* सं. धर्मपाल सिंहल, जालंधर, दीपक पब्लिशर्स। (जगन्नाथदास कृत गुण-गंज-नामा. सहित)

रज्जब, 2010, *सर्वंगी,* सं. ब्रजेन्द्र कुमार सिंहल, राजगढ़, ब्रजमोहन संवादिया।

रजनीश, गोविंद (सं.), 2007, *दादू समग्र* (दो खंड), दिल्ली, अमर सत्य प्रकाशन।

राजपुरोहित, दलपत, 2013, 'थीमेटिक ग्रुपिंग ऑफ भक्ति पोएट्री : दि दादूपंथ एंड सर्वंगी लिटरेचर', (*भक्ति बियांड दि फारेस्ट : करेंट रिसर्च ऑन अर्ली मॉडर्न लिटरेचर्स इन नॉर्थ इंडिया,* 2003-2009 में संकलित) नई दिल्ली, मनोहर।

— 2021, 'सुलह कुल टू वेदांत : दि दादूपंथ एंड दि मुगल राजपूत इंपीरियल पैराडाइम', *माडर्न एशियन स्टडीज*।

— 2022, *सुन्दर के स्वप्न,* दिल्ली, राजकमल प्रकाशन।

रंजन, पूर्णेन्दु, 2008, *हिस्ट्री ऑफ कबीरपंथ : ए रीजनल प्रासेस,* नई दिल्ली, अनामिका।

— 2016, *कबीरपंथ टिल दि एंड ऑफ मीडिएवल इंडिया,* चंडीगढ़, ज्ञानकोश पब्लिशर्स।

रायचौधरी, तपन और इरफान हबीब (सं.), 1982, *दि कैंब्रिज इकोनॉमिक हिस्ट्री ऑफ इंडिया :* 1200-1750 (खंड एक), हैदराबाद, ओरिएंट लांगमैन।

रिचड्र्स, जॉन एफ., 1993, *दि मुगल एंपायर,* न्यू यॉर्क, कैंब्रिज यूनिवर्सिटी प्रेस।

सेन, अशोक, 2016, *ईश्वर चन्द्र विद्यासागर एंड हिज एल्यूसिव माइलस्टोन्स,* रानीखेत, परमानेंट ब्लैक।

सेन, क्षितिमोहन, 1974, *मीडिएवल मिस्टिसिज्म ऑफ इंडिया,* दूसरा संस्करण, नई दिल्ली, ओरिएंटल रिप्रिंट कारपोरेशन।

शर्मा, राम शरण, 2001, *अर्ली मीडिएवल इंडियन सोसायटी : ए स्टडी इन फ्यूडाइलेजेशन,* कोलकाता, ओरिएंट लांगमैन।

शुक्ल, सावित्री, 1974, *निरंजनी सम्प्रदाय के हिन्दी कवि,* भोपाल, मध्य प्रदेश साहित्य परिषद।

शुलमान, डेविड, 2012, *मोर दैन रियल : ए हिस्ट्री ऑफ इमेजिनेशन इन साउथ इंडिया,* कैंब्रिज एमए, हार्वर्ड यूनिवर्सिटी प्रेस।

सिंह, केशव प्रसाद, 1971, *दादूपंथ और उसके साहित्य का समीक्षात्मक अध्ययन,* वाराणसी, काशी विद्यापीठ।

स्नेल, रूपर्ट, 1992, 'डिवोशन रिवार्डेड : दि सुदामा चरित ऑफ नरोत्तमदास', *दि इंडियन*

नैरेटिव : पर्सपेक्टिव्स एंड पैटर्न, (सं. शैकल और रूपर्ट स्नेल) में संकलित, वाइजबैडेन, ओटो हारासोविट्ज।

सुन्दरदास, 1989, *सुन्दर ग्रंथावली,* सं. नारायणदास, जयपुर, श्री दादू दयाल महासभा।

थील-हॉर्स्टमान, मोनिका, 1983, *क्रासिंग दि ओशन ऑफ एग्जिस्टेंस : ब्रज भाषा रिलिजियस पोएट्री फ्रॉम राजस्थान,* ए रीडर, वाइजबैडन, ओटो हारासोविट्ज।

तुलसीदास, 1989, *रामचरितमानस,* हनुमान प्रसाद पोद्दार कृत टीका सहित, गोरखपुर, गीता प्रेस।

फैन डेर फीर, पीटर, 1989, *गॉड्स ऑन अर्थ : दि मैनेजमेंट ऑफ रिलिजियस एक्सपीरिएंस एंड आइडेंटिटी इन ए नॉर्थ इंडियन पिलग्रिमेज सेंटर,* दिल्ली, ऑक्सफोर्ड यूनिवर्सिटी प्रेस।

वनिना, यूजेनिया, 2012, *मीडिएवल इंडियन माइंडस्केप्स : टाइम, सोसाइटी एंड मैन,* दिल्ली, प्राइमस बुक्स।

वर्मा, व्रज लाल, 1965, *संत कवि रज्जब* (सम्प्रदाय और साहित्य), जोधपुर, राजस्थान प्राच्य विद्या प्रतिष्ठान।

विष्णु-पुराण, (दो खंड) *1989,* सं. और अनु. एच. एच. विल्सन, दिल्ली, नाग पब्लिशर्स।

वेबर, मैक्स, 1964, *दि सोशियोलॉजी ऑफ रिलीजन,* अनु. ई. फिशॉफ, बोस्टन, बीकन प्रेस, मूल जर्मन संस्करण 1922 में प्रकाशित।

— 1967, *फ्राम मैक्स वेबर : एसेज इन सोशियोलॉजी,* अनु. एच.एच. गर्थ और सी. राइट मिल्स, न्यू यॉर्क, ऑक्सफोर्ड यूनिवर्सिटी प्रेस (इस अनुवाद का प्रथम प्रकाशन 1946)।

विल्सन, एच. एच. 1972, *रिलिजियस सेक्ट्स ऑफ हिन्दूज,* दिल्ली, इंडोलॉजिकल बुक हाउस, मूलत: 1828 और 1832 में लेख के तौर पर प्रकाशित।

विंक, आंद्रे, 2009, *अकबर,* ऑक्सफोर्ड, वन वर्ल्ड एकेडमिक।

ज़ुपानोव आई. जी., 1999, *डिस्प्यूटेड मिशन : जेसुइट एक्सपेरिमेंट्स एंड ब्राह्मिनिकल नॉलेज इन सेवेंटींथ सेंचुरी इंडिया,* दिल्ली, ऑक्सफोर्ड यूनिवर्सिटी प्रेस।

_भक्ति-मीमांसा_ शृंखला की अन्य पुस्तकें

निर्गुण संतों के स्वप्न
डेविड एन. लॉरेंजन
अनुवाद : धीरेन्द्र बहादुर सिंह

रामचरितमानस : पाठ : लीला : चित्र : संगीत
रमण सिन्हा

भक्ति के तीन स्वर : मीराँ • सूर • कबीर
जॉन स्ट्रैटन हौली
अनुवाद : अशोक कुमार

सुन्दर के स्वप्न
आरम्भिक आधुनिकता, दादूपंथ और सुन्दरदास की कविता
दलपत सिंह राजपुरोहित

शृंखला सम्पादक : **पुरुषोत्तम अग्रवाल**